James K. Galbraith

Der geplünderte Staat

James K. Galbraith

Der geplünderte Staat

oder
Was gegen den freien Markt spricht

Aus dem Englischen von Peter Stäuber

Rotpunktverlag

Die englische Originalausgabe erschien 2008 unter dem Titel *The Predator State. How Conservatives Abandoned the Free Market and Why Liberals Should Too* bei Free Press, a division of Simon & Schuster, Inc., New York.

© 2008 by James K. Galbraith
All Rights Reserved.
Published by arrangement with the original publisher, Free Press, a division of Simon & Schuster, Inc.

© 2010 für die deutschsprachige Ausgabe Rotpunktverlag, Zürich
www.rotpunktverlag.ch

Umschlagfoto: photocase.com © misterQM
Druck und Bindung: CPI – Clausen & Bosse, Leck
ISBN 978-3-85869-417-1
1. Auflage 2010

Für C. A. G. mit Liebe
und im Gedenken an J. K. G.

Wenn Freiheit der Rede von den gröberen Formen
des Zwanges frei sein soll, wird die Uniformität
der Meinung durch moralischen Terrorismus, dem
die achtbare Gesellschaft ihren vollen Beifall
zollen wird, gesichert sein.

Charles Sanders Peirce,
Die Festigung der Überzeugung

Inhalt

Vorwort zur deutschen Ausgabe

Der geplünderte Staat ist – teilweise – ein Buch über die Vereinigten Staaten. Die Entwicklung neoliberaler Wirtschaftspolitik in den USA bildet den historischen Rahmen des Buches, von ihrem Aufstieg unter Ronald Reagan bis zu ihrem Verfall und Bankrott unter George W. Bush – ein Zusammenbruch, den jetzt der neue Präsident, Barack Obama, übernommen hat. Entsprechend mag der Text für die Leser dieser deutschen Ausgabe vor allem insofern von Interesse sein, als die Entwicklungen in den USA aufzeigen, was sich auch anderswo ereignen könnte. Denn die Wirtschaftspolitik, der Thatchers Großbritannien und Reagans USA den Weg bereiteten, setzte sich danach in weiten Teilen der Welt durch. Und überall wird jetzt mit großem Interesse verfolgt, wie sich die Verhältnisse in den Vereinigten Staaten unter Obama entwickeln.

Aber dieses Buch erzählt auch eine allgemeinere Geschichte. Es ist die Geschichte vom Aufstieg und Fall einer Idee: des »freien Marktes«. Es ist die Geschichte, wie diese Idee zuerst gehegt und dann von ihren eigenen Fürsprechern verraten wurde; und wie sie selbst dann noch imstande war, die Anhänger von Ideen wie dem kollektiven Wohlstand, gegenseitiger Hilfe und der Sozialdemokratie zu verwirren und zu schwächen; denn angesichts des »freien Marktes« fehlte ihnen sowohl eine Sprache als auch eine gedankliche Grundlage, die sie benötigt hätten, um ihre Überzeugungen wirksam zu verteidigen.

Die Verbindung zwischen Markt und Freiheit hat ihre Wurzeln in einem philosophischen Prinzip, nämlich dass Dezentralisierung zur Freiheit führt. Umgekehrt gelten Zentralisierung und Bürokratie als ihre Feinde. Angesichts der Erfahrungen des Nationalsozialismus und Stalinismus ist die intuitive Überzeugungskraft dieser Auffassung kaum verwunderlich, und im Werk Friedrich von Hayeks und seiner Anhänger kommt sie stark zum Ausdruck.

Die Anhänger des freien Marktes schafften es schließlich, dass ein Prinzip, das auf solch außerordentliche Fälle zutraf, auch auf andere – weniger extreme – Situationen angewandt wurde: So brachten sie alle modernen Regierungsformen, darunter die Sozialdemokratie Europas und den New Deal sowie die Great Society in Amerika, mit Unterdrückung und Kontrolle in Verbindung. Auf diese Weise schufen sie eine Karikatur, einen Diskurs der Verzerrung, der jedoch imstande war, die Anwälte der Sozialpolitik und der Sozialdemokratie – in Deutschland der sozialen Marktwirtschaft – politisch in die Defensive zu drängen. Währenddessen wurden abscheuliche totalitäre Staaten, am berüchtigtsten wohl Pinochets Chile, als Freunde der Freiheit hochstilisiert, solange ihr Totalitarismus »marktfreundlich« war.

Etwas Ähnliches geschah an den Wirtschaftsinstituten der Universitäten, wo intellektuelle Diversität im (ironisch anmutenden) Namen des »freien Marktes der Ideen« dahinschwand. Die Analysen von Marx, Keynes und der amerikanischen Institutionalisten – zu einem gewissen Grad auch jene meines Vaters, John Kenneth Galbraith – verschwanden von den Lehrplänen, zumindest in der eigentlichen Volkswirtschaftslehre. An ihre Stelle trat ein Kanon, der theoretische Klarheit zum obersten Grundsatz erhob: An den Universitäten wurden jene Ideen privilegiert, deren Ursprung in den Prinzipien des perfekten Wettbewerbs, der vollständigen Information und des rationalen Verhaltens der Marktteilnehmer lag. Ein gutes Stück weit verkam ökonomische Theorie zu einem Studium künstlicher, von wirtschaftlicher Freiheit geprägter Gesellschaften; in den entsprechenden Wirtschaftsmodellen fehlten solch banale und störende Faktoren wie Zeit und Entropie genauso wie Gesetze und Regierungen. So löste sich die Theorie von den praktischen Problemen, die das soziale und materielle Leben der Menschen auf unserer Erde bestimmen. Den Ökonomen kam es darauf an, dass die Argumentation auf Grundlagen beruhte, die sich mit dem grundlegenden philosophischen Prinzip vereinen ließen – dass sie auf der Verbindung von perfektem Markt und verbesserungsfähiger Politik basierten, auf der Verbindung von wirtschaftlicher und politischer Freiheit.

Von dieser Prämisse wurden bald schon spezifische Lektionen für die Wirtschaftspolitik abgeleitet, unter anderem folgende: Die einzige Aufgabe der Geldpolitik ist die Kontrolle der Inflation; der Staatshaushalt muss ausgeglichen werden; der Handel soll frei sein; die Steuern auf Ersparnisse und die private Kapitalanhäufung müssen möglichst gering gehalten werden. Vor allem galt das Prinzip, dass wir einen schlanken Staat brauchen, der sich so wenig wie möglich in den Markt »einmischt«. Dieser letzte Grundsatz galt überall, insbesondere im Arbeitsmarkt, wo von jetzt an Gewerkschaften und Arbeitsnormen für Arbeitslosigkeit verantwortlich gemacht wurden, und beim Schutz von Verbrauchern, Arbeitern und Anlegern, denen man klarmachte, dass sie auf sich selbst gestellt waren; sie sollten darauf vertrauen, dass der Markt die besten Güter auf die erstrebenswerteste Weise zur Verfügung stellen würde.

Die intellektuelle Kraft dieser Ideen lag in ihrer Konsistenz, in ihrer Klarheit und natürlich in ihrer Attraktivität für die reiche Bevölkerungsschicht, die von der erheblichen Autorität des akademischen wirtschaftlichen Establishments profitierte. Aber in der Praxis wurden diese Ideen in den Vereinigten Staaten nie konsequent oder erfolgreich umgesetzt, nicht einmal unter Reagan – eine Tatsache, über die sich meines Wissens viele Europäer nicht ausreichend im Klaren sind. So war der Haushalt beispielsweise nie ausgeglichen. Im Gegenteil: Die konservativen Regierungen unter Reagan verfolgten eine aggressive keynesianische, defizitorientierte Politik – einen Keynesianismus, den Keynes verabscheut hätte, denn er wurde rechten politischen Zirkeln schmackhaft gemacht, indem er in erster Linie den Superreichen (durch Steuersenkungen) zugutekam. Dennoch schien die Strategie in makroökonomischer Hinsicht zu funktionieren: Die Wirtschaft erholte sich und Reagan wurde wiedergewählt. Zwei Jahrzehnte später wiederholte George W. Bush das Experiment, und die wirtschaftlichen und politischen Resultate waren ähnlich, wenn auch weniger ausgeprägt.

Auch der Handel war in der Blütezeit des Freihandels nicht frei. Sowohl Reagan in den 1980er-Jahren als auch Bush in den 2000er-Jahren schützten die Wirtschaft, wenn dies politischen Zwecken oder den Interessen bestimmter Unternehmen diente – berüchtigt sind entsprechende Maßnahmen im Automobil- und Stahlsektor. Die Geldpolitik sollte in den frühen Reagan-Jahren die Inflation eindämmen, was zu einer tiefen Rezession führte; innerhalb von achtzehn Monaten wurde die Geldpolitik wieder gelockert, um die Arbeitslosigkeit und die internationale Krise zu bekämpfen. Der Monetarismus sollte in den Vereinigten Staaten nie wieder an die Macht zurückkehren, und schlussendlich verwarf ihn auch sein Urheber selbst, Milton Friedman. Die Steuern wurden zwar tatsächlich gesenkt, doch wie ich bereits erwähnt habe, war der Effekt ein keynesianischer, und die Angebotsseite war davon nicht betroffen: Die Ersparnisse und Investitionen nahmen nicht zu. Und wo dereguliert wurde, führte dies in den meisten Fällen nicht zu mehr Effizienz, sondern zum Zerfall. Dies trifft insbesondere auf den Finanzsektor zu, auf die Firmenskandale unter Reagan sowie auf das weit größere Desaster, das wir unter Bush erlebten.

Gleichzeitig verschleierte der Reaganismus das Ausmaß, in welchem die amerikanische Variante der Sozialdemokratie, die während des New Deal unter Franklin D. Roosevelt und der Great Society unter Lyndon B. Johnson errichtet wurde, noch immer das Leben in den Vereinigten Staaten bestimmt. Zu erwähnen sind hier etwa die Rentenversicherung, die Einlagensicherung, Medicare und Medicaid, öffentliche Universitäten, die halbstaatlichen Strukturen der Häuserfinanzierung, das Militär und seine wissenschaftlichen Einrichtungen und die zahlreichen Formen der Regulierung. Diese noch immer vorhandenen Strukturen des einzigartigen amerikanischen Wohlfahrtsstaats – die in mancher Hinsicht sicherlich mangelhaft sind, in anderer jedoch äußerst ergiebig und solide – vermochten die Stabilität und Dynamik der amerikanischen Wirtschaft während der 1980er- und 1990er-Jahre aufrechtzuerhalten, auch wenn vielfach das Gegenteil behauptet wird. Zwar steht außer Frage, dass der Fundamentalismus des freien Marktes eine amerikanische Erfindung war. Aber wenn wir das entsprechende kommerzielle Produkt betrachten, das sich aus dieser Idee ergab, so taten wir nur so, als würden wir es zu Hause konsumieren; das meiste davon war klar gekennzeichnet: »Nur für den Export.«

Ich werde in diesem Buch argumentieren, dass die Doktrin des freien Marktes unter Reagan in gutem Glauben vertreten und vorangetrieben wurde, zumindest in den meisten Fällen. Das heißt, da waren Ökonomen und Sozialtheoretiker am Werk, die über den Mut ihrer Überzeugung verfügten; sie hatten die Erfahrung eines unbefriedigenden Keynesianismus gemacht und glaubten fest daran, dass ein neuer Satz von politischen Strategien eine bessere Welt schaffen würde. Zwar befanden sie sich im Irrtum und waren vielleicht auch etwas romantisch – teilweise sogar fanatisch –, aber in vielen Fällen glaubten sie aufrichtig an ihre Sache. Unter George W. Bush fand sich keine solche von Prinzipien geleitete Motivation, die Politik darauf aufzubauen. Im

Gegenteil: Obwohl die Regierung politisch konservativ war, gab sie den Konservatismus des freien Marktes auf (er beschränkte sich auf die rituellen politischen Slogans). Die prinzipienfesten Konservativen hatten dies schnell verstanden – und waren entsetzt.

An seine Stelle traten die Strukturen des Räuberstaats: die Inbeschlagnahme der staatlichen Bürokratie durch die Privatkundschaft einer herrschenden Elite. Das Ziel war es nicht, eine neue und bessere Welt zu schaffen. Es ging darum, die vorhandenen Strukturen der staatlichen Macht – die Institutionen, die während des New Deal geschaffen worden waren – in eine Maschine zur privaten Vermögensanhäufung und Machtsicherung zu verwandeln.

Nirgendwo war dies während der Bush-Jahre so offensichtlich, nirgendwo kam die Anwendung dieses Grundsatzes so klar zur Geltung wie im Finanzsektor. In der systematischen Übernahme der Bankenaufsicht durch jene Individuen, die am wenigsten geneigt waren, diese Macht auszuüben – im Interesse der gefährlichsten Akteure im System – liegt der Ursprung des finanziellen Trümmerhaufens, der heute überall in unserer Wirtschaft und im Rest der Welt zu sehen ist.

Alan Greenspan, dessen Amtszeit an der Spitze der Federal Reserve (US-Notenbank) unter Reagan begann und unter Bush endete, war sich der Risiken finanzieller Unsicherheit sehr wohl bewusst, und von Zeit zu Zeit machte er auf sie aufmerksam. Doch wenn es an der Zeit war, entsprechende Entscheide zu fällen und beispielsweise von seiner öffentlichen Macht Gebrauch zu machen, um Privatinteressen einen Riegel vorzuschieben, lehnte er es ab zu handeln. Währenddessen signalisierten seine Kollegen, denen die Aufgabe der Überwachung des Bankensystems übertragen worden war, den Finanzinstitutionen, dass sie Gesetze und Regulierungen nicht durchsetzen würden. Zuweilen war die Art und Weise, wie sie diese Absicht kundtaten, nicht gerade subtil – als sie etwa mit einem Stapel von Regulierungsbestimmungen und einer Kettensäge zur Pressekonferenz erschienen. Die Regierung machte aus ihren Absichten keinen Hehl. Währenddessen zog sie die Beamten, insbesondere jene vom Federal Bureau of Investigation, aus diesem Bereich der Regulierung ab.

Diese Signale seitens der Regulierungsbehörden hatten zur Folge, dass die Finanzwelt von einer Welle aggressiver Praktiken erfasst wurde. Unternehmen vergaben Hypotheken an Kunden, denen sie in früheren Jahren niemals ein Darlehen gewährt hätten – in vielen Fällen waren es Kunden, die ihre Einkommen nicht offenlegen konnten oder nicht wollten. Als Sicherheiten für diese Darlehen dienten Häuser, die systematisch überbewertet wurden, und zwar von Gutachtern, die eigens wegen ihrer Bereitschaft ausgewählt wurden, den Wert der Darlehen aufzublähen. Die Hypothekenkredite waren strukturiert, was bedeutete, dass die Kreditnehmer nach einigen Jahren nicht mehr imstande sein würden, sie zu bedienen, wenn sich die Zinssätze an das normale Niveau anpassen und die monatlichen Zahlungen sich verdoppeln oder verdreifachen würden. Die Hypothekengläubiger kümmerte das nicht: Sie konnten ihre Hypotheken jetzt an eine Investmentbank veräußern, die die Wertpapiere in ein komplexes Derivat bündeln und es an die Endanleger weiterverkaufen würde – mit dem Segen der Ratingagenturen. Die Anleger waren zufrieden, weil ihre Anlage von den Ratingagenturen für gut befunden worden war und weil ihnen noch ein weiteres Finanzprodukt zur Verfügung stand, der Credit Default Swap, der (angeblich) die Risiken abschwächte. So wurde der deregulierte Markt zum Komplizen eines riesigen Finanzbetrugs. Viele der kriminellen Aspekte dieses Betrugs müssen erst noch aufgedeckt werden, und andere kommen zu dem Zeitpunkt, in dem diese Ausgabe in Druck geht, ans Tageslicht.

Freilich musste dieses System letzten Endes zusammenbrechen. Und die Art und Weise, wie sich der Zusammenbruch abspielte – er begann im August 2007, als die Kreditvergabe unter Banken zum Erliegen kam –, ist äußerst lehrreich. Schließlich führte die Aufgabe gesetzlicher Vorschriften zum Vertrauensverlust in den Markt selbst – und zwar seitens der zentralen Marktteilnehmer, nämlich der Banken. Dieser Vertrauensverlust war nicht darauf zurückzuführen, dass sie nur über unzureichende Informationen verfügten oder sich irrationalen Instinkten hingaben. Der Grund lag im Gegenteil gerade darin, dass sie zu viel wussten: Sie wussten, dass ihre eigenen Vermögenswerte in einem erbärmlichen Zustand waren, und deshalb ging jede Bank korrekterweise davon aus, dass sich die anderen in einem ähnlichen Schlamassel befanden. Von einem Tag auf den anderen brach ein liquider und vermeintlich stabiler Markt in sich zusammen.

Letzten Endes sollte uns diese Erfahrung dazu zwingen, unsere Meinung über den Markt und den Staat zu revidieren. Wir müssen zum Schluss kommen, dass Regulierung nicht als Feind des Marktes anzusehen ist. Sie stellt kein Hindernis dar, keinen Ballast, der die andernfalls effiziente Arbeit des privaten Kapitals erschwert. Vielmehr schafft eine wirksame Regulierung die Bedingungen, unter denen komplexe Märkte überhaupt erst existieren können. Fehlen solche gesetzlichen Vorschriften, verdrängen die schlechteren Marktteilnehmer die besseren, und am Ende wird sich das Vertrauen in den Markt auflösen. Es lässt sich sogar sagen, dass der Unterschied zwischen Industrie- und Entwicklungsländern nicht darin besteht, welche Technologien sie beherrschen, denn diese können frei über Staatsgrenzen hinweg ausgetauscht werden. Der Unterschied liegt vielmehr im Vorhandensein oder Fehlen von effektiven und zuverlässigen Regulierungsstrukturen, die dafür sorgen, dass lange Produktions- und Vertriebsketten aufrechterhalten werden können. Die Vision des »Produktionsumwegs« der Österreichischen Schule *benötigt* den Staat.

Nach einer Tradition, die ins 19. Jahrhundert zurückgeht, werden in den Vereinigten Staaten ökonomische Gesetzmäßigkeiten formuliert, die sich mit Charles Darwins evolutionärem Materialismus vereinen lassen. So war für Thorstein Veblen, den größten amerikanischen Wirtschaftswissenschaftler, das ganze ökonomische Leben geprägt von der Beziehung zwischen Räubern und ihren Opfern, analog zum Leben in der Natur. Regulierung ist dazu da, den räuberischen Verhaltensweisen im Wirtschaftsleben Grenzen zu setzen. Folglich ist Deregulierung in erster Linie ganz einfach ein Werkzeug in den Händen der Räuberklasse, die sich auf der politischen Bühne Gehör verschafft. Dass dies zerstörerische Konsequezen nach sich zieht, ist keine Überraschung – es ist vielmehr zu erwarten.

Die Zersetzung einer vertrauenswürdigen Regulierung im Finanzsektor, die sich in den vergangenen zwei Jahrzehnten sowohl in Europa als auch in den Vereinigten Staaten vollzogen hat, ist eine Tatsache. Sie bedeutet, dass die Menschen auch ihr Vertrauen in die Finanzinstitutionen selbst verloren haben. Und dies wird dazu führen, dass die Wirtschaftsaktivität und der Arbeitsmarkt immer wieder gestört werden und Schaden erleiden, und zwar bis zu dem Zeitpunkt, in dem einige der grundlegenden Analysen, die hier zum Ausdruck kommen, Akzeptanz finden, bis eine wirksame, effiziente und unabhängige Regulierung wiedererrichtet wird und bis die zuständigen Behörden ihre Sachkenntnis, ihre Verfügungsgewalt und ihre Distanz zu den Plünderern unter Beweis stellen – sowie ihren Willen, die Interessen der Allgemeinheit anzuerkennen und sich ihnen unterzuordnen.

Darüber hinaus sollte uns diese Erfahrung dazu ermuntern, über gesetzliche Vorschriften in allen Sphären der Wirtschaft nachzudenken. Nehmen wir beispielsweise den Angriff auf die Regulierung des Arbeitsmarktes, der überall in Europa zu beobachten ist. Obwohl er im Namen des »flexiblen Arbeitsmarktes« geführt wird, ist er viel mehr als nur ein Angriff auf die grundlegenden Normen des Arbeitslebens. Seiner Funktion nach ist er ein Angriff auf die besseren und wettbewerbsfähigeren Firmen, also auf die fortschrittlicheren und erfolgversprechendsten Mitglieder der Unternehmenswelt. Insgesamt wird ein deregulierter Arbeitsmarkt deshalb mit ziemlicher Sicherheit nicht effizienter sein, sondern weniger effizient. Genauso wenig wird ein freier Arbeitsmarkt die Beschäftigung ankurbeln. Wie ich in diesem Buch ausführe, *steigt* die Arbeitslosigkeit mit zunehmender Deregulierung – insbesondere mit der Deregulierung der Löhne – und jene Volkswirtschaften, in denen die soziale Ungleichheit größer ist, weisen durchwegs höhere Arbeitslosenquoten auf, nicht tiefere. So ist die Deregulierung des Arbeitsmarktes als Lösung der chronischen Arbeitslosigkeit, unter der Europa leidet, eine Schimäre; wer die Arbeitslosigkeit wirklich bekämpfen will, muss sich gegen diese falsche und zerstörerische Doktrin zur Wehr setzen.

Während ich dies schreibe, blicken wir in Amerika mit hoffnungsvollen Augen auf die neue Regierung. Doch jene, die verfrüht zu große Hoffnungen auf die neuen Amtsträger in Washington setzen, werden unvermeidlich enttäuscht werden. Die Kräfte des Räuberstaats sind tief in beiden politischen Parteien verankert, sowohl in den Vereinigten Staaten als auch im Rest der Welt. Und auch wenn der Volksaufstand, der die Herrschaft der republikanischen Oligarchen und Kleptokraten beendete, die Chancen auf einen progressiven Wandel in Amerika erhöht hat, so war dieser Sieg keineswegs so eindeutig. Letzten Endes hängt der Ausgang – sowohl hier in Amerika als auch in Europa – auch davon ab, ob die Freunde des Fortschritts und der Demokratie mit klaren Worten und ohne Einschränkung ihrem Anliegen Gehör verschaffen und die Legitimität der überholten Ideen von Grund auf infrage stellen.

Hierzu leistet dieses Buch, so hoffe ich, einen kleinen Beitrag.

James K. Galbraith, Austin, Texas, 6. Oktober 2009

Teil 1

Geplatzte Illusionen

1 Was ist nur mit den Konservativen passiert?

Erinnert sich noch jemand an die Zeit, als es tatsächlich etwas bedeutete, ein amerikanischer Konservativer zu sein? Ich arbeitete vor vielen Jahren als junger Liberaler* im Kongress, und ich erinnere mich mit großer Frustration an jene Tage. In den 1970er-Jahren kamen zwei unterschiedliche konservative Strömungen auf: die angebotsorientierte Volkswirtschaftslehre und der Monetarismus. Die Anhänger der ersten Bewegung, die sogenannten Supply-Sider, setzten sich für radikale Steuersenkungen und Deregulierung ein, die Monetaristen machten sich für eine strenge Kontrolle der Geldmenge stark. Ihr Aufstieg kulminierte in der Revolution Ronald Reagans 1980, die Monetaristen sowie Supply-Sider in die höchsten Ämter katapultierte. Für mich war dies eine persönliche Angelegenheit: Die konservative Allianz wertete meine keynesianische Ausbildung ab, behinderte meine Karriere und raubte mir und meinen wenigen Kameraden im Kongress Einfluss an den Hebeln der Macht.

---

* Der US-amerikanische *liberalism* entspricht ungefähr der europäischen Sozialdemokratie und könnte am ehesten mit »linksliberal« gleichgesetzt werden. Er wird namentlich mit dem Keynesianismus und den progressiven Regierungen von Franklin D. Roosevelt (New Deal) und Lyndon B. Johnson (Great Society) in Verbindung gebracht. Der deutsche Begriff »Liberalismus« bezieht sich herkömmlicherweise auf Marktliberalismus. In diesem Text wird der Begriff jedoch im Sinn des amerikanischen *liberalism* verwendet. (Anm. d. Übers.)

In politischer Hinsicht war es schwierig. Der Widerstand, den ich als Direktor des Joint Economic Committee (des gemeinsamen Wirtschaftsausschusses beider Häuser des US-Kongresses) 1981 organisierte, blieb weitgehend wirkungslos. Schlimmer war es jedoch auf der intellektuellen Ebene. Egal, wie sehr man ihnen widersprach, diese Leute *glaubten* an ihre Sache. Sie waren Idealisten und besaßen die Kraft der Überzeugung. Noch schlimmer: Sie waren jetzt an der Macht und gaben die Richtung vor. Und da kam der Gedanke auf: Was ist, wenn sie recht haben?

Die Anhänger Reagans trieben jene berühmte Kombination von politischen Strategien voran, die mehrheitlich in der akademischen Wirtschaftswissenschaft während der langen liberalen Regierungsjahre entwickelt worden waren. Zentrales Element war die Senkung der Vermögensteuer, die die produktiven Kräfte des Kapitals freisetzen und so Ersparnisse und Investitionen fördern sollte. Geldknappheit sollte die Inflation schnell und, wenn nötig, brutal beenden. Hinzu kam ein großflächiger Angriff auf Staat, Regulierung und Gewerkschaften: Jetzt sollten die Kräfte des Marktes – und des privaten Kapitals – regieren.

Mit Ausnahme der unmittelbaren Opfer stimmten eine Zeit lang weite Kreise diesen großen konservativen Ideen zu. In wissenschaftlicher Hinsicht waren sie bestechend: Für jedes Problem hielten sie eine Lösung bereit; jede Lösung war verwurzelt in der attraktiven Vision einer freien und individuellen Wahl, die lediglich durch den Markt und die sanfte Einflussnahme des Preises koordiniert wurde. Die Lösungen waren akademisch legitimiert: Sie basierten auf jener Wirtschaftslehre, die sich meine Generation an der Universität einverleibt hatte. Präsident Reagan konnte sich deshalb auf einige der bedeutendsten Ökonomen des Landes stützen, die keineswegs alle als Ideologen abgetan werden können. Die ersten Vorsitzenden des Council of Economic Advisers unter Reagan waren Murray Weidenbaum und Martin Feldstein, und sogar Lawrence Summers und Paul Krugman, die unter Feldstein berufen wurden, hatten in seiner Regierung eine beratende Funktion inne. Niemand von vergleichbarer Begabung sollte für George W. Bush arbeiten.

Nebst der intellektuellen Legitimität der konservativen Ideen hatte ihre Popularität einen emotionalen, ja sogar romantischen Aspekt. Die Konservativen versprachen Wohlstand, ohne diesen planen zu müssen. Ein einfaches Programm in drei Schritten sollte genügen: Steuern senken, Inflation stoppen, Markt liberalisieren. Grundsätzlich versprachen sie, mit jener Politik Schluss zu machen, für die viele elitäre Kreise – und zwar in beiden großen Parteien – nur noch Verachtung übrig hatten: die Politik der Kompromisse und der Umverteilung, die sich nach den Ansprüchen der Minderheiten und der Armen richtete. 1980 war Amerika des Mitgefühls überdrüssig, und die Konservativen versprachen, mehr als alles andere, Mitgefühl hinfällig zu machen. Zudem war ihre Agenda kühn, radikal, und schick – ein Programm mit Sex-Appeal. Plötzlich waren die Konservativen Amerikas mutige und freche »Bad Boys«, während Liberale wie ich zu Spielverderbern verkommen waren, zu jungen Gruftis, die überholten Ideen nachhingen.

Was ist fünfundzwanzig Jahre später von dem noch übrig? Im Grunde genommen nichts. In den Wahlen vom 7. November 2006 verloren die konservativen Republikaner ihre Mehrheiten in beiden Häusern des Kongresses; das Wahlergebnis offenbarte eine Skepsis gegenüber einer Partei, die zwar regieren wollte, den Staat im Grunde jedoch verachtete. Offensichtlich glaubt die Öffentlichkeit den konservativen Anführern nicht mehr, was diese über den freien Markt zu sagen haben. Der Tod Milton Friedmans zehn Tage nach den Wahlen symbolisierte das Ende einer Ära. Wie jedoch der Nachruf des *Wall Street Journal* einräumte, hatten die politischen

Entscheidungsträger sich schon lange von der praktischen Umsetzung seiner Ideen losgesagt:* Die Zentralbanken versuchen nicht mehr, die Geldmenge zu kontrollieren; die Finanzwirtschaft hat die Regulierung wiedereingeführt, und der Klimawandel macht früher oder später eine neue Ära der ökologischen Intervention unvermeidlich. Währenddessen hat die Welt aufgehört darauf zu warten, dass Steuersenkungen die verborgene Kreativität der Geschäftsleute entfesseln.

Heute geht es nicht darum, ob die großen konservativen Ideen in der Vergangenheit beliebt waren oder über eine seriöse wissenschaftliche Grundlage verfügten. Die Frage ist vielmehr, ob sie eine Zukunft haben. Und darüber herrscht heute Einigkeit, auch unter denjenigen, die noch immer leidenschaftlich an das konservative Gedankengut glauben. Tatsache ist, dass die Palette von Konzepten aus der Reagan-Zeit als intellektuelle Basis für ein politisches Programm aufgegeben wurde. In entscheidenden Positionen finden sich fast keine Monetaristen mehr. Genauso wenig gibt es überzeugte Anhänger der angebotsorientierten Volkswirtschaftslehre (obwohl der Katechismus gelegentlich noch rezitiert wird) oder öffentliche Intellektuelle, die sich hinter Kampagnen für den »freien Markt« und gegen die Regulierung stellen. »Freihandel« ist zu einem Etikett geworden; die Handelsverträge, auf die es geklebt wird, sind jedoch alles andere als frei. In Bildungsanstalten und Talkshows herrscht der ökonomische Konservatismus zwar noch immer uneingeschränkt, aber im öffentlichen Leben spielt er praktisch keine Rolle mehr – er existiert einfach nicht. Und selbst wenn er in der Politik wieder auftauchen und die selbstbewusste Doktrin von 1980 propagieren würde – niemand würde ihn ernst nehmen.

---

* Greg Ip, Mark Whitehouse, »How Milton Friedman Changed Economics, Policy and Markets«, in: *Wall Street Journal*, 17. November 2006, S. A1.

Heute begegnen uns im großen Politikgebäude der Konservativen nur noch Lobbyisten und Politiker, die nach ihrer Pfeife tanzen. Es gibt Slogans und Slogan-Verbreiter, alte Kumpel und Karrieristen. Gelegentlich treffen wir auf Problembeseitiger, die gerufen werden, wenn wieder einmal ein größerer Schaden behoben werden muss. Es gibt Leute, die routinemäßig Desaster voraussagen, um die Zerschlagung des Rentensystems und anderer beliebter Sozialprogramme zu rechtfertigen, wobei der Zweck nur allzu offensichtlich ist: Die Kontrolle über die Programme soll ihren Freunden an der Wall Street übertragen werden. Zum Glück glauben ihnen nur wenige, aber das bannt die Gefahr nicht, denn sie sind eine Kraft, deren Stärke nicht auf Überredungskunst basiert. Wie immer lehren an den Universitäten Ökonomen, die für Spitzenämter gewonnen werden können, aber ihnen mangelt es offensichtlich an Überzeugung: Wenn sie einmal im Amt sind, unternehmen sie nichts, um die Anliegen der Konservativen voranzubringen. In der öffentlichen Wahrnehmung stand das konservative Haus lange Zeit wie eine Villa, sichtbar im ganzen Land. Aber im Innern war das Haus zerfallen; sein intellektuelles Fundament war eingestürzt. Einige wahre Gläubige fristeten dort zwar weiterhin ihr Dasein, aber nicht einmal sie selbst waren überrascht, als das Haus schließlich in sich zusammenbrach.

Was machen die Reagan-Konservativen heute? Milton Friedman, der Vater des Monetarismus, verwarf 2003 seine eigene D oktrin: »Die Vorgabe von Geldmengenzielen war kein Erfolg [...] Ich glaube nicht, dass ich heute so energisch dafür eintreten würde wie einst«, sagte er der *Financial Times.*[*] Die Beweislage, auf der der monetaristische Zusammenhang zwischen Geldmengenwachstum und

[*]   Simon London, »Targeting the Quantity of Money ... ›Has Not Been a Success‹«, in: *Financial Times*, 9. Juni 2003.

Preisveränderung basierte, brach zusammen, und so ließen die Monetaristen das Thema bleiben. Heute sind sich fast alle einig: Die US-Notenbank bestimmt die kurzfristigen Zinssätze; es ist der Zinssatz, und nicht die Geldmenge, der die Wirtschaft antreibt. Tatsächlich hat die Notenbank vor Kurzem ganz im Stillen aufgehört, gewisse geldwirtschaftliche Statistiken zu veröffentlichen, weil sich die akademische Welt nicht mehr dafür interessiert (im Übrigen zeigte sowieso nie jemand Interesse dafür).

Jude Wanniski, der erste Supply-Sider, starb 2005 mit 69 Jahren. Er war sein Leben lang ein Supply-Sider geblieben und glaubte, soviel ich weiß, bis zuletzt an seine Sache. Dennoch begann er 2001, sich in eloquenter Weise gegen die neokonservativen Kriege zu stellen; wir wurden damals Freunde und verfassten sogar zusammen einen Artikel. Gemeinsam gaben »der erste Supply-Sider« und »der letzte Keynesianer« der Notenbank antimonetaristische Ratschläge gegen die Erhöhung der Zinssätze. George Gilder, der in den frühen 8oer-Jahren die Armen geißelte und den Reichtum zelebrierte, wurde in den 9oer-Jahren zu einem Guru der technischen Revolution; als der Technikboom kollabierte, stand Gilder auch kein Markt mehr zur Verfügung für seine Fähigkeiten des *stock picking*. Paul Craig Roberts war stellvertretender Finanzminister unter Reagan, später Kolumnist für die *Business Week* und Autor des Buches *The Supply-Side Revolution;* er wurde zu einem scharfen Gegner des Irakkriegs, warnte vor einem drohenden Krieg gegen den Iran und kritisierte den Angriff auf die bürgerlichen Freiheiten im Zuge des »Kriegs gegen den Terror«. Bruce Bartlett hingegen, einst ein eifriger junger Supply-Sider und Autor des Buches *Reagonomics*, bleibt ein altmodischer Anhänger der aussichtslosesten Sache der modernen Geschichte: des Strebens nach dem schlanken Staat. 2006 veröffentlichte er ein Buch mit dem Titel *Impostor: How George W. Bush Bankrupted America and Betrayed the Reagan Revolution*

(Schwindler: Wie George W. Bush Amerika zugrunde richtete und die Reagan-Revolution verriet).

Der vielleicht größte unter den Glaubensanhängern des Konservatismus war der »alte Objektivist« selbst, Alan Greenspan, der achtzehn Jahre lang an der Spitze der US-Notenbank stand. Obwohl er nie ein Monetarist war, befürwortete Greenspan unablässig Steuersenkungen, Ausgabensenkungen und Deregulierung. Er fügte sich immer den Avataren des freien Marktes und weigerte sich, von seiner eigenen Urteilsfähigkeit, prominenten Stellung oder institutionellen Macht Gebrauch zu machen, um spekulativen Blasen in der Technik und im Immobilienmarkt vorzubeugen. Seine Philosophie war, dass die Märkte nun mal so funktionierten und dass die Aufgabe der Regierung darin bestehe, die Unordnung nachher aufzuräumen. Doch in seinen monumentalen Bekenntnissen, die er kürzlich unter dem Titel *The Age of Turbulence* (dt. *Mein Leben für die Wirtschaft*) veröffentlichte, fällte Greenspan sein Urteil über die Konservativen, wie sie sich 2006 präsentierten: »Sie hatten ihre Prinzipien gegen Macht eingetauscht. Am Ende hatten sie weder das eine noch das andere. Die Wahlniederlage war verdient.«[*]

Es ist heutzutage Mode, die Reagan-Konservativen, einschließlich der eben erwähnten, als Schwindler abzutun, als Werkzeuge der reichen Interessengruppen, die hinter ihnen standen. Dies ist beispielsweise der Ansatz, den Jonathan Chait, Herausgeber des Magazins *New Republic,* in seinem neuen Buch *The Big Con* verfolgt.[**] Paul Krugman stellt die Konservativen in seinem neuen Buch *Conscience of a Liberal* (dt. *Nach Bush. Das Ende der Neokonservativen und die Stunde der Demokraten*) entweder als Schwindler oder

---

[*]   Alan Greenspan, *Mein Leben für die Wirtschaft,* Frankfurt a.M. 2007, S. 281.

[**]   Vgl. Jonathan Chait, The Big Con. *The True Story of How Washington Got Hoodwinked and Hijacked by Crackpot Economics,* Boston 2007.

als Narren dar.[*] Ich habe nichts gegen die politische Ökonomie dieser Bücher einzuwenden; Geld regiert tatsächlich die Welt. Dennoch glaube ich nicht, dass dieses Urteil vollkommen gerecht ist. Die Tatsache, dass finanzielle Interessen versuchen, Ideen für sich zu gewinnen, ist nicht notwendigerweise ein schlagendes Argument gegen diese Ideen; es macht die Ideen nicht an und für sich illegitim. Es trifft auch nicht zu, dass die Monetaristen, die Supply-Sider und die Befürworter der Deregulierung lediglich Randelemente in akademischen Zirkeln darstellten. Im Gegenteil: Die Anhänger Milton Friedmans dominierten eine Generation lang die Diskussionen über Geldpolitik. Verfechter der Einheitssteuer wie Robert Hall und Alvin Rabushka waren in den höchsten Ämtern und Thinktanks vertreten; der Supply-Sider Robert Mundell gewann den Wirtschaftsnobelpreis. Tatsache ist, dass Reagans Radikale in der Akademie sehr stark vertreten waren; für viele von ihnen ging seine Politik nicht annähernd weit genug. Die übrig gebliebenen Veteranen der Reagan-Ära waren nicht lediglich deswegen von Bushs Politik enttäuscht, weil sie nicht mehr auf seiner Lohnliste standen.[**] Vielmehr waren sie desillusioniert, weil ihre Ideen als Regierungsdoktrin gescheitert waren. Mittlerweile werden sie von den akademischen Theoretikern gemieden, weil diese keine Fingerabdrücke auf dem Trümmerhaufen hinterlassen wollen. Aber die Reagan-Anhänger erinnern sich zu Recht an die Tage, als die großen Professoren sie noch gerne zu ihren Freunden zählten.

Kurzum, es gibt einen Grund, weshalb sich die prinzipientreuen Konservativen in der politischen Wildnis befinden: Dort gehören

---

[*]   Vgl. Paul Krugman, *Nach Bush. Das Ende der Neokonservativen und die Stunde der Demokraten*, Frankfurt a.M. 2008.

[**]   Dieses Buch erschien auf Englisch kurz vor dem Regierungswechsel 2009. Stellen, die explizit auf die Regierung George W. Bush Bezug nehmen, wurden aktualisiert. (Anm. d. Übers.)

sie hin. Sie sind edle Wilde und die Wildnis ist ihr Element. Sie gehören nicht in die Regierung, weil sie in praktischer Hinsicht nicht viel zu einer Regierung beitragen können; sie nehmen die Mythen, die sie miterschaffen haben, zu ernst, und deshalb erscheinen sie in den Augen kultivierter Menschen ein wenig töricht. Die Konservativen sind gegen Defizite, Staatsausgaben und den Ausbau der staatlich finanzierten Gesundheitsfürsorge. Schön und gut. Was schlagen sie also vor? Sie befürworten die Senkung der Einkommensteuer und der Steuern auf alle Formen von Vermögen. Aber argumentieren sie noch immer – wie es ein guter Konservativer tun sollte –, dass diese Steuererleichterungen selbst finanzierend sind? Dass die Spar- und Investitionsquote und der Arbeitseinsatz aufblühen würden? Natürlich nicht, denn man hat das Experiment versucht, und es ist gescheitert. Sie befürworten noch immer den freien Markt als allgemeines Prinzip, aber sprechen sie im Detail vom Schicksal der Fluggesellschaften, der Wälder, der Bergarbeiter, der Spar- und Leihindustrie in einem deregulierten Markt? Nein. Diesen Themen gehen die Heiligen der Letzten Tage des freien Marktes lieber aus dem Weg.

Man fragt sich, wie die ökonomischen Konservativen unsere aktuellen Probleme lösen wollen. Bieten sie eine Alternative zu unserer Abhängigkeit von Öl, unserem imperialen Engagement oder zur Erderwärmung an? Nein. Hatten sie ein Programm zum Wiederaufbau von New Orleans? Nein. Gibt es einen realistischen konservativen Plan zur Gesundheitsfürsorge? Nein. Das Einzige, was sie tun, ist, die Ideen aller anderen zu kritisieren. Verfügen die Konservativen über einen realistischen Ansatz zum Thema Einwanderung? Nicht wirklich. Ein Teil von ihnen befürwortet den Bau einer unmenschlichen und nicht realisierbaren Mauer, andere streben eine Rückkehr zur Arbeitsknechtschaft in der Form eines Gastarbeiterprogramms an. Haben sich die Konservativen mit den Veränderungen der globalen Wirtschaft befasst, insbesondere mit der Welle von Wirtschaftskrisen seit 1980 und dem Aufstieg des einen großen Landes, das dem globalen Finanzsystem nach wie vor fernbleibt, nämlich China? Haben sie eine Vision eines zukünftigen globalen Währungssystems, sollte sich das Vertrauen in den Dollar auflösen? Nein. Die Begriffe des politischen Dialogs haben sich verändert, nicht aber das große konservative Weltbild als Bezugspunkt.

Es erstaunt deshalb nicht, dass George W. Bush sich nicht mit prinzipientreuen Konservativen einlassen wollte und sich dadurch ihre bittere Ablehnung zuzog. Tatsache ist, dass keine Regierung die Ideen der Konservativen ernsthaft gebrauchen kann, egal, wie weit rechts sie steht. Nach den Erfahrungen des letzten Vierteljahrhunderts und unserem zunehmenden praktischen Verständnis der Wirtschaftspolitik seit Reagan ist es schlichtweg unmöglich, das konservative Weltbild als umsetzbares politisches Konzept ernst zu nehmen. Deshalb wird wohl nie wieder ein prinzipienfester Konservativer in einer amerikanischen Regierung arbeiten. Letzten Endes ist Bush allein deswegen bemerkenswert, weil er kein Interesse daran hatte, engagierte Intellektuelle einzustellen, die seine Politik verteidigen sollten; er war bereit, sich die Ablehnung der prinzipientreuen konservativen Clique einzuhandeln. In seiner Regierung dominierten Geschäftsleute und Lobbyisten, und er regierte weitgehend ohne akademische Schützenhilfe.

Außerdem wurden die Konservativen nicht nur ihrer Macht beraubt, sie haben auch aufgehört, sich weiterzuentwickeln. Gibt es so etwas wie ein modernes konservatives wirtschaftspolitisches Denkmodell? Nicht nur waren in Bushs Regierung keine intellektuellen Reagan-Anhänger vertreten, der Fluss von neuen Vorschlägen aus den akademischen Festungen in die politische Arena ist ebenfalls versiegt – die Hauptwerke der heute führenden konservativen Akademiker entstanden vor dreißig Jahren. Jene Ideen, die das konservative ökonomische Denken in Amerika (und in der Welt) bestimmen, waren schon vor fünfundzwanzig Jahren bestens bekannt. Im Hexenkessel der 8oer-Jahre wurden sie alle ausprobiert: in den Vereinigten Staaten, in Großbritannien und im Rest der Welt. Und die Politiker haben sie bereits vor langer Zeit wieder aufgegeben – spätestens Ende der 8oer-Jahre in den Vereinigten Staaten, Anfang der 9oer-Jahre in Großbritannien und in den ausgehenden 9oer-Jahren im Rest der Welt. Jene Konzepte, die umgesetzt wurden – beispielsweise die sogenannten Charter Schools –, befinden sich jetzt in der Beurteilungsphase, und ihr Leistungsausweis ist nicht besonders überzeugend. Die Ideen, die immer noch auf der Tagesordnung stehen (oder die wahrscheinlich wieder aktuell werden), wie beispielsweise die Privatisierung des Rentensystems, haben heute nicht mehr Berechtigung als früher. Die Argumente, die dafür erfunden wurden, sind mindestens zwanzig Jahre alt. Die akademische Wirtschaftswissenschaft ist heute geteilt zwischen pragmatischen Ansätzen, die nicht mehr besonders konservativ sind (man kann sie eher als unpolitisch bezeichnen), und der konservativen Doktrin, der jeglicher Bezug zur Welt der angewandten Politik fehlt.

Die Politiker haben sich nicht zufällig von diesen Ideen verabschiedet, sodass wir ohne diese Abkehr genauso gut noch in der Welt Reagans und Thatchers leben könnten: Diese Experimente sind schiefgelaufen. Lektionen wurden gelernt, oft auf die harte Tour. Es waren strategische Rückzüge, manchmal unter heftigem Beschuss, denn die geradlinige Anwendung von konservativen Prinzipien auf die Wirtschaftspolitik führt zum Desaster. Das trifft insbesondere auf jene Strategien zu, die die Wirtschaft als Ganzes transformieren sollen.

Monetarismus führt immer und überall zu einer Finanzkrise. Die Steuersenkungen der Supply-Sider haben keine überprüfbare Auswirkung auf Arbeitseinsatz, Ersparnisse oder Investitionen.

Finanzielle Deregulierung führt zum kriminellen Missmanagement einer Firma, wie das Spar- und Leihdebakel und das Subprime-Fiasko vor Augen geführt haben. Öffentliche Ausgabenkürzungen sind weder notwendig noch ausreichend, um die Produktivität zu steigern. Diese Tatsachen sind den Politikern wohlbekannt, und die Überreste der konservativen Wahrheiten hängen mittlerweile nur noch in Fetzen. Nur der passionierte akademische Volkswirt kann so tun, als wisse er dies nicht. Dass das konservative Glaubensbekenntnis überhaupt überlebt hat, liegt nicht etwa daran, dass immer neue Erfolgsgeschichten geschrieben würden. Es überlebt allein deswegen, weil das konservative Credo einen beherrschenden Einfluss auf die akademische Wirtschaftwissenschaft ausübt; weil es die Konzepte, die die Wissenschaftler für den geschlossenen Kreis ihrer eigenen Zeitschriften reproduzieren, fest in seinem Griff hält. Es wird schwierig sein, diesen Griff zu lockern, denn Akademiker müssen sich keinen Wahlen stellen. Aber für die angewandte Politik haben die konservativen Ideen keine Bedeutung mehr.

Ein ähnliches Schicksal erlitt die Exportversion des konservativen Credos: der sogenannte Konsens von Washington hinsichtlich internationaler Entwicklungsstrategien. Hierbei handelt es sich um eine Reihe von universellen Rezepten wie stabile Währung, ausgeglichener Haushalt, Deregulierung, Privatisierung und Freihandel. Auch sie entstanden im Zuge der Revolution Reagans und ihres internationalen Gegenstücks, der Schuldenkrise der Dritten Welt. Die Rezepte wurden Lateinamerika, Osteuropa, Afrika und Teilen Asiens aufgezwungen, denen man versprach, die »Magie des Marktes« würde Wachstum und Wohlstand bringen, nachdem die Politik des Protektionismus, der Subventionen und der wirkungslosen Förderung der industriellen Entwicklung gescheitert waren. Es sollte sich jedoch herausstellen, dass die wirtschaftliche Entwicklung in der Dritten Welt seit 1980 in einer negativen Beziehung zum Konsens von Washington stand: Diejenigen, die sich am stärksten nach dem Konsens richteten, zum Beispiel Argentinien, gerieten in eine Wirtschaftskrise und brachen zusammen, während diejenigen, die ihren eigenen Weg gingen, insbesondere China, einen wirtschaftlichen Aufschwung erlebten. Als diese Tatsachen allgemein bekannt wurden, verbreitete sich der Widerstand gegen den Konsens von Washington in Lateinamerika, Afrika und weiten Teilen Asiens; das Modell wird heute als Prinzip abgelehnt und in der Praxis zunehmend gemieden. In Argentinien, einst Aushängeschild des neoliberalen Konformismus, folgte die wirtschaftliche Erholung erst, nachdem das Land seine finanziellen Schulden zurückgewiesen und dem Neoliberalismus entsagt hatte. In verschmähten Ländern wie Venezuela und Russland haben hohe Energiepreise die finanzielle und konzeptionelle Unabhängigkeit gefördert, und der Internationale Währungsfonds (IWF) ist heute in den meisten Teilen der Welt eine ausgebrannte Kraft. In Lateinamerika unterhält er überhaupt keine Programme mehr, seine Einnahmen vermögen die Ausgaben nicht zu finanzieren, und seine Betriebe entlassen haufenweise Angestellte. Sogar der geschäftsführende Direktor des IWF, Dominique Strauss-Kahn, hat zugegeben, dass seine Organisation eine »Papierfabrik« ist.

Dies sind die Tatsachen. Doch obwohl sie als Tatsachen anerkannt sind und die Wirtschaftspolitik dementsprechend handelt, hält sich der politische Diskurs in den USA an seine eigenen Rituale und respektiert die Tatsachen noch nicht. Tatsächlich haben sich bisher nur wenige Politiker der beiden großen Parteien öffentlich von der Reagan-Revolution distanziert, insbesondere von der Idee des freien Marktes. Politiker sind berüchtigt dafür, dass sie das sagen, was ihnen gerade passt, und dann ihren Aussagen völlig zuwider handeln, was es schwierig macht, sich auf sorgfältige und seriöse Weise mit ihren Ansichten auseinanderzusetzen. Nirgends ist diese Tendenz wohl so ausgeprägt wie in Angelegenheiten, die mit dem Markt zu tun haben – ein Wort, das man offensichtlich in den Vereinigten Staaten nicht öffentlich in den Mund nehmen kann, ohne vorher das Knie zu beugen und sich zu bekreuzigen.

Und hier ist die politische Welt geteilt in zwei Gruppen. Die einen preisen den freien Markt, weil dies ihnen und ihren Freunden Deckung gibt, um öffentliche Gelder zu plündern. Diese Leute nennen sich selbst »Konservative«, und das richtig Ärgerliche für die echten Konservativen ist, dass jene sowohl das Etikett gestohlen als auch den Ruf der Konservativen zerstört haben. Und dann gibt es die anderen, die den »freien Markt« einfach deswegen rühmen, weil sie Angst haben, andernfalls als Häretiker bloßgestellt, als Sozialisten verpönt und aus dem öffentlichen Leben verbannt zu werden. Dies trifft auf viele Demokraten zu. Eine reflexartige Beschwörung der Macht und der »Magie« des Marktes und der Tugenden des »freien Unternehmertums« sind deshalb noch immer Grundzutaten des politischen Diskurses in beiden großen Parteien. Diesen Beschwörungen fehlt jeglicher praktischer Inhalt, und die betreffenden Politiker sind sich dessen bewusst.

Dies ist jedoch kein weiteres Buch über die Unaufrichtigkeit der konservativen Schwindler, die unser Land führen, denn darüber ist schon viel geschrieben worden. Meine Ansichten zu George W. Bush, Dick Cheney und Alan Greenspan habe ich ebenfalls bereits dargelegt.[*] Dieses Buch befasst sich vielmehr mit dem Aufstieg und Fall von authentischen konservativen Ideen und mit der Unzulänglichkeit ihrer zentralen Metapher, dem freien Markt. Ich beabsichtige nicht, die Ökonomen anzuschwärzen, die vor dreißig Jahren anfingen, die Idee des Konservatismus zu verbreiten. Viele von ihnen

---

[*] James K. Galbraith, *Unbearable Cost: Bush, Greenspan and the Economics of Empire*, London 2006.

sind meine Freunde geworden und genießen meinen Respekt. Ich will das konservative Projekt ernst nehmen, weil ich davon ausgehe, dass keine bösen Absichten dahinter steckten. Meiner Ansicht nach waren die prinzipientreuen Konservativen naiv, und ich glaube, dass sie falsch lagen und von der Geschichte fallengelassen wurden. Aber nichts von dem beweist, dass sie unehrlich waren. Und wenn es darunter tatsächlich einige Spinner und Scharlatane gab, dann waren sie in guter Gesellschaft unter den angesehensten und namhaftesten Ökonomen im Land.

Ich werde hier versuchen, den liberalen Geist zu befreien. Denn während die Rechten ihre geistigen Wurzeln aufgegeben haben, sind die Liberalen nach wie vor fasziniert von diesen Grundlagen. Mit Ausnahme der Handelspolitik, wo ein andauernder Populismus sich reflexartig gegen jegliche »Freihandelsabkommen« stellt, haben die Liberalen weitgehend die konservativen Prinzipien übernommen: Sie befürworten Geldmengenkontrolle und einen ausgeglichenen Haushalt und plädieren erst dann für eine Regulierung, wenn »der Markt versagt«. Und bis sie diesen Bann brechen, werden die Liberalen nicht auf eine Art und Weise über die Welt denken oder sprechen können, die ihrer wirklichen Situation gerecht wird. Genauso wenig werden sie imstande sein, ein politisches Programm vorzulegen, das tatsächlich funktioniert. Und weil die Liberalen nun wieder an der Macht sind, ist die Frage, was und vor allem *wie* sie denken, so wichtig wie seit einem halben Jahrhundert nicht mehr.

Nehmen wir zum Beispiel Hillary Rodham Clinton. In der Vergangenheit war sie bewundernswert gerne bereit, Kritik am »freien Markt« zu äußern. Gemäß dem radikal konservativen Magazin *Human Events* sagte sie 1996 dem Fernsehsender C-Span: »Der uneingeschränkte freie Markt war die zerstörerischste Kraft in Amerika während der letzten Generation.«[*] Aber im Jahr 2007 versprach das wirtschaftliche Programm ihres Präsidentschaftswahlkampfes, »Spartätigkeit zu belohnen« und »den Bundeshaushalt auszugleichen« – beides klassisch konservative Themen. Sie forderte Maßnahmen, um die »Gesundheitsfürsorge erschwinglich zu machen«, womit sie implizierte, dass Gesundheitsfürsorge noch immer auf dem Markt gekauft und verkauft werden sollte. Während sie sich für mehr Sicherheiten für die Mittelklasse einsetzte, legte sie ein klares Glaubensbekenntnis ab:»Der freie Markt ist die stärkste Kraft des Wirtschaftswachstums. Aber der Markt funktioniert dann am besten, wenn er Regeln hat, die unsere Werte fördern, unsere Arbeiter schützen und allen Menschen die Chance auf Erfolg geben.«

Für viele Leute ist Hillary Clinton eine Liberale, und als solche ist sie tatsächlich auch heute ein typisches Beispiel. Liberale verhalten sich noch immer so, als hätten sie es mit einem konzeptionell kohärenten Gegner zu tun, dem sie mit einem entsprechenden Programm entgegentreten müssen. In der Wirtschaftspolitik führen deshalb viele Liberale einen Dialog mit sich selbst: Ihr Ausgangspunkt sind Prinzipien wie der Monetarismus oder der ausgeglichene Haushalt, die sich praktisch keiner Anhängerschaft mehr erfreuen, abgesehen von den reinen Theoretikern, die sich in der Akademie verstecken. So lähmen sie sowohl ihr Denken als auch ihr Handeln; die Folge sind Programme, die von Beginn weg nutzlos und deshalb zum Scheitern verurteilt sind.

Die Faszination gegenüber dem konservativen Weltbild war mit verantwortlich dafür, dass die Linke lange zu wenig eigenständige Gedanken entwickelte. Die Liberalen verfügten über keine kohä-

---

[*] Vgl. www.humanevents.com/article.php?id=20237.

rente Weltanschauung, geschweige denn über ein politisches Programm, das den politischen Offenbarungen, weltpolitischen Veränderungen und wissenschaftlichen Tatsachen der Bush-Ära Rechnung trug. Meist befassten sie sich gar nicht mit dem tatsächlichen Programm der Konservativen. Sinnbildlich dafür stand die Wahlkampagne des Jahres 2008: Die wichtigste Idee der Demokraten war die allgemeine Krankenversicherung, die seit 1948 – seit sechzig Jahren! – ganz oben auf der demokratischen Tagesordnung steht und die sich praktisch nicht verändert hat, seit Bill Clintons Versorgungsplan 1993 scheiterte. Die allgemeine Krankenversicherung ist natürlich wichtig, aber dass die Angelegenheit auch heute eine solch prominente Stellung im politischen Dialog einnimmt, zeigt, dass der liberale Geist stillsteht. Dies ist keine wohlüberlegte Strategie, um sich den Kräften zu stellen, die unsere jüngste Vergangenheit geprägt haben.

Wer in der Zwangsjacke der »Magie des Marktes« steckt, hat keine Möglichkeit, sich mit den dringlichsten Problemen unserer Zeit auseinanderzusetzen. Wir müssen jetzt aus diesem tödlichen System ausbrechen. Wir müssen die Grundsätze des alten konservativen Weltbildes einzeln untersuchen und dann Alternativen entwickeln, mit denen wir den Problemen, die sich uns stellen, tatsächlich beikommen können.

2   Die Freiheit des Einkaufens

Dass die konservative Wirtschaftslehre bei reichen Leuten beliebt ist, leuchtet ein. Diese Theorien erfreuten sich schon immer einer breiten Unterstützung unter jenen Reichen, die tiefe Steuern wollen; ebenso unter Wirtschaftsführern, die die öffentliche Aufsicht so gering wie möglich halten wollen (weil sie sonst riskieren, ins Gefängnis zu wandern), und Bankern, die im Allgemeinen hohe Zinssätze auf die von ihnen ausgegebenen Kredite befürworten, wenn auch nicht auf die Einlagen ihrer Kunden. Tatsächlich ist die Einigkeit und Harmonie zwischen diesen Wählerschichten und ihren Verbündeten in der Akademie so perfekt, dass Zyniker den Verdacht hegen, die Kausalkette verlaufe vom Geld zur Theorie, und nicht umgekehrt.

Aber weshalb fand die konservative Wirtschaftslehre bei all den anderen Leuten einen solchen Zuspruch? Wie konnte die Revolution Reagans kurzzeitig fast zu einer Massenbewegung werden? Wie kam es, dass die materiellen Interessen der Reichen so vielen Leuten attraktiv erschienen – Leuten, die selbst nicht reich waren und die wussten (oder hätten wissen müssen), dass sie unter den wirtschaftlichen Bedingungen, die die Konservativen schaffen wollten, niemals reich würden?[*] Reagan war zwar nie so beliebt, wie die Medien

---

[*]   Thomas Frank befasst sich mit diesem Thema in seinem Buch *What's the Matter with Kansas?*, New York 2004 (dt.: *Was ist mit Kansas los?*, Berlin 2005).

damals unablässig behaupteten, aber er verkörperte keinesfalls eine reine Plutokratie; seine Bewegung und sogar seine Wirtschaftspolitik hatten tatsächlich einen enormen Rückhalt in der Bevölkerung. Es war und ist das Ziel jeder Ideologie, sich nicht nur an diejenigen zu wenden, die einen finanziellen Nutzen von den entsprechenden Theorien erwarten können, sondern eine breitere Schicht für sich zu gewinnen, die kein direktes wirtschaftliches Interesse am politischen Ergebnis hat. Zu diesem Zweck setzte die konservative Bewegung eine Geheimwaffe ein: die Verbindung von Markt und »Freiheit«. Sie nannten das Konzept »wirtschaftliche Freiheit«.

Was ist »wirtschaftliche Freiheit«? Man könnte denken, sie beziehe sich auf die Freiheit von den Zwängen des alltäglichen Wirtschaftslebens: Freiheit von der Notwendigkeit, arbeiten zu müssen, um essen zu können, beispielsweise; oder nicht vor der Wahl zu stehen, entweder die Medikamente oder die Miete zu bezahlen. Aber das ist nicht der Fall. Auch ähnelt die wirtschaftliche Freiheit in keiner Weise dem, was wir normalerweise als politische Freiheit bezeichnen: Sie steht in keinem Zusammenhang mit Rede-, Presse- oder Versammlungsfreiheit – Freiheiten, die sich auf das Recht beziehen, am politischen Leben teilzuhaben und die öffentliche Politik mitzubestimmen. Sie besteht beispielsweise nicht darin, Grundbedürfnisse zu befriedigen, damit kulturelles und politisches Schaffen gedeihen kann. Die großen Verfechter der »wirtschaftlichen Freiheit« sind keine Anhänger von John Deweys demokratischen Idealen; sie haben kein Interesse daran, politische Entscheidungsprozesse auf eine breitere Basis zu stellen.

Nicht nur das: Das konservative Konzept der »wirtschaftlichen Freiheit« lehnt es sogar ab, den Staat dazu zu verpflichten, sich für einen höheren Lebensstandard der breiten Bevölkerung einzusetzen. Die »wirtschaftliche Freiheit« widersetzt sich Vorschlägen wie der allgemeinen Krankenversicherung, der kostenlosen staatlichen

Ausbildung und öffentlichen Subventionen für die Künste – besonders dann, wenn diese Programme durch Umverteilung mittels progressiver Steuern finanziert werden sollen. Demokratisch legitimierte Sozialhilfe – etwa in Roosevelts New Deal, Lyndon Johnsons Great Society (»Große Gesellschaft«) oder gar in Salvador Allendes Chile oder Hugo Chávez' Venezuela – ist gemäß dieser Auffassung im Grunde Unfreiheit.* Das Regime des »freien Marktes« unter Augusto Pinochet hingegen habe Chile die »wirtschaftliche Freiheit« beschert. Menschen können also in wirtschaftlicher Hinsicht frei sein, ohne dass sie politisch irgendetwas zu sagen haben – sogar wenn sie unter dem Joch einer Militärjunta leben (beziehungsweise sterben).

Wirtschaftliche Freiheit besteht demnach darin, dass sich das wirtschaftliche Leben – und dieses allein – jenseits der staatlichen Kontrolle abspielt, in einer Sphäre, in der private Kräfte das Sagen haben. Im Originaltitel seines Bestsellers aus dem Jahr 1980 erklärte Milton Friedman prägnant, was wirtschaftliche Freiheit für die Konservativen bedeutet: *Free To Choose* (Die Freiheit der Wahl).** Es ist die Freiheit, *Geld auszugeben.* Um diese Idee ins rechte Licht zu rücken, sollten wir sie beim Namen nennen: Es ist die Freiheit einzukaufen.

Diese Auffassung wird oft gar nicht ernst genommen, weil es offenkundig absurd und eine Perversion der Sprache ist, Einkaufen als Freiheit zu bezeichnen. Ist China ein freies Land, weil es dort tolle Shopping-Möglichkeiten gibt? War das Problem der Sowjetunion, dass dies dort nicht der Fall war? Ist die Freiheit, aus einem

---

* Konservative bezeichnen Chávez routinemäßig als Diktator, genau wie früher Allende, obwohl beide demokratisch in fairen und freien Wahlen an die Macht kamen und in Übereinstimmung mit dem Gesetz regier(t)en.
** Milton Friedman, Rose Friedman, *Free to Choose*, New York 1980 (dt.: *Chancen, die ich meine,* Frankfurt a.M. 1980).

großen Angebot von Waren und Dienstleistungen zu unterschiedlichen Preisen auszuwählen – von der gehobenen Boutique über die Shopping-Mall zum Fabrikverkauf –, wirklich auf eine Stufe zu setzen mit allen anderen Bedeutungen von Freiheit? Man kann leicht über diese Idee spotten, weil sie so weit entfernt ist von unserem liberalen Konzept der Freiheit als bestimmende Kraft des politischen sozialen Entscheidungsprozesses. Aber zu spotten wäre ein Fehler. Das Erstaunliche ist, wie viele Menschen tatsächlich so denken, wie instinktiv richtig die konservative Definition der wirtschaftlichen Freiheit scheint und wie tief diese Auffassung im modernen Leben verankert ist. Viele Amerikanerinnen und Amerikaner definieren sich tatsächlich über ihre Einkäufe. Gleichermaßen verachteten viele Menschen die Sowjetunion und die Staaten Osteuropas nicht etwa, weil die Regimes repressiv waren, sondern weil diese Länder so trist erschienen. Viele Leute im Westen sahen dort ein Verlangen nach »Freiheit«, was für viele nichts weiter als den Wunsch nach einer besseren Ernährung und modischeren Kleidern bedeutete.

Entsprechend ist die Freiheit des Einkaufens gewissermaßen zu einem politischen Recht geworden. Dass der Großkonzern Wal-Mart billige Waren aus China verkaufen kann, hängt von der Verfügbarkeit dieser Produkte ab, aber auch von der Bereitschaft der US-Regierung, ihre Einfuhr in die Vereinigten Staaten zu gewähren. Bestrebungen, die Globalisierung des Welthandels umzukehren, würden demnach eine Lebensart gefährden – sollten sie zu Preiserhöhungen und einer eingeschränkten Vielfalt von Konsumgütern führen. Weite Teile der Bevölkerung würden sie als fundamentalen Angriff auf die bestehende Freiheit betrachten. Und jene Politiker, die Arbeitsplätze sichern wollen, indem sie Importe beschränken, würden von vielen als Feinde der »Freiheit« gebrandmarkt. Gleichermaßen hat nie jemand das Recht auf billigen Treibstoff in der Verfassung festgeschrieben. Nichtsdestotrotz musste Jimmy Carter

1979 eine Lektion lernen, die seither kein amerikanischer Präsident je vergessen hat: Wehe der Regierung, die es sich leistet, die Treibstofftanks austrocknen zu lassen. Das Gleiche gilt sicherlich auch für viele Produkte in den amerikanischen Einkaufszentren; es wäre interessant zu sehen, wie die amerikanische Bevölkerung reagieren würde, wenn sie jemals in einer Mangelwirtschaft leben müsste. Die Freiheit scheint also nicht mehr jenes hohe Gut zu sein, zu deren Verteidigung unsere Verfassung und unsere Gesetze bestehen, sondern einfach das, was die Leute gerade für Freiheit halten.

Das Konzept einer Freiheit des Einkaufens ist schleichend erweitert worden und bezieht sich mittlerweile nicht mehr nur auf Konsumgüter. Es findet sich jetzt beispielsweise auch im Bereich der Berufskarriere, wo es den herkömmlichen Sprachgebrauch noch brutaler entstellt. In einer »freien« kapitalistischen Gesellschaft können Privatschulen und -universitäten selbst wählen, wen sie zu ihren Studiengängen und Kursen zulassen; sie können dafür so viel Geld verlangen, wie der Markt ihnen erlaubt. In dieser Gesellschaft verkommt die Freiheit der Berufswahl zu einem gewissen Grad zur Freiheit, den Beruf auszuüben, für den man genug Geld hat. Anders formuliert: Man wählt einen Beruf nicht, weil man sich dazu berufen fühlt, sondern man wählt eine Berufung, die man sich leisten kann. Die Wahl ist »frei«, weil sie im Wesentlichen eine Geldangelegenheit ist. Sie hängt nur beschränkt von Talent, Ausbildung, Disziplin oder Leistung ab; genauso wenig beruht sie auf der Zugehörigkeit zu einer kulturellen Elite. Aus dieser Perspektive ist Geld ein Gleichmacher – Geld verschärft die Klassenunterschiede nicht, sondern überwindet sie: Jemand, der vom College geflogen ist, kann es zum reichsten Menschen des Landes bringen, und jeder Scharlatan kann zum Banker, Wirtschaftsführer oder auch zum Präsidenten der Vereinigten Staaten aufsteigen. Darum gelten diese Berufe als demokratisch; andere Berufsgruppen hingegen, wie zum Beispiel

Mathematiker oder Naturwissenschaftler, üben weiterhin Kontrolle über ihre eigene Zunft aus und setzen professionelle Standards; aus diesem Grund gelten sie als elitär. Mit Geld kann man sich keine Stelle am Physikinstitut kaufen, und deshalb sind die Physiker eine Berufsgruppe, denen man nicht vollkommen trauen kann.

Gemäß dieser Logik konnten sich Milton Friedman und Ronald Reagan, und später auch George W. Bush, als demokratische und sogar egalitäre Kräfte präsentieren, als die »normalen Leute« der amerikanischen Gesellschaft. Sie brachten dies durch eine Umkehrung der Wahrnehmung fertig, die ökonomisch Progressive und politisch Liberale nie verstanden haben, die jedoch bei weiten Teilen der amerikanischen Öffentlichkeit auf ein breites Echo stößt.

Und dann geschah etwas noch Merkwürdigeres: Wir haben das Konzept der Freiheit des Einkaufens vom Konsumgüter- und Arbeitsmarkt auf den Kapitalmarkt ausgedehnt. So beinhaltet die Freiheit des Marktes auch die Freiheit, den Lebensunterhalt anderer Menschen zu kaufen und zu verkaufen. Denn letztlich entscheidet der Kapitalmarkt, das heißt die Wall Street, ob ein Unternehmen weiterlebt oder untergeht, von wem es verwaltet werden soll und in welche Richtung sich seine Geschäftstätigkeit entwickelt. Die Regierung hat lediglich die Aufgabe, die Anleger vor Betrug zu schützen. Die strategische Wirtschaftspolitik des Landes zu steuern, ist nicht die Aufgabe der Regierung, denn das würde einer »Industriepolitik« gleichkommen. Gewerkschaften, Verbraucher und Umweltschützer haben überhaupt keine Stimme, aber die Meinung von Investmentbanken wie Goldman Sachs oder Private-Equity-Firmen wie Kohlberg Kravis Roberts und Co. darf nicht hinterfragt werden. Wo das Geld regiert, herrscht demnach Freiheit, und niemand wagt es, zu widersprechen.

Viele Leute – und zwar nicht nur reiche – haben gegen diese Auffassung nichts einzuwenden: Sie befürworten die Freiheit des Einkaufens, die Freiheit, sich die gewünschte Karriere zu kaufen, und die Freiheit der Fusion und der Firmenübernahme. Teilweise akzeptieren sie diese Ideen, weil so der Reichtum zum einzigen Maßstab wird und sie sich nicht mehr mit politischen Prozessen befassen müssen. Wenn die Verteilung des Geldes neu organisiert oder eingeschränkt wird und die staatliche Kontrolle über die minimale Überwachung zur Verhinderung von Betrug hinausgeht, so wird das in dieser Welt per definitionem als Angriff auf die Freiheit angesehen. Sogar Wahlen gelten nicht als »frei«, wenn man nicht die Freiheit hat, sie mit Geld zu kaufen. Gemäß unseren rechtlichen Grundsätzen, die neuzeitliche Fanatiker in die Verfassung geschrieben haben, gilt es als »Redefreiheit«, wenn ein großer Konzern sich lautstark Gehör verschafft und die öffentliche Diskussion übertönt. Wie es Bush in seiner Wahlkampagne im Jahr 2000 eingängig formulierte: Ziel seiner Steuersenkungen sei es lediglich, den Leuten das Geld zurückzugeben, das bereits ihnen gehört.

Als leitende Instanz über die freie Wahl, als Vermittler zwischen denjenigen, die auswählen, und denjenigen, die gewählt werden, dient eine schwer fassbare, aber dennoch omnipräsente Institution: der Markt. Er stellt das Gegenstück zur wirtschaftlichen Freiheit dar; der Markt ist der Broker, das Instrument der unparteiischen und leidenschaftslosen Interaktion zwischen Parteien mit entgegengesetzten Interessen. Der Markt stellt sicher, dass die Freiheit der einen Person die der anderen nicht beeinträchtigt. Käufer wollen einen tiefen Preis, Verkäufer einen hohen; der Markt wägt die Wünsche genau ab und berechnet dann den Preis. Und der Preis ist fair, weil es der Marktpreis ist.

Hier stellt sich jedoch die Frage: Was genau ist der Markt? Was tut er? Wie funktioniert er? Der »Markt« im modernen Sprachgebrauch ist kein physischer Ort mehr. Er ist kein Ort auf dem Dorfplatz, kein Flohmarkt, Supermarkt oder Wal-Mart. Er ist kein Ort, den man besuchen kann. Er ist keine Person, kein Richter, vor dem man erscheinen kann, und keine Gruppe von Geschworenen, vor denen man plädiert. Anders als eine Regierung, ein Unternehmen oder ein Gericht hat der Markt keine spezifischen rechtlichen oder verfahrenstechnischen Eigenschaften. Ist er überhaupt eine Institution? Oder ist er etwas anderes, etwas Allgemeineres? Anders gefragt: Was ist die soziale und politische Funktion dieses Wortes?

Letzten Endes ist der Markt eine Verneinung. Der Begriff wird im Zusammenhang mit jedem Geschäftsvorgang gebraucht, der nicht direkt vom Staat diktiert wird. Er hat keinen eigenen Inhalt, weil er aus politischen Gründen durch das definiert wird, was er nicht ist: Der Markt ist der Nicht-Staat, und so kann er alles, was der Staat kann, aber er kommt ohne die staatlichen Prozeduren, Regeln oder Einschränkungen aus. Er ist ein kosmischer und ätherischer Raum, eine körperlose Entscheidungsmaschine – ein maxwellscher Dämon, der ohne Arbeitsanstrengung die Wünsche aller Beteiligten an ökonomischen Entscheidungen abzuwägen und zu widerspiegeln vermag.* Er ist ein magischer Tanzsaal, wo Angebot auf Nachfrage trifft und sie umwirbt; ein magisches Schlafzimmer, wo die Zwillingsgeschwister Menge und Preis gezeugt werden – der Markt kann vieles sein, weil er im Grunde gar nichts ist.

Weil dem Wort jegliche erkennbare konstante Bedeutung fehlt, können ihm wunderbare Kräfte zugeschrieben werden. Der Markt setzt den Wert fest. Er löst Konflikte. Er stellt sicher, dass jeder Produktionsfaktor in effizienter Weise seinem wertvollsten Nutzen zugeordnet wird, dass alle Konsumgüter oder Dienstleistungen jenem Kunden zugewiesen werden, der sie mehr als alle anderen will – vorausgesetzt, er kann dafür bezahlen. Der Markt verteilt die Konsumgüter an jeden Einzelnen, gemäß Angebot und Nachfrage. So ist

---

* Der Vergleich bezieht sich auf ein berühmtes Gedankenexperiment der klassischen Thermodynamik.

er wahrhaftig ein Gotteswesen, »weiser und mächtiger als der größte Computer«, wie sich Enthusiasten ausdrücken, der irgendwie die konfuse Masse von verschiedenen individuellen Präferenzen zur allgemeinen Zufriedenstellung zu ordnen vermag. Ohne Mühe schafft der Markt, was der Staat auch mit größter Anstrengung nicht kann. Ohne Wenn und Aber, ohne Haushaltsplan, ohne Zeit auf Diskussionen zu verschwenden, ohne Wahlen, ohne Möglichkeit zur Berufung. Es verwundert nicht, dass die Konservativen und alle, die ihrem Zauber verfallen sind, den Markt dem Staat vorziehen.

Selbstverständlich würde die Wirtschaftswissenschaft gar nicht existieren, wenn Ökonomen sich nicht mit der Organisation und Funktionsweise des Marktes auseinandersetzen würden – mit seinem Verhalten, seiner Struktur und seiner Leistungsfähigkeit. Doch eine solche Analyse führt zu Zweifeln und zu Fragen. Damit der Markt das erreichen kann, wozu er unter idealen Bedingungen fähig sein sollte, muss er »funktionieren«. Was aber, wenn er das nicht tut? Wenn er behindert wird durch Monopole, Oligopole, Duopole, Monopsone, asymmetrische Information, Externalitäten und die Irrationalität des menschlichen Verhaltens? Die wirtschaftswissenschaftlichen Lehrbücher und Fachzeitschriften befassen sich eingehend mit diesen Problemen, und akademische Wirtschaftsfachleute beschäftigen sich seit Jahrzehnten damit. Aus diesem Grund trachten auch viele Akademiker keineswegs danach, restlos alles dem Markt zu überlassen, obwohl das Bild, das die Öffentlichkeit von ihnen hat, ihnen dies unterstellt. In der politischen Diskussion jedoch müssen diese Probleme bagatellisiert werden, weil sie sonst dem staatlichen Eingriff die Tür öffnen. Für die politischen Zwecke der konservativen Wirtschaftstheorie darf der Markt keine Fehler aufweisen – genauso wie der Staat immer untauglich sein muss. Denn wenn erst einmal Unzulänglichkeiten eingeräumt werden, muss jemand zu Hilfe kommen, und leider kann dies nur der Staat sein – und das wäre der Untergang der »Freiheit«. Ein Marktprozess, der vom Staat gelenkt wird, ist per definitionem kein Marktprozess mehr.

So zeichnet sich der konservative Idealismus durch ein unumstößliches Glaubensbekenntnis an den Markt aus. Der Markt garantiert die Freiheit, während der Staat ihren Untergang bedeutet: Der Markt ist gut, der Staat ist schlecht. Und es sind keineswegs nur einige Fanatiker, die diese Position vertreten. Wie wir gesehen haben, hat die konservative Wirtschaftslehre erreicht, dass jeder, der an der politischen Diskussion teilnehmen und ernst genommen werden will, sich zum Markt bekennen muss. Jemand, der keine Schwierigkeiten will, schluckt die Liturgie als Ganzes. So schrieb der republikanische Präsidentschaftskandidat Mitt Romney 2008 über sich selbst:»Romney glaubt, dass eine solide Wirtschaft auf freien Menschen und einem freien Markt basiert. Er befürwortet niedrige Steuern, minimale staatliche Regulierung, Freihandel und eine Politik, die Spar- und Investitionstätigkeit fördert.«

Kann man in der amerikanischen Politik überhaupt gegen den Markt sein? Selbstverständlich nicht. Kann man seine Relevanz oder gar seine Existenz bestreiten? Das wäre politischer Selbstmord – genauso wie die Leugnung Gottes, und zwar aus dem gleichen Grund. Obwohl viele Leute im Privaten ihre Zweifel hegen, werden diese Zweifel aus dem öffentlichen Leben getilgt. In der Politik geht der Atheist demonstrativ zur Kirche. Kann man ernsthaft behaupten, dass der Staat – eine Institution, die es tatsächlich gibt und deren Entscheidungsprozess fassbar ist – bessere Arbeit leistet als der Markt, ein hypothetisches Gebilde, das in der Praxis oftmals gar nicht existiert? Nein, es wäre undenkbar. Es genügt, eine gewisse Skepsis oder gewisse Zweifel an den Tag zu legen, um sich selbst zu disqualifizieren. Wir sehen also, wie sehr die »freie Marktwirtschaft« die öffentliche Bühne beherrscht: Um ernst genommen zu werden, muss man so tun, als glaube man an Zauberei.

Was tut also jemand, der sich stärker der Realität verbunden fühlt? Die beste Verfahrensweise, so scheinen viele Leute zu glauben, sei, sich zuerst zum Markt zu bekennen und dann am Rande milde Kritik zu äußern: Diese Leute betonen dann jeweils, dass der Markt fehlerhaft sein *könnte,* dass er *unter Umständen* versagen kann, dass er besser funktionieren *könnte,* wenn die Informationslage vollständiger wäre oder wenn gewisse Einschränkungen eingeführt würden. Diese Position ist tief in der akademischen Wirtschaftswissenschaft verankert und lässt sich deshalb in der Öffentlichkeit wenigstens ansatzweise vertreten. In der Diskussion um den Markt ist dies die »liberale«, die linke Position; ihr Slogan lautet: »Den Markt funktionsfähig machen«.

Das Problem besteht darin, dass dieser Kompromiss auf einer Fehlinterpretation der akademischen Ökonomie beruht. Er scheint davon auszugehen, dass der Markt existiert, manchmal jedoch mit Problemen zu kämpfen hat: ein bisschen Monopolmacht hier, einige Knoten im Informationsfluss dort, ein paar Nebenwirkungen, vielleicht einige Schwierigkeiten, die zukünftige Wirtschaftsentwicklung vorherzusagen. Tatsächlich jedoch ist die moderne Wirtschaftswissenschaft viel weniger optimistisch: Die eben erwähnten Probleme sind nicht etwa zufällig, sondern ziehen sich durch das ganze Wirtschaftssystem. Gesamthaft betrachtet nähren sie ernste Zweifel, ob der Markt überhaupt funktionieren kann. Um dies zu unterstreichen: Gesamthaft betrachtet stellen diese Probleme eine überwältigende Kritik des Marktprinzips dar.

In ihrer reinsten Form sieht die Wirtschaftstheorie, die der konservativen Vision des perfekten Marktes zugrunde liegt, den Homo oeconomicus als eine Maschine, die keine Flausen kennt und sich nicht weiterentwickeln kann. In Wirklichkeit ist der Mensch jedoch launenhaft, voll von Widersprüchen und zuweilen irrational. In seinem Urteilsvermögen ist er beeinträchtigt, seine Sichtweise ist manchmal verzerrt und wird von seinem sozialen Umfeld beeinflusst. Die moderne Verhaltensökonomie hat angefangen – aber erst angefangen –, dieser Tatsache Rechnung zu tragen. Durch Experimente versucht sie herauszufinden, ob sich kompetente Menschen so verhalten, wie es die rationalistische Theorie voraussagt. Nach dem Befund des in Princeton lehrenden Psychologen und Nobelpreisträgers Daniel Kahneman ist dies nicht der Fall: Intelligente Durchschnittsmenschen scheinen durchgehend nicht willens oder nicht imstande, die Konsequenzen ihrer Entscheidungen so zu kalkulieren, wie sie es tun würden, wenn sie allein auf den Markt reagierten. Stattdessen handeln sie als soziale Wesen, sie sind bedacht auf ihr Ansehen in ihrem Bekanntenkreis, auf die Fairness eines Geschäftsangebots und auf andere Dinge, die nichts mit Geld oder Nutzen zu tun haben. Diese Erkenntnisse sind bemerkenswert und subversiv, denn sie bedeuten Folgendes: Auch wenn es weder Monopole noch Externalitäten gäbe, selbst bei perfekter Informationslage und unfehlbarem wirtschaftlichem Weitblick würde ein Markt, in dem echte Menschen agieren, nicht das leisten, was er in der konservativen Vision leisten soll.

Natürlich gibt es einfachere Wege, zu diesem Schluss zu gelangen. Der verhaltensökonomische Ansatz, dessen Kahneman sich bedient, ist vor allem deswegen interessant, weil er innerhalb jener absurden Einschränkungen argumentiert, die marktbesessene Akademiker ihren Analysen auferlegen, um den Eindruck zu erwecken, die Probleme ließen sich ohne Schwierigkeit beseitigen. Die Realität sieht jedoch ganz anders aus. Wie mein Vater, John Kenneth Galbraith, in seiner langen Karriere immer wieder betont hat, muss die Wirtschaftswissenschaft von völlig anderen Voraussetzungen ausgehen, wenn sie sich mit der realen Welt beschäftigen will. Denn hier sind die wichtigsten Akteure nicht die Individuen, sondern die Unternehmen, die Firmen, die Konzerne. Und Unternehmen tun alles, um aus der menschlichen Launenhaftigkeit Kapital zu schlagen. Sie trachten danach, den Markt zu steuern oder ihn gar zu ersetzen. Und oft sind sie dabei erfolgreich.

Um den Markt kontrollieren zu können, sind Fähigkeiten erforderlich, die nur großen Organisationen zur Verfügung stehen. Diese müssen zum Beispiel imstande sein, neue Produkte zu entwerfen und zu entwickeln; dann müssen sie die Präsentation dieser Produkte so anpassen können, dass sie die Kundschaft (gemäß Forschungsergebnissen und Erfahrung) kaufen wird; sie müssen in der Lage sein, die Vorlieben der Öffentlichkeit durch Werbung zu beeinflussen; und schließlich müssen sie sich mit der Konkurrenz abstimmen können, um eine Übersättigung des Marktes zu vermeiden und so die Möglichkeit für Profit offen zu lassen. Es ist offensichtlich, dass der »freie« Markt in einem solchen System eine Bedrohung darstellt, eine Quelle der Unsicherheit und des Risikos; deshalb wird er so gut wie möglich ausgehebelt. Es wird lediglich die Fiktion aufrechterhalten, dass das Unternehmen in einem Markt operiert, um zu vermeiden, dass seine tatsächlichen Geschäftsmethoden genauer unter die Lupe genommen werden.

Ein System des freien Markts, wie es die Konservativen definieren, ist deshalb in der realen Welt gar nicht möglich. In der wirklichen Welt verleiht die Freiheit, aus einer Palette von Produkten auszuwählen, dem Konsumenten *nicht* das gleiche Gewicht bei der Entscheidung, was produziert wird – egal, wie groß die Auswahl ist. Stattdessen reproduziert diese Freiheit unter vergleichbar chaotischen Bedingungen genau die Phänomene des Planens und Rationalisierens, des Schlangestehens, der Indoktrinierung und Kontrolle, durch die *unfreie* Systeme charakterisiert sind: Werbung ist Propaganda; Forschung und Entwicklung ist Planung; der Anruf vom Wall-Street-Analysten ist gleichbedeutend mit dem Besuch des amtlichen Inspektors; im Kapitalismus bilden sich jeden Tag

Schlangen. Ein bisschen Wettbewerb schafft zwar zu einem gewissen Grad Abhilfe, aber er vermag es nicht, diese Zustände zu beseitigen.

Wem nützt also die »Freiheit des Marktes«? Es ist die Freiheit der großen Konzerne, dessen, was mein Vater das »Planungssystem« nannte. Es ist eine reale, praktisch anwendbare, sichere und hochgeschätzte Art von Freiheit. Aber es ist eine Freiheit einzig und allein für die Unternehmen. Nicht einmal das: Es ist die Freiheit der großen, soliden und politisch einflussreichen Konzerne, denn nur solche Unternehmen vermögen diese Freiheit voll auszuschöpfen. Sie haben die Freiheit zu bestimmen, wie die Ressourcen verwendet werden, sie üben Macht über die Arbeiterschaft aus, sie bestimmen über Design, Preis und Vertrieb ihrer Produkte, und sie können im Voraus planen, wann die Produkte obsolet werden sollen. Gleichermaßen können sie selbst bestimmen, wie sie mit den Konsequenzen ihres Handelns umgehen – etwa mit den ökologischen oder politischen Folgen. Die Freiheit des Einkaufens für die breitere Öffentlichkeit ist lediglich ein Nebenprodukt dieser Freiheit.

Die Freiheit des Einkaufens ist etwas Positives – ein wenig Wettbewerb ist besser als gar kein Wettbewerb. In der Vergangenheit sind Gesellschaften, die sich zu wenig für diese Freiheit eingesetzt haben, untergegangen – obwohl sie auf anderen Gebieten Erstaunliches geleistet haben, etwa in der Wissenschaft, der Kultur oder hinsichtlich des Lebensstandards der Armen. Aber die Freiheit des Einkaufens bleibt ein extrem begrenztes Konzept, wenn man es mit politischer Freiheit und Demokratie auf der einen Seite und mit menschlichen Bedürfnissen auf der anderen vergleicht. Verblüffend ist freilich, dass die Konservativen die normale Bedeutung von Freiheit – Rede-, Vereinigungs-, Glaubens-, Versammlungs- und Pressefreiheit – durch die Marktfreiheit ersetzen konnten. Es ist verblüffend, dass die Möglichkeit, frei von Angst und Not zu leben, gleichermaßen ersetzt worden ist, und dass die Rolle des Staates im Bereich der Kunst, Kultur und Naturwissenschaften dieser Freiheit untergeordnet, ja von ihr unterdrückt wird. Es ist verblüffend, dass die Verbindung von Markt und Freiheit in so vielen Köpfen so fest verankert ist – verblüffend, dass solch ein Unsinn so lange andauern konnte.

3 Steuersenkungen und der fabelhafte Markt im Kopf

Die Amerikaner sparen zu wenig! Diese ursprünglich konservative Feststellung wird von keiner Politikerin und keinem Politiker mehr bestritten, egal, ob links oder rechts. Umgekehrt gebührt den Leuten, die tatsächlich sparen, ein besonderer Platz in der Ruhmeshalle der Markthelden; genauso in der Popkultur, die sie so großzügig finanzieren. Denn die Sparer ermöglichen Investitionen, Kapitalbildung und Wirtschaftswachstum; sie übertragen die Macht den Erfindern und den Investoren; sie bauen an einer Zukunft, in der die gesamte Bevölkerung einen größeren Wohlstand genießen wird. Dass die Sparer zudem auch immer reich sind, ist eigentlich eher nebensächlich; denn ihr Reichtum gehört nicht nur ihnen, sondern dient der Prosperität aller.

Aus der besonderen Tugendhaftigkeit der Sparer ergibt sich auf der politischen Ebene der folgende Grundsatz: »Was gespart wird, sollte nicht besteuert werden.« Denn ihre Ersparnisse, also das Geld, das sie nicht für Konsum ausgeben, sondern auf der Bank hinterlegen, kommen schließlich nicht nur ihnen zugute, sondern auch ihren Mitbürgern – es ist die Geheimformel, die hinter dem Wachstum der gesamten Wirtschaft steckt. Diese Ersparnisse zu besteuern, um damit den augenblicklichen Konsum zu finanzieren – das heißt den Lebensstil der Arbeitsscheuen und Armen –, schadet der Gesellschaft und ist praktisch ein Sakrileg. Denn was die Armen konsumieren, nützt nur ihnen selbst: Diese Menschen tragen nichts zum System bei, abgesehen von einfach zu ersetzender Arbeitskraft. Wenn wir einmal vom Aspekt des Mitgefühls absehen, macht es keinen Unterschied für irgendjemanden, ob die Armen Kleider haben, sich gut ernähren, eine angemessene Unterkunft haben oder ein würdevolles Leben führen können. Das ist schließlich ihr Problem. Im Gegensatz dazu sparen die Reichen für uns alle. Es ist ihr Geschenk an uns, ein wahrer Segen. Dies ist die Doktrin der angebotsorientierten Wirtschaftslehre, die der konservativen Steuerpolitik seit den späten 1970er-Jahren zugrunde liegt.

Der Begriff »Supply-Side Economics«, der in den 1970er-Jahren in Mode kam, wird in Verbindung gebracht mit Leuten wie Art Laffer, Jude Wanniski, Paul Craig Roberts und anderen, die regelmäßig für das *Wall Street Journal* schrieben; später dann mit dem Kongressabgeordneten Jack Kemp und schließlich mit den Steuersenkungen Ronald Reagans im Jahr 1981. Der Zweck dieser Gesetzesvorlage war es, so weit wie möglich die Steuern auf Ersparnisse – also auf Kapitaleinkommen – und die progressive Struktur der Einkommensteuer abzuschaffen. Clever, aggressiv, skrupellos und politisch wirkungsvoll konnten diese Leute so das Etikett der Supply-Sider für sich selbst in Anspruch nehmen. Anders als viele ihrer Kritiker glaube ich jedoch nicht, dass sie das Etikett missbraucht haben. Vielmehr erkannten sie die politischen Möglichkeiten dieser akademischen Strömung und schöpften die Möglichkeiten effektiver aus, als es die Urheber der Theorie jemals hätten tun können. Später dann, als die Sache nicht so gut lief, versuchten die Akademiker ihren Ruf zu retten, indem sie auf Vorbehalte und feine Unterschiede hinwiesen, die ihnen jedoch damals, als ihre Ideen in Politik umgesetzt wurden, nicht erwähnenswert geschienen hatten.

Die angebotsorientierte Wirtschaftslehre setzt voraus, dass der Markt korrekt, effizient und vorhersehbar funktioniert. Und dieser Markt muss perfekt sein, auch in Bereichen, in denen er als Institution gar nicht existiert, wo er nicht sichtbar ist, sondern seine Existenz lediglich angenommen werden kann. Der wichtigste dieser Bereiche ist das menschliche Gehirn. Kurz zusammengefasst geht die angebotsorientierte Ökonomie davon aus, dass der Steuersatz das menschliche Verhalten entscheidend beeinflusst: Es besteht demnach eine klare Verbindung zwischen privatem Sparen und Steuerbelastung, und eine Reduktion dieser Belastung hat entsprechende Folgen. Wenn Sparen steuerlich weniger belastet, also billiger ist, wird gemäß dieser Theorie mehr gespart. In dieser Hinsicht ist die angebotsorientierte Wirtschaftslehre tief in der akademischen Ökonomie verwurzelt – genau wie ihre leidenschaftlichsten Verfechter behaupten. Es ist nicht mehr und nicht weniger als die Ökonomie der rationalen Entscheidung.

Aber stimmt sie auch? Gibt es einen Grund zu glauben, dass das gesamte private Sparvolumen in der amerikanischen Wirtschaft vom Grenzsteuersatz abhängt? Diese Frage hat zwei Aspekte: Erstens, gibt es eine theoretische Grundlage, die zu diesem Glauben führt? Und zweitens, gibt es tatsächliche Beweise, dass diese Grundlage korrekt ist? Wie sich herausstellt, ist die Antwort zweimal Nein. Der konservative Glaube an Steuersenkungen basiert auf einer Illusion.

Zuerst müssen wir uns fragen: An wen richtet sich der Sparanreiz, den eine Senkung der Einkommensteuer schaffen soll? Die Antwort ist offensichtlich: An diejenigen, deren Steuern gesenkt werden. Aber diese Antwort ist nur scheinbar offensichtlich. Um herauszufinden, wessen Steuern tatsächlich gesenkt werden, ist detailliertes empirisches Wissen erforderlich: Die genaue Richtung, in die der Sparanreiz geht, hängt von der Struktur des Steuergesetzes ab, von der Verteilung des steuerbaren Einkommens und von den Details der Steuersenkung.

Aus Gründen, die scheinbar offensichtlich sind, aber nur selten klar formuliert werden, bezogen sich alle angebotsorientierten Steuergutschriften, die ab den späten 1970er-Jahren durchgesetzt worden sind, auf die Senkung der Einkommensteuern für Höchstverdienener. Nicht auf die Grenzsteuersätze der normal verdienenden Amerikaner, sondern nur der Superreichen. Die typische Steuersenkung entlastete die unteren Einkommensstufen zwar geringfügig, sodass ihre Schöpfer korrekterweise sagen konnten, die meisten, die Einkommensteuern bezahlen, würden von der Erleichterung profitieren. Aber die massivsten Steuersenkungen nützten immer den reichsten Bevölkerungsschichten – denjenigen mit den höchsten Einkommen, für die deshalb die höchsten Grenzsteuersätze gelten. Und angesichts der Einkommensstruktur war die Zahl derer, die von großen Steuersenkungen profitierten, immer kleiner – viel, viel kleiner – als die Zahl all der anderen Erwerbstätigen, denen Kleinstbeträge gutgeschrieben wurden.

Das Erste, was wir uns also betreffend angebotsorientierte Ökonomie merken können: Diese Doktrin basiert auf den Auswirkungen eines Anreizes, der sich an eine extrem kleine Gruppe von Menschen richtet. Aus diesem Grund war das Gerede, wie sich die Steuersenkungen auf den »Arbeitseinsatz« auswirken würden, nie ein überzeugender Teil der Kampagne. Die Supply-Side-Propaganda bediente sich des folgenden Slogans: »Steigern wir die Anreize zu arbeiten, zu sparen und zu investieren«. Aber die Zahl derer, für die dieser Arbeitsanreiz eine Bedeutung hatte, war nie groß genug, als dass sie einen Unterschied hätten machen können, reiche Leute werden nicht nach Stundenlohn bezahlt. Die einzig relevante Frage ist, ob der Anteil des Gesamteinkommens, den diese kleine Gruppe von Leuten kontrolliert, groß genug ist und ob eine Änderung der

Steuerordnung sie dazu veranlassen kann, diesen Anteil zu sparen *und* zu investieren.

Die Behauptung der Supply-Sider war, kurz zusammengefasst, dass durch eine Senkung des Spitzensteuersatzes der Einkommensteuer von sagen wir 70 Prozent auf 30 Prozent die gesamte Spartätigkeit massiv erhöht werden kann. Wo steckt die Logik dieses Arguments? Da Ersparnis durch Zinszahlungen belohnt wird, bezieht sich dieser Anreiz im Prinzip auf die Differenz zwischen dem Zinsertrag vor und nach der Besteuerung. Die Idee war folgende: Angenommen, der Bruttozinssatz beträgt 7 Prozent; dann könnte eine reiche Person durch eine Steuersenkung in der genannten Größenordnung ihren Nettozinsertrag von etwas mehr als 2 Prozent auf knapp 5 Prozent erhöhen (von 30 auf 70 Prozent des Zinssatzes vor der Besteuerung). Diese Verdoppelung der Rendite würde, so das Argument, eine Welle der Sparsamkeit nach sich ziehen, und die finanziellen Mittel würden nicht mehr auf Konsum verwendet, sondern eingespart und dann in Investitionen umgewandelt.

Die Probleme bei dieser Argumentation beginnen damit, dass Wirtschaftssubjekte nicht einfach die Wahl treffen müssen zwischen Sparen und Konsumieren. Sie sehen sich vielmehr einem ganzen Spektrum von Möglichkeiten gegenüber, wie sie ihre Geldmittel ausgeben können: die finanziellen Anlagen, die wir Ersparnisse nennen, kurzfristiger Konsum (zum Beispiel Essen und Trinken oder längerfristige Konsumgüter (Wohnungen oder Grundstücke). Die langfristigen Konsumgüter haben ihre eigene Rendite, denn diese Güter bringen über lange Zeit Gewinn (unter anderem den erwarteten Kapitalzuwachs). Diese Rendite muss meist nicht versteuert werden, und sie kann schnell mal 5 Prozent pro Jahr betragen. Wenn also ein reicher Steuerzahler durch Steuersenkung mehr Geld zur Verfügung hat, so stellt sich ihm nicht die Wahl, entweder einen teuren Wein zu kaufen oder das Geld auf der Bank zu hinterlegen. Nebst einem guten Wein wird dieser Steuerzahler auswählen zwischen einem neuen Haus, einem größeren Grundstück, Kunstgegenständen, Anleihen und Kapitalanlagen. Einige dieser Alternativen zur Weinflasche sind sehr wertvoll. Wenn man also Steuern senkt, gibt es keinen Grund zu glauben, dass sich der Anteil der finanziellen Ersparnisse massiv erhöhen wird.

Kommen wir zum zweiten Problem. Nehmen wir einmal an, dass der Zinssatz tatsächlich einen Einfluss auf die Spartätigkeit hat. Auch wenn dies zutrifft, macht eine Steuersenkung immer noch einen sehr kleinen Unterschied für die Nettorendite, verglichen mit den routinemäßigen geldpolitischen Anpassungen der Zinssätze vor der Besteuerung. In der Zeit kurz nach der Amtsübernahme Reagans betrugen die kurzfristigen Zinssätze knapp 20 Prozent. Kurz nach dem Amtsantritt George W. Bushs im Jahr 2001 lagen sie bei 1 Prozent. Diese Veränderungen sind ungleich viel größer als die Auswirkungen von Steuersenkungen auf die erzielten Erträge. Aber auch sie konnten das Sparvolumen nur sehr geringfügig beeinflussen: Während der Rezession zu Beginn von Reagans erster Amtszeit, als die Zinssätze hoch waren, ging die Spartätigkeit stark zurück; in den späten 1990er- und frühen 2000er-Jahren waren sie wiederum tief, obwohl die Zinssätze damals ebenfalls sehr niedrig waren. Wenn also nicht einmal geldpolitische Veränderungen der Zinssätze eine Auswirkung auf die Spartätigkeit haben, ist es schwer zu glauben, dass Anpassungen der Zinsertragsteuer etwas bewirken können.

In Wirklichkeit hat das Sparvolumen sehr wenig mit dem Zinssatz zu tun, weil Menschen bei ökonomischen Entscheidungen keine konkreten Sparziele vor Augen haben. Stattdessen haben sie Konsumziele oder vielmehr Konsumgewohnheiten; sie schließen langfristige Verträge für bestimmte Dienstleistungen ab – Hypotheken und Studiengebühren, Kredite für Autos oder Dienstleistungsverträge mit Versorgungsunternehmen. Ersparnisse bestehen aus dem, was übrig bleibt. Wenn das Einkommen höher ist als erwartet, so sind die Ersparnisse entsprechend hoch und der Konsum wird zunehmen. Wenn das Einkommen sinkt, wird nicht viel Geld übrig sein, das zur Seite gelegt werden kann. Aber der Zinssatz hat wenig damit zu tun, außer insofern, als die Zinsen eine Auswirkung auf die Höhe des Einkommens haben. Ersparnisse sackten während der Reagan-Rezession ein, weil die hohen Zinssätze Arbeitsplätze und Einkommen zerstörten; dieser Effekt überschattete jegliche Verschiebung vom Konsum zum Sparen seitens der Nutznießer von Reagans Steuersenkungen.

Nun zum dritten Problem. Erinnern wir uns daran, dass die gesamte Argumentation der Supply-Sider auf dem perfekt funktionierenden Markt basiert, das heißt, eine kleine Gruppe von sehr reichen Leuten soll auf Steuersenkungen in »rationaler« Weise reagieren – indem sie dem Markt folgt, der angeblich in ihren Köpfen arbeitet. Aber wenn der Markt tatsächlich perfekt funktioniert, so sind wir gezwungen, zu folgendem Schluss zu gelangen: Die öffentliche Politik muss sich eigentlich gar nicht um die Ersparnisbildung kümmern.

Um dies zu verstehen, müssen wir wissen, wie der Markt für Ersparnisse funktionieren soll. Wem stellen unsere edlen Reichen ihr erspartes Geld zur Verfügung? Gemäß der allgemein anerkannten Theorie übergeben sie es dem Kapitalmarkt, konkret: einer Bank, einem Broker oder einem Anlagefonds. Der Kapitalmarkt ist ein effizienter Mechanismus für die Zuteilung von Ressourcen: Er überträgt Kapital von der Sparerin zum Investitionsprogramm mit der größtmöglichen Rendite (nachdem er das Risiko miteinbezogen hat), das heißt von der Kapitalistin zum Unternehmer. In einem nahtlosen Prozess wird zuerst der Risikoträger belohnt – als Entschädigung dafür, dass er ein Risiko eingegangen ist. Und danach wird die Sparerin belohnt: Sie erhält den Investitionsertrag, der sich aus ihrer Sparsamkeit rechtfertigt.

Wenn aber ein Markt effizient ist, so muss er die Erträge exakt zuteilen: gemäß der Qualität des Arbeitsaufwands, dem eingegangenen Risiko und der Klugheit der Investition. Dem privaten Sparer – dem Kapitalisten – steht der gesamte Ertrag zu, der sich aus dem zur Verfügung gestellten Kapital ergibt. Auf der anderen Seite muss die Person, die für das Projekt verantwortlich ist – der Unternehmer – den Gewinn erhalten, der sich auf das Risiko bezieht. Der gesamte Ertrag muss also zwischen diesen beiden Akteuren aufgeteilt werden. Wenn Markteffizienz überhaupt irgendetwas bedeutet, dann ist es genau das.

Was bleibt also für die Gesellschaft übrig? Was erhalten Arbeitnehmer und andere Leute von diesem Akkumulationsprozess? In der einfachsten und reinsten Form des Marktmodells gibt es nur eine Antwort auf diese Frage: *nichts*. Sparen und Investieren sind reine Privatangelegenheiten. Jeder Gewinn, der nicht dem Sparer oder Kapitalisten zugutekommt, muss als Marktineffizienz gerechnet werden. Er stellt keinen Erfolg des Marktsystems dar, sondern sein Versagen. In einer effizienten Marktwirtschaft sollte die Gesellschaft von Ersparnissen und Investitionen überhaupt nicht profitieren. Dementsprechend könnte es in einem wirklich »freien Marktsystem« kaum einen Mangel an Ersparnis geben. Der Betrag, den Individuen zum gesamten Sparvolumen beisteuern und der auf ihren Vorlieben zwischen sofortigem und späterem Konsum basiert, müsste eigentlich optimal sein.

Aber das ist natürlich nicht das, was uns die Anhänger des Spar-Evangeliums glauben machen wollen. Damit Ersparnis ein wichtiger Bestandteil der öffentlichen Politik sein kann, muss sie ein *öffentlicher* Akt sein, mit *öffentlichem* Nutzen. Es kann sich nicht nur um eine Privatangelegenheit handeln, denn sonst ergäbe es keinen

Sinn, wenn die öffentliche Politik versucht, den Gesamtbetrag von Ersparnissen und Investitionen zu erhöhen. Man kann nicht argumentieren, dass der Markt effizient ist *und* dass die Ersparnisse zu knapp sind. Beides zusammen geht nicht.

Nun könnte man sagen: Na ja, die Steuern verzerren eben diese privaten Entscheidungen. In dem Ausmaß, in dem die Ersparnisse besteuert werden, weicht ihr Nettoertrag von den marktgerechten Zinserträgen ab. In diesem Fall sind (theoretisch) die Ersparnisse tiefer, als sie ohne Besteuerung wären. Deshalb fallen auch die Investitionen geringer aus, Kapitalakkumulation ist geringer, und so weiter. Aber was ändert das an der grundlegenden Tatsache? Wenn der Nutzen von Ersparnissen und Investitionen ausschließlich privat ist und einzig und allein den Sparern vorbehalten, wieso soll es dann die öffentliche Politik kümmern, ob die gesamten Ersparnisse hoch oder tief ausfallen? Der Zweck der öffentlichen Politik ist das Gemeinwohl, und nicht, reiche Leute so reich wie möglich zu machen.

Aus diesem Grund muss jemand, der das Sparen als Ziel der öffentlichen Politik befürwortet, davon ausgehen, dass sich daraus ein öffentlicher Nutzen ergibt. Es muss also einen Nutzen geben, der nicht dem Sparer zugutekommt: Ersparnisse müssen zu einem höheren Lebensstandard anderer Teilnehmer an der Volkswirtschaft beitragen, etwa von Arbeitern oder anderen Einkommensschwachen, die selbst nicht sparen können.

Aber wie ist das möglich? Nur durch Marktversagen. In Äsops Fabel von der Ameise und der Heuschrecke überlebt die Ameise den Winter, die Heuschrecke aber nicht; es ist ein Lehrbeispiel für alle zukünftigen Heuschrecken-Generationen. Aber jetzt stellt sich heraus, dass ein Teil der hart erarbeiteten Ersparnisse der Ameise auch die Heuschrecke ernähren, und zwar nicht nur im Winter: Sie erhöhen den Lebensstandard der Heuschrecke das ganze Jahr über. Nach allen Grundsätzen der Effizienz sollten sie dies nicht tun! Unter anderem wird dies die Heuschrecke dazu ermuntern, überhaupt nichts zu sparen. Wenn die Ersparnisse der Ameise der Heuschrecke helfen, bedeutet das, dass der Marktmechanismus versagt. Aber ohne dieses Versagen gäbe es keinen Grund, die Ameise als ein besonders tugendhaftes Insekt zu betrachten, oder Sparen als etwas, das öffentlich gefördert werden soll.

Dieses Argument basiert auf einer bekannten Wirtschaftstheorie: der Theorie der Externalitäten und öffentlichen Güter. Sie befasst sich mit Dingen wie der Umweltverschmutzung, bei der eine private Transaktion eine Auswirkung auf nicht beteiligte Menschen hat, oder der Landesverteidigung, bei der ein Gut der gesamten Bevölkerung zugutekommt, egal, ob sie dafür bezahlt oder nicht. Für einen Ökonomen, der Externalitäten und öffentliche Güter für relevant hält, ist ein Mangel an Ersparnissen konzeptionell unproblematisch. Aber dieser Volkswirtschaftler kann nicht gleichzeitig an die perfekte Effizienz des Marktes glauben.

Das Problem hat noch einen anderen Aspekt. Wenn Sparen wenigstens zum Teil ein öffentliches Gut ist, dann sagt uns die Theorie der öffentlichen Güter*, dass der private Markt zu wenig Ersparnisse generiert. Sogar bei einem Steuersatz von null Prozent werden die Sparer den marginalen sozialen Nutzen ignorieren, das heißt den Teil des Ertrags, der nicht dem individuellen Sparer, sondern der ganzen Gesellschaft zugutekommt. Diese Tatsache zeigt einwandfrei, dass öffentliche Ersparnisse und Investitionen unabdinglich sind, oder zumindest, dass der Staat die Sparquote auf ein Niveau bringen soll, das höher ist als das von Individuen gewählte. Wenn Ersparnis ein öffentliches Gut ist, dann sollte der Staat für die Differenz aufkommen, die zwischen den von individuellen Sparern

---

* Paul A. Samuelson, »The Pure Theory of Public Expenditure«, in: *Review of Economics and Statistics,* November 1954.

gewählten Investitionen und dem optimalen Wert für die Gesellschaft besteht.

Freilich übergehen konservative Befürworter von mehr Spartätigkeit dieses Argument geflissentlich.* Stattdessen richten sie ihre Aufmerksamkeit einzig und allein auf die Mängel der *privaten* Ersparnisbildung; sie beschränken sich auf jenen Teil des vermeintlichen Mangels, der angeblich durch Steuersenkungen behoben werden kann. Dies hat jedoch nichts mit dem Defizit zu tun, das beim externen sozialen Nutzen bestehen bliebe. Wenn der Markt es nicht schafft, einen sozialen Grenznutzen zu generieren, der die sozialen Grenzkosten übersteigt, soll der Staat dann versuchen, die Lücke zu füllen, die sich so geöffnet hat? Konservative schrecken vor diesem Gedanken zurück, obwohl dies die logische Konsequenz der Wirtschaftstheorie ist, die sie angeblich vertreten. Noch einmal: Wenn Ersparnisbildung ein öffentliches Gut ist, dann ist es schwierig einzusehen, wieso es nicht vom Staat zur Verfügung gestellt werden soll. Wenn es hingegen kein öffentliches Gut ist, dann kann man unmöglich argumentieren, dass der Markt nicht genug davon zur Verfügung stellt.

Die Konservativen befinden sich in einer verzwickten Lage. Wenn sie an der perfekten Effizienz des Marktes festhalten, dann gibt es keinen Grund zu argumentieren, dass zu wenig gespart wird und dass niedrigere Einkommensteuern zu begrüßen seien, weil sich daraus ein größerer sozialer Nutzen ergibt – etwa Wirtschaftswachstum oder ein höherer Lebensstandard für die ganze Bevölkerung. Wenn sie auf der anderen Seite argumentieren, dass Ersparnisbildung die Volkswirtschaft größer und reicher macht, dann ist der Markt nicht effizient. In diesem Fall gibt es auch keine Grund-

---

* Ökonomen, die politisch links der Mitte stehen, führen das Argument hingegen oft an. Insbesondere sind dies die »alten Keynesianer« wie Robert Solow vom MIT (Massachusetts Institute of Technology) und seine intellektuellen Nachfahren und Verbündeten.

lage für den konservativen Widerstand gegen den Vorschlag, den Gewinn aus Ersparnissen umzuverteilen, indem man Steuern erhebt. Wenn man also ein Steuermodell hätte, das Ersparnisbildung fördert, danach aber den Gewinn im großen Stil umverteilt, so könnte der prinzipientreue Konservative in ökonomischer Hinsicht keine Einwände dagegen haben.

Sieht man von dieser Widersprüchlichkeit ab, was bleibt vom konservativen Argument gegen die Besteuerung von Ersparnissen übrig? Im Grunde genommen ist die Begründung ethischer Natur. Den Konservativen geht es um die Verletzung des natürlichen Rechts von Individuen, aus ihrem angehäuften Vermögen Gewinn zu schlagen; dazu kommt der Glaube, dass Ersparnisbildung per se tugendhaft ist. Umgekehrt ist Umverteilung durch den Staat in ihren Augen per se bösartig: Wenn man den Reichen etwas wegnimmt und es den Armen gibt, so bedeutet das, dass man durch Besteuerung den Gewinn des Sparers konfisziert und ihn an den Konsumenten weitergibt. Wenn es sich um Besteuerung von Ersparnissen handelt, so verkleinert sich dadurch das Sparvolumen, das zur Verfügung steht. Wenn der Staat permanent Einkommen umverteilt und Geld für öffentliche Dienstleistungen ausgibt, so hat man schnell einmal eine Abwärtsspirale, in der immer höhere Steuern eingeführt werden müssen; jede Steuererhöhung unterdrückt die Basis stärker, bis schließlich alle Hühner, die goldene Eier legen, geschlachtet sind. Aber für den echten Konservativen ist solch ein Verlust für die»Gesellschaft« nicht der springende Punkt, denn den Verlust erleidet einzig und allein das Individuum, dem Kapital »wegbesteuert« wird. Vielmehr empfindet er die Umverteilung als moralisch verwerflich, weil sie ihm Eigentum raubt, auf das ihm der Markt einen natürlichen Anspruch zugestanden hat.

Dieses Argument bildet die intellektuelle Grundlage des (sich derzeit herausbildenden) amerikanischen und globalen Steuersystems.

Es zielt darauf ab, Ersparnisse zu fördern, Umverteilung möglichst gering zu halten, die Steuerbelastung auszugleichen und so viel wie möglich auf den Konsum zu übertragen. Jeder größere Steuerbescheid seit 1981 ist in diese Richtung gegangen oder hat sich zumindest dieser Tendenz angepasst; Kapitalgewinne und Dividenden, die einst mit 70 Prozent besteuert wurden, haben heute einen Steuersatz von 15 Prozent. Zudem ist es heute recht einfach, Kapitaleinkommen nach Übersee zu schaffen, wo es niemand antasten kann.

Wenn diese Politik also eine Berechtigung hat, so kann sie nicht darin bestehen, dass private Ersparnisse einen öffentlichen Nutzen haben. Folgerichtig muss sie darauf basieren, dass Eigentum ein natürliches Recht hat, nicht besteuert zu werden. Weil der Staat aber irgendwo Steuern erheben muss, folgt daraus, dass das gleiche Recht nicht für die Arbeit gilt. Wieso das Recht des Eigentums über dem Recht der Arbeit stehen soll, ist ein Rätsel – das heißt, wenn die Sache klar und offen erklärt würde, wäre es kein Rätsel mehr, sondern ein einfaches Machtverhältnis.

Wie groß sollten also Ersparnisse sein, und wie können wir beurteilen, ob sie größer oder kleiner sein sollten? In dem Moment, in dem man dies als eine berechtigte Frage akzeptiert, wird die Entscheidung, welche Spar- und Investitionsquote »korrekt« oder »optimal« ist, eine Angelegenheit der öffentlichen Politik. Und hier kann der Markt keine Orientierungshilfe leisten. Es lässt sich theoretisch nicht einmal mit Sicherheit sagen, dass das Niveau der Ersparnisse und Investitionen, das der freie Markt vorschreibt, zu tief liegt. Externalitäten können prinzipiell positiv oder negativ sein; die Entscheidung, ob Ersparnisbildung und Investitionen höher oder tiefer liegen sollen als in einem steuerfreien Marktsystem ohne Staatseingriff, ist notwendigerweise eine Frage der Wirtschaftstheorie, die ergänzt wird durch die Urteilskraft und die Erfahrungen der öffentlichen Politik.

Aber die große konservative Wirtschaftslehre enthält keinen Mechanismus, wie solche Entscheidungen getroffen werden können. Stattdessen verkündet sie aus heiterem Himmel, sozusagen ex cathedra: Die Ersparnisse liegen zu tief. Sie sind sogar schockierend tief. Woher wissen wir das? Durch Introspektion, weil es jemand anders gesagt hat, oder vielleicht durch einen Vergleich mit China (früher waren es Korea, Japan, Frankreich und die Sowjetunion). Deshalb müssen Ersparnisse gefördert werden. Wieso? Damit Investitionen zunehmen und wir in Konkurrenz zu unseren ausgewählten Vergleichsobjekten treten können. Die Konservativen nennen keine Gründe, wieso deren Sparquoten besser sind als unsere oder wieso ihre Sparquote auch für unsere Volkswirtschaft sinnvoll wäre. Nie hören wir von den Maßnahmen, die die hohen Sparquoten in diesen Fällen begleiteten: Industrieförderung, Kapitalkontrolle und was konservative Ökonomen als »finanzielle Repression« bezeichnen. Und wir erfahren nie von eventuellen Kehrseiten oder Nachteilen. Nie hören wir, dass die Sparquote zu hoch sein könnte, dass übermäßige Ersparnisse exzessive Investitionen und Kapitalverschwendung nach sich ziehen könnten. Bei diesen Vergleichen wird auch nie erwähnt, dass die Spar- und Investitionsquoten der Sowjetunion sich um die 40 Prozent bewegten – ähnlich wie im heutigen China –, und zwar bis zum wirtschaftlichen Zusammenbruch des Landes.

Schließlich sollten wir uns eine empirische Frage stellen: Gibt es konkrete Beweise, dass Sparanreize funktionieren? Um die Ersparnisbildung zu fördern, haben wir seit den späten 1970er-Jahren zahlreiche Steuererleichterungen umgesetzt und andere Anreize geschaffen, Geld zu sparen anstatt auszugeben. Gibt es einen Beweis, dass die Sparquote durch die Sparanreize tatsächlich erhöht wurde?

Was ist die messbare Auswirkung von steuerpolitischen Sparanreizen? Die klare Antwort lautet: Es gibt keine. Weder haben sich die private Sparquote oder die Kapitalbildung erhöht, noch hat das Wirtschaftswachstum zugenommen. In den 1950er-Jahren schwankte die durchschnittliche Bruttoinvestitionsquote zwischen 15 und 16 Prozent des Bruttoinlandsprodukts (BIP), heute ist der Prozentsatz genau der gleiche. Weniger als 1 Prozent des BIP sind durch persönliche Ersparnisse gedeckt. Praktisch die gesamten Bruttoinvestitionen entfallen auf Abschreibungen und Gewinnrücklagen von Unternehmen – und auf ausländische Sparguthaben.

Dreißig Jahre lang hat man sich für mehr Spartätigkeit eingesetzt, um Investitionen zu fördern, doch die ganze Übung war ein Flop. Man hat das Experiment immer wieder versucht, doch es hat keine Wirkung gezeigt. Tatsächlich fiel der Erwerb finanzieller Vermögenswerte amerikanischer Haushalte 1997 erstmals unter null und blieb dort bis zum Ende des Jahrzehnts. Ich werde später zeigen, dass dies nicht ein solch großes Desaster war, wie es vielfach dargestellt wird. Diese Entwicklung war vielmehr Teil des Wirtschaftsbooms jener Jahre; auf der Höhe der wirtschaftlichen Expansion George W. Bushs in den Jahren 2006 und 2007 machten die Vereinigten Staaten wieder die gleiche Erfahrung. Aber diese Entwicklung wirkt sich natürlich fatal aus auf die Theorie, dass Steueranreize für private Ersparnisbildung die gesamten Ersparnisse auch wirklich steigern oder dass diese Anreize die Investitionen ankurbeln. In Tat und Wahrheit stieg die private Investitionsquote ganz munter an, obwohl die Sparquote privater Haushalte gleichzeitig sank; der Betrag der finanziellen »Last« teilte sich in ein kleineres Haushaltsdefizit und ein größeres Defizit in der Leistungsbilanz.

Was kann also eine Senkung der Kapitalertragsteuer bewirken, abgesehen von der augenfälligen Umverteilung der Steuerlast von den Reichen zu den Mittel- und Arbeiterschichten? Aus wirtschaftlicher Sicht hatte sie vor allem zur Folge, dass das Nettoeinkommen nun nicht mehr Unternehmen, sondern Privathaushalten zugutekommt. Indem Steuersenkungen den Steuervorteil von Gewinn-rücklagen verringern oder sogar eliminieren, ermuntern sie Unternehmen, einen größeren Anteil des Nettoertrags auszuzahlen; davon geht ein Teil an die Aktionäre, aber in erster Linie fließt das Geld an die Manager selbst. Das ist einer der Gründe für die exorbitanten Managerlöhne. Früher zeigte sich der Konkurrenzkampf unter Firmen in extravaganten Geschäftszentralen oder exquisiten Firmenvergütungen (man denke etwa an die Firmenwohnungen, wie man sie aus den Filmen der 1950er-Jahre kennt); heute können Vergütungen als Privateinkommen direkt dem CEO überwiesen werden, ohne dass dies katastrophale Folgen für die Steuerrechnung hat.

So wurde die Entscheidungsmacht dem Unternehmen entzogen und Einzelpersonen übertragen – die Kontrolle über das Kapital ging wieder dorthin zurück, wo sie im 19. Jahrhundert gewesen war. In der Folge veränderte sich die Art der Investitionen – im Wesentlichen verlagerten sie sich von Unternehmensinvestitionen (zum Beispiel Fabriken) zu Immobilien und anderen privaten Investitionsformen; es folgte ein enormer Boom von teuren Wohnungsbauten, die man nun überall in der amerikanischen Landschaft bestaunen kann. In den Jahren nach der Informationstechnologie-Blase war es der Immobilienboom, der die amerikanischen Investitionen antrieb und einen erheblichen Beitrag zum Wachstum der Gesamtinvestitionen von 2004 bis 2006 leistete.[*] Der Zusammenbruch die-

---

[*] Nebenbemerkung: Das heißt nicht notwendigerweise, dass die Reichen während der frühen Bush-Jahre aufgrund seiner Steuererleichterungen immer reicher wurden. Denn zumindest zu Beginn der Regierungszeit Bushs nahm der Reichtum der Neureichen, die ihr Vermögen während der Spekulationsblase anhäuften, merklich *ab*, weil sich der Wert ihrer Kapitalanlagen verringerte. Die Steuersenkungen konnten diesen Verlust nur teilweise kompensieren. Bush erkannte jedoch, dass die Eliten eine asymmetrische Auffassung von Gewinn und Verlust haben: Eine Regierung, die ihnen hilft, durch Steuererleichterungen einen Verlust zu kompensieren, hat in ihrem Auge einen größeren Wert als eine, die durch ihre Politik überhöhte Einkommen überhaupt möglich macht. Sie schätzten Bush mehr als Clinton, obwohl sie unter Clinton reicher waren.

ses Booms 2007 schrieb das letzte Kapitel in der Geschichte vom Scheitern der Angebotsökonomie.

Wenn wir uns an das Argument der Markteffizienz erinnern, so haben die Anpassungen der Steuerordnung, die die Konservativen befürworten, merkwürdigerweise den Markt tatsächlich effizienter gemacht. Das heißt, die Gewinne aus Ersparnissen sammeln sich jetzt in den Händen der (reichen) Sparer, und es fließen keine Erträge mehr an Organisationen – besonders Unternehmen –, an denen andere beteiligt sind. Die reichsten Amerikanerinnen und Amerikaner konnten ihre Einkommen vergrößern und machten sich in der Folge daran, überall im Land ihre Villen zu errichten. Dies sind natürlich rein private Güter, die sie selbst konsumieren. In größerem Ausmaß als früher fließen jetzt die Gewinne aus Steuersenkungen an diejenigen Individuen, für die sie bestimmt sind. So kann der Markt wirkungsvoller all jene Erwerbstätigen vom Genuss dieser Erträge ausschließen, denen kein Geld zur Verfügung steht, das sie auf die hohe Kante legen können.

Aber wenn dies der Fall ist, so haben diese Veränderungen in der Steuerordnung sicherlich auch dem Akt des Sparens die Tugendhaftigkeit geraubt – genau jenes Merkmal, mit dem seine bevorzugte Stellung in der Steuerordnung gerechtfertigt wurde! Denn was für ein sozialer Nutzen soll sich aus dem Bau all dieser Villen ergeben? Niemand, der davon profitierte, musste vorher in einer schäbigen Unterkunft wohnen. Natürlich ermöglichte der Villenboom neue Arbeitsplätze, aber diese Jobs hätten sicherlich auch auf anderem Weg geschaffen werden können.

Kurz zusammengefasst: Wenn man Investitionsentscheidungen Privatparteien überlässt, so ergeben sich daraus Entscheidungen, die weitgehend private Interessen widerspiegeln. Sind diese Privatparteien Unternehmen, so arbeitet der Markt zwar ineffizient, aber es werden Unternehmensinvestitionen getätigt; und diese Investitionen kommen nicht nur den Eigentümern, das heißt den Aktionären, zugute, sondern auch anderen Parteien. Deshalb lässt sich ein soziales Argument für eine Politik anführen, die Privatinvestitionen im Geschäftssektor fördert. Aber wenn das Geld lediglich in Häuser und andere Luxusobjekte investiert wird, dann arbeitet der Markt sehr effizient; er stellt sicher, dass er den gesamten Nutzen den Leuten zuspricht, die für die Ersparnisbildung verantwortlich sind. Für diese Investitionen gibt es deshalb keine gesellschaftliche Rechtfertigung, und aus diesem Grund gibt es auch keine Rechtfertigung für die steuerliche Entlastung von Kapitaleinkommen, die den Wohlhabenden die Kontrolle über die Verwendung ihres Reichtums überträgt.

Und wenn jemand aus irgendeinem Grund eine kollektive Kapitalanlage bevorzugt – Realkapitalanlagen, die nicht privat konsumiert werden können –, so bedarf es einer anderen Steuerordnung. Besonders effizient wäre eine progressive Steuer auf hohe Einkommen, Schenkungen, Erbschaften und Kapitalgewinn (die so lange aufgeschoben wird, bis dieser Gewinn realisiert wird). Ein solches System bestraft finanzielle Spekulation und ermuntert reiche Individuen dazu, ihre Ersparnisse in Firmenaktien anzulegen, wo sie ein Unternehmen aktiv verwenden kann, zudem werden so Firmen davon abgehalten, ihre Dividendenausschüttung oder die Aktienbezugsrechte des Topmanagements zu erhöhen. Kurzum: Dieses System bevorzugt die Unternehmen und nicht die Individuen, die diese Unternehmen kontrollieren. Durch die Erbschaftssteuer verhindert das System zudem übermäßiges Sparen, das zu dynastischer Anhäufung führt; wer ein Vermögen anhäuft, wird dazu ermutigt, seinen Reichtum vor dem Tod einer Non-Profit-Organisation zu übergeben, damit es nicht vollständig in die Hände des Staates fällt.

Das war das alte amerikanische Steuersystem, das bis zur Revolution der Supply-Sider galt. In diesem System kontrollierten nicht Personen den Fluss der Investitionen, sondern Unternehmen. Insgesamt war das Spar- und Investitionsvolumen mehr oder weniger gleich groß wie heute. Wie es eine emotionslose theoretische Betrachtungsweise nicht anders erwarten lässt, hat der individuelle Steuersatz keinen Einfluss auf die gesamte Spar- oder Investitionsquote, solange man Steuern dadurch aufschieben kann, dass der Gewinn innerhalb des Unternehmens belassen wird. Aber er beeinflusst die Art und Weise, wie das Kapital verwendet wird. Und daraus erklärt sich die Tatsache, dass früher im Verhältnis erheblich mehr Investitionen in Fabriken und Bürogebäude flossen und markant weniger in palastähnliche Privatgrundstücke, als es heute der Fall ist. Der Markt war tatsächlich weniger effizient. Aber es wurden Städte gebaut, Arbeitsplätze geschaffen, Kunst und Architektur wurden gefördert und die Gesellschaft konnte wirkungsvoller an ihrer gemeinsamen Prosperität arbeiten. Immer noch besuchen Menschen Städte wie New York, San Francisco und Chicago, um die Errungenschaften dieser Ära zu bestaunen, die sich bis heute gehalten haben. In Cleveland und St. Louis lassen sich hingegen die Ruinen besichtigen.

Setzte die Supply-Side-Revolution all dem ein Ende? Hat sie die Macht über das amerikanische Kapital den Unternehmen entzogen und wieder dem reichen Individuum übertragen? Vielleicht. Vielleicht war dies die echte Supply-Side-Revolution: nicht so sehr Reich gegen Arm, sondern das reiche Individuum gegen das Unternehmen. Sachinvestitionen in betriebliche Anlagen finden heute dort statt, wo die Steuerordnung solche Investitionen fördert, indem sie Einkommen in der Hand des Unternehmens belässt (insbesondere trifft das auf China zu). In den Vereinigten Staaten hingegen ist das infolge von Reaganomics und ihrem Nachfahren, der Wirtschaftspolitik der Bush-Jahre, nicht mehr der Fall.

Die Theorie und Geschichte der Steuersenkungen kann uns – möglicherweise sogar die Konservativen – etwas lehren. Aber vielleicht sollten vor allem die Liberalen diese Lektion aufgreifen. Es muss etwas geschehen – und zwar nicht, weil es an sich etwas Unmoralisches ist, dass reiche Individuen große Gewinne erzielen, sondern weil die Ressourcen anderswo gebraucht werden, und zwar für dringliche Angelegenheiten. Der Verwendungszweck hat sich natürlich seit den 1940er- und 1950er-Jahren geändert. Es hat sich aber nichts daran geändert, dass wir ein System brauchen, das sich nach den Bedürfnissen der Gesellschaft ausrichtet. Und das haben wir heute nicht.

4   Onkel Miltons Feldzug

Einst standen auch die Liberalen im Ruf, entschlossen gegen die Inflation vorzugehen. Ein großer liberaler Triumph des Zweiten Weltkriegs war es, die Preise während des Krieges annähernd stabil zu halten – wenn man sich die gigantische Größenordnung der Mobilisierung und des Kampfeinsatzes vorstellt, war dies eine beträchtliche Leistung. Dies gelang ihnen durch eine rigorose Kontrolle der Preise, Löhne und Mieten.* In den darauffolgenden Jahrzehnten – bis zur Ära Reagans – hielten die Vereinigten Staaten Richtlinien für die Lohn- und Preisentwicklung bei; ebenso wurden spezifische Interventionen gegen inflationäre Preisschocks oder auch ganze Perioden von umfassender Steuerung weitergeführt. Doch in den späten 1970er-Jahren geriet dieses System in eine Krise. Die Liberalen konnten die Inflation nicht kontrollieren, und dieses Unvermögen zerstörte den wirtschaftlichen Ruf jener Generation von Liberalen, die mit John F. Kennedy an die Macht gekommen war und ihren politischen Einfluss mit Jimmy Carter verlor.

Seither sind die Liberalen dem Thema aus dem Weg gegangen. Die Idee, dass es eine spezifisch liberale Strategie geben könnte, wie man Inflation verhindern kann, ist ganz einfach verschwunden.

---

*   Von 1942 bis 1943 wurden sie – in sehr aggressiver Weise – von meinem Vater kontrolliert.

Neben der Treue zum Marktprinzip im Allgemeinen ist für den Ökonomen die Wachsamkeit gegenüber Inflation zum Äquivalent für »entschlossene Verteidigunspolitik« geworden: eine Voraussetzung dafür, dass man glaubwürdig erscheint und in der politischen Diskussion ernst genommen wird. Und Wachsamkeit gegenüber Inflation heißt: Unterstütze die US-Notenbank, wenn sie Geld und Kredite verknappt.

Die Doktrin, die dieser Verschiebung zugrunde lag, war der Monetarismus – die Auffassung, dass die Notenbank die Inflation hauptsächlich dadurch bekämpfen soll, dass sie das Wachstum der Geldmenge und der Kredite steuert. Auf der politischen Ebene triumphierte diese Doktrin jedoch nur für kurze Zeit, wie wir sehen werden; sie stellte sich als weit destruktiver heraus, als sich das ihre Urheber vorgestellt hatten. Und dennoch ist die Kernaussage des Monetarismus auch heute noch einflussreich – eine Art doktrinärer Prüfstein, ein Nadelöhr, durch das jeder Volkswirt gehen muss, um ins Königreich der Macht eingelassen zu werden. Droht Inflation, so zeigen uns der freie Markt und die Angebotsökonomie, wie das Gelobte Land aussehen könnte. Doch es ist der Monetarismus, der im hässlichen Krieg die Truppen anführt.

Für die mobilisierende Idee ist Milton Friedman verantwortlich. Von ihm stammt der berühmte Satz: »Inflation ist immer und überall ein monetäres Phänomen.«[*] Gemäß dieser Theorie steuern die Zentralbanken die Geldmenge und können so entscheiden, ob sie die Inflation ein- oder ausschalten wollen. Die Monetaristen gingen davon aus, dass ein einfaches Ursache-Wirkung-Prinzip zwischen Geldschöpfung und dem durchschnittlichen Preisniveau besteht. Zudem hatte die Inflationsbekämpfung über Geldmengensteuerung

---

[*] Milton Friedman, Anna J. Schwartz, *A Monetary History of the United States,* Princeton 1971.

keine Nachteile, außer vielleicht kurzfristige. Der freie Markt würde das Angebot und die Nachfrage von Arbeitskräften regeln und so sicherstellen, dass nur dann Vollbeschäftigung besteht, wenn sich das Lohnniveau vollständig anpassen kann. Der Krieg gegen die Inflation könnte eine Weile lang brutal sein, aber er würde nicht lange dauern. Schlimmstenfalls würde es kurzfristig zu einer höheren Arbeitslosigkeit kommen, aber dafür herrschten danach langfristig stabile Preise.

1979 wurde Geldmengenkontrolle zur offiziellen Politik der US-Notenbank (Federal Reserve System); Anfang 1981 startete die Federal Reserve eine ausgedehnte Kampagne mit dem Ziel, die Inflation zu beenden. Infolge dieser Kampagne stiegen die Arbeitslosenzahlen, und Unternehmen im ganzen Land wurden in die Insolvenz gestürzt, besonders im industriellen Mittleren Westen. Aber die Notenbank gab nicht nach. Im August 1982 stürzte schließlich Mexiko in die Zahlungsunfähigkeit und stellte die Schwäche der New Yorker Banken bloß. In den USA betrug die Arbeitslosigkeit 11 Prozent. Nach zweieinhalb schmerzvollen Jahren stand man kurz vor einem Desaster und gab den Monetarismus auf – er sollte nie wieder als offizieller Wegweiser der Wirtschaftspolitik dienen. In der Folge sanken die Zinssätze, die Wirtschaft begann sich zu erholen, und innerhalb weniger Jahre hatte die Notenbank aufgehört, auch nur Besorgnis vorzutäuschen, wenn die Geld- und Kreditmenge zu wachsen begann.

Und trotzdem hatte der Monetarismus in dieser kurzen Zeit scheinbar seine Arbeit getan: Die Inflation war tatsächlich verschwunden. Was 1979 als ein chronisches und scheinbar unlösbares Problem erschienen war, hatte sich bis 1984 in Luft aufgelöst, und mit dem Aufschwung der Jahre 1983/1984 verschwand die hohe Arbeitslosigkeit von 1982. Es schien, dass man zwar für kurze Zeit einen hohen Preis bezahlt hatte, dafür aber einen langfristigen Nutzen erhielt. Basierend auf dieser Beweislage konnten die Monetaristen den Sieg ihrer Prinzipien feiern (was sie auch taten) und so den Einfluss des monetaristischen Grundgedankens in der Politik zementieren: Die Notenbank ist dafür verantwortlich, die Inflation einzudämmen. Dabei hatte die akademische Wirtschaftswissenschaft die Theorie einer festen Beziehung zwischen Geldmengenwachstum und Preisveränderungen inzwischen fallengelassen, weil sie sich nicht durch Daten belegen ließ. Im Unterschied zu den Befürwortern des ausgeglichenen Haushalts, des freien Marktes und der Angebotsökonomie hatten die Monetaristen einen taktischen Fehler begangen: Sie stützten ihre Argumentation auf eine präzise numerische Relation. Die Beziehung zwischen Geld und Preis kann überprüft werden; sie wurde überprüft, und sie hat den Test nicht bestanden.

Aber dies wirft eine wichtige Frage auf. Wenn der Monetarismus in den frühen 1980er-Jahren als Anti-Inflationspolitik funktionierte – was zweifellos der Fall war –, wirkte er dann tatsächlich so, wie es vorausgesagt worden war? Der Faktenlage nach zu urteilen tat er dies nicht. Hätten die Monetaristen recht gehabt, so hätte eine einzige kurze Phase der Inflationsbekämpfung nicht ausgereicht, um die Inflation langfristig einzudämmen. Als der Monetarismus aufgegeben wurde und die Geld- und Kreditmenge stark anwuchs (Mitte der 80er-Jahre und in stärkerem Ausmaß Ende der 90er-Jahre), so hätte auch die Inflation wiederaufleben müssen. Das tat sie nicht. Nach 1983 stieg die Geld- und Kreditmenge an, der Aktien- und Immobilienmarkt legte zu (und führte schließlich zu den Spekulationsblasen der 1990er- und 2000er-Jahre) – aber es folgte keine Inflation, wie sie technisch definiert wird. Durch einen Immobilienboom erhöhen sich sicherlich die Kosten für einige Menschen, und ein Börsenboom verändert die Einkommensverteilung. Aber in der Theorie des Monetarismus geht es um allgemeine Auswirkungen auf Preise und Lebenshaltungskosten, und solche gab es keine. Die Inflation wurde nicht einfach eingedämmt. Sie war tot – zumindest bis auf Weiteres.

Wenn die Inflation also ausgelöscht werden konnte, und nicht lediglich eingedämmt, so müssen wir uns fragen: Worin bestand sie, als sie noch lebte? Wenn der Monetarismus fälschlicherweise eine Inflation für die 80er- und 90er-Jahre vorausgesagt hatte, hatte er dann auch die Inflation der 60er- und 70er-Jahre falsch diagnostiziert? War diese Inflation wirklich auf »billiges Geld« zurückzuführen? War es wirklich nur die Verantwortungslosigkeit der Zentralbanken, die dazu führte? Hätte die Inflation verhindert werden können, wenn die Monetaristen schon damals an der Macht gewesen wären?

Wie bei der Frage der Steuern gibt es auch hier eine ältere, heute fast vergessene Interpretation. Sie besagt, dass Inflation in erster Linie auf den Gebrauch und Missbrauch von Marktmacht zurückzuführen ist. Sie tritt auf, wenn eine bestimmte Institution übermäßige, ungehinderte Kontrolle über einen wichtigen nationalen oder internationalen Preis ausübt. Das kann der Preis von Arbeit sein – der Lohntarif –, aber auch der Preis von Erdöl. Oder es kann der Preis von Kapital sein: der Zinssatz. In jedem dieser Fälle drückt die Erhöhung dieses Preises das allgemeine Preisniveau nach oben, denn wenn sich die Kosten erhöhen, reagieren Unternehmen reflexartig, indem sie die Preise ihrer Produkte heraufsetzen. Inflation wird also gemäß dieser Auffassung verursacht, indem die Kosten nach oben gedrückt werden. Meist ist diese Kostenerhöhung schwer umzusetzen, denn es ist nicht einfach, ein genügend breit abgestütztes Kartell zu organisieren und aufrechtzuerhalten; deshalb ist es schwierig, im ganzen System einen Kostenschock auszulösen. Aber zuweilen geschieht es trotzdem. Gewerkschaften in Großbritannien verfügten in den frühen 70er-Jahren über eine solche Macht, und in geringerem Ausmaß auch die städtischen Gewerkschaften von New

York City. In Kriegszeiten, wenn jede Nachfrage ausschlaggebend ist, kommt diese Macht viel stärker zum Zug und muss direkt eingeschränkt werden. Das historische Ereignis, das den Inflationsschock der 70er-Jahre herbeiführte, war natürlich die Explosion des Ölpreises 1973. War der Ölpreisschock direkt von der amerikanischen Geldpolitik vom Vorjahr »verursacht« worden? Nein. Es besteht keine direkte Verbindung. Aber es ist überaus plausibel, dass er durch die Veränderungen des internationalen Finanzsystems verursacht wurde, die nur wenige Monate zuvor erfolgt waren.

Nach dem Zweiten Weltkrieg galten in der nicht kommunistischen Welt ein Vierteljahrhundert lang die finanziellen Abmachungen, die 1944 in Bretton Woods, New Hampshire, getroffen worden waren. Die Wechselkurse aller Länder, mit Ausnahme der Vereinigten Staaten, wurden in US-Dollar gerechnet, und der Dollar war seinerseits an den Goldstandard gebunden. Die Wechselkurse waren fest, konnten jedoch von Zeit zu Zeit angepasst werden. Der feste Wechselkurs und die amerikanische Dominanz bedeuteten, dass wichtige Rohstoffpreise auf der ganzen Welt an den amerikanischen Markt gebunden waren. Insbesondere der Ölpreis wurde weitgehend von der Texas Railroad Commission festgelegt, welche die Auslastungsrate der amerikanischen Ölquellen kontrollierte, damals die wichtigsten Ölproduzenten im größten Öl produzierenden Land der Welt.

Das Bretton-Woods-System schrieb vor, dass im Fall eines amerikanischen Handelsbilanzdefizits nicht amerikanische Zentralbanken Gold als Bezahlung einfordern durften; sie zehrten damit von den massiven Goldreserven, die die Vereinigten Staaten zum großen Teil in den beiden Weltkriegen angesammelt hatten. Wie sich herausstellte, war dies die Achillesferse des ganzen Systems. Während der 60er-Jahre erreichten die USA Vollbeschäftigung, und der Krieg in Vietnam wurde immer kostspieliger. Das dadurch wachsende

Handelsdefizit hatte zur Folge, dass immer mehr Gold ins Ausland floss. Schließlich wurde klar, dass das System nicht aufrechterhalten werden konnte, weil es für eine Welt konstruiert worden war, in der die USA einen Überschuss in der Handelsbilanz aufwiesen.

Am 15. August 1971 begann das Bretton-Woods-System zusammenzubrechen; an diesem Tag entwertete Richard Nixon den Dollar und schloss das »Goldfenster«. Dies war vorher noch nie geschehen. Die Folge war, dass der Dollar-Preis von Rohstoffen augenblicklich in die Höhe schnellte. Nixon führte Preiskontrollen ein, um zu verhindern, dass sich diese Preiserhöhung in den amerikanischen Inflationsberichten niederschlug, sowie Exportkontrollen, damit die amerikanischen Produzenten ihre Produkte nicht auf den profitableren Außenmarkt umleiten konnten.

Ab 1971 war also eine weltweite Inflation (der Dollar-Preise) im Gang, die nicht direkt auf das Wachstum der Geldmenge in den USA zurückzuführen war, sondern hauptsächlich auf den Zusammenbruch der festen Wechselkurse. Der Erdölpreis, der von einem Kartell in Dollar festgelegt wurde, blieb anfänglich konstant, was jedoch bedeutete, dass die Ölproduzenten unter den inflationären Preisen ihrer Konsumgüter zu leiden hatten. 1973, nach dem Jom-Kippur-Krieg, ging die Organisation Erdöl exportierender Länder (OPEC) zum Gegenangriff über und erhöhte den Ölpreis abrupt um das Vierfache. Zu diesem Zeitpunkt waren Preiskontrollen in den Vereinigten Staaten weitgehend aufgehoben worden, und so konnten die amerikanischen Verbraucher nicht vor den Auswirkungen geschützt werden. Durch Preisanpassungsklauseln wirkten sich die Öl- und Rohstoffpreise auf die gesamte amerikanische Wirtschaft aus. Die Folge war Inflation. Sie begann nicht mit der Zentralbank, und die Zentralbank hätte sie nicht verhindern können.

Als die Inflation erst einmal im System war, war es nicht leicht, sie wieder loszuwerden. Lohnverträge mit Preisanpassungsklauseln für Lebenshaltungskosten verbreiteten die Inflation in der gesamten Volkswirtschaft. Die Regierungen Richard Nixons, Gerald Fords und Jimmy Carters versuchten, dem Problem mit Lohn- und Preisbehörden beizukommen. Ganz erfolglos waren sie damit nicht: Durch die Kontrollen und Richtlinien verlangsamte sich die Inflation tatsächlich, und die Kosten für die Arbeitnehmer, die durch diese Maßnahmen verursacht wurden – Produktionsrückgang, höhere Arbeitslosigkeit und sinkende Reallöhne –, waren viel weniger gravierend, als sie zu Beginn der 8oer-Jahre sein sollten. Aber die Maßnahmen waren ein Dorn im Auge der konservativen Anhänger des freien Marktes. Sie wurden daran erinnert, dass der Staat nicht verpflichtet war, der Privatindustrie das Recht auf Preisfestsetzung zuzugestehen. Die Gewerkschaften gewannen durch diese Maßnahmen an politischem Gewicht, sie erhielten einen festen Platz am Tisch der Wirtschaftpolitik – und das zu einem Zeitpunkt, als die Konservativen weltweit zum Schluss gekommen waren, dass es einfacher und effektiver wäre, die Gewerkschaftsbewegung zu zerschlagen, anstatt mit ihr zusammenzuarbeiten.

Die Gelegenheit bot sich 1979, als die eklektische Inflationsbekämpfung der 6oer- und 7oer-Jahre in eine zweite Krise geriet. Ausgelöst wurde sie durch die iranische Revolution, die zweite Ölkrise und eine weitere Abwertung des Dollars. Damals waren die Liberalen, die den Auftrag hatten, die Preise durch staatliche Invervention unter Kontrolle zu halten, schlichtweg müde geworden; zudem hatten sich in der liberalen Koalition tiefe Risse aufgetan. Entscheidende Kräfte in der Regierung Jimmy Carters konnten sich zu keinen Zugeständnissen an die Gewerkschaften durchringen, um deren Kooperation sicherzustellen; und die Gewerkschaften waren ihrerseits nicht einverstanden mit dem Angebot der Regierung. Insbesondere hatten sie keine Aussicht auf eine echte Vollbeschäftigungspolitik der Regierung. Im Gegenteil: Die Berater im Weißen Haus gerieten in Panik wegen des großen Haushaltsdefizits und waren deshalb entschlossen, die Sozialausgaben zu kürzen, unter anderem auch für Beschäftigungsprogramme.

In dieser Situation sahen die Monetaristen eine Möglichkeit zum Durchbruch. Sie schoben die Schuld am Problem einzig und allein der Geldpolitik zu. So räumten sie die komplexen politischen Zusammenhänge aus dem Weg und schlossen die Gewerkschaften von der Inflationsbekämpfung aus. Die Monetaristen boten eine einfache Lösung an: Die Zentralbank sollte reformiert werden und ein eindeutiges Mandat erhalten. Diese Position wurde gestärkt durch das wachsende akademische Prestige der Monetaristen, und zudem entlastete sie größere und politisch verwundbare Akteure wie den Präsidenten und den Kongress von der Verantwortung der Inflationsbekämpfung. Die Lösung war unwiderstehlich. Paul Volcker, der kein überzeugter Ideologe war, sondern ein engagierter Interessenvertreter des Finanzsystems, übernahm den Vorsitz der Federal Reserve im Juni 1979; keiner seiner Vorgänger war mit einem vergleichbaren Mandat und mit einer solchen Dringlichkeit in dieses Amt berufen worden.

Bald befanden sich Volcker und die Notenbank an der Front der Inflationsbekämpfung. Die Entscheidung fiel Anfang Oktober 1979. Volckers erste scharfe Anhebung des Zinssatzes führte zur kurzen Rezession von 1980, die der Wahlniederlage Jimmy Carters im November den Weg bereitete.

Wie bereits erwähnt, startete Volcker mit der Unterstützung Reagans 1981 seine große Offensive. Die kurzfristigen Zinssätze schossen in die Höhe und erreichten fast 20 Prozent. In der Folge ging die Maschinenindustrie des oberen Mittleren Westens, eine Festung der Gewerkschaftsmacht, Konkurs. Die Kampagne gegen Inflation war kurz, brutal und effektiv. Aber sie erfolgte nicht hauptsächlich über die Geldmengenkontrolle. Das Geldmengenwachstum ging auf null zurück, aber nicht etwa, weil die Notenbank verhinderte, dass Banken neue Kredite vergaben, sondern weil der Rückgang der Wirtschaftsaktivität so dramatisch war, dass die Nachfrage nach zusätzlichen Krediten praktisch zum Erliegen kam.

In diesem Sinn war die Anwendung der monetaristischen Prinzipien zwar erfolgreich, aber man musste dafür einen Preis bezahlen, den nicht einmal die Federal Reserve unter Volcker auf längere Sicht verantworten wollte. Ebenso richtig ist jedoch, dass es den Monetarismus, wie sich bald herausstellen sollte, gar nicht mehr brauchte. Die Inflation war verschwunden.

Zwei institutionelle Veränderungen waren dafür verantwortlich: erstens der Machtverlust der Gewerkschaften und das Ende ihres *pattern bargaining* (der Prozess, bei dem eine Gewerkschaft ein Zugeständnis von einem Arbeitgeber erreicht und dieses dann als Präzedenzfall benutzt, um die gleichen Zugeständnisse von anderen Arbeitgebern zu erhalten) und zweitens die Globalisierung – das heißt die wachsende Abhängigkeit der amerikanischen Konsumenten von Importen aus Niedriglohnländern. Diese beiden Faktoren veränderten das strukturelle Umfeld der Preisfixierung in den Vereinigten Staaten; sie schufen eine postindustrielle Volkswirtschaft mit tiefer Inflation und ohne Gewerkschaften; die gesellschaftliche Ungleichheit war viel größer als vorher, aber der Lebensstandard befand sich dank der billigen Importe immer noch auf einem akzeptablen Niveau. Und während spätere Zentralbanker unentwegt betonten, wie beharrlich sie sich für Preisstabilität einsetzen, war die Inflation in Wirklichkeit von 1982 bis 2005 überhaupt kein Thema mehr – nicht ein einziges Mal.

In seinen Memoiren pflichtet Alan Greenspan dieser Interpretation bei. Während seiner achtzehn Jahre an der Spitze der Federal Reserve erhielt er reichlich Lob dafür, dass er die Inflation unter Kontrolle behielt. Doch nach seiner Pensionierung schrieb er, dass er gar nicht dafür verantwortlich gewesen sei, vielmehr habe er vom Zusammenbruch der Sowjetunion und vom Aufstieg Chinas profitiert. Greenspan hat recht. Mit dem Zusammenbruch der Sowjetunion kamen riesige Vorräte an Industriematerial und Treibstoff – Erdöl und Erdgas – auf den Weltmarkt und drückten die Rohstoffpreise nach unten. Der Aufstieg Chinas hatte zur Folge, dass eine große Zahl von Arbeitskräften zu tiefen Dollarlöhnen zur Verfügung stand, gegen die kein anderer Pool von ungelernten Arbeitskräften konkurrieren konnte. Das eine Phänomen hielt die Rohstoffpreise auf einem tiefen Niveau, das andere die weltweiten Arbeitskosten, und so war die Inflation dem Untergang geweiht.

Die Argumentation Greenspans ist sicherlich korrekt, aber der von ihm angegebene Zeitablauf lässt etwas Wichtiges aus. Der Tod der Inflation folgte nicht auf den Zusammenbruch der Sowjetunion oder den Aufstieg Chinas: Er kam vorher. Mit der Inflation war es bereits 1984 vorbei. Die Sowjetunion existierte bis 1991, und China wurde erst in den 90er-Jahren zu einer Welthandelsmacht. Vor diesen beiden Ereignissen kam der Aufstieg des Dollars, und so stieß die erdrückende Konkurrenz der tiefen Importpreise auf die Preiserhöhungen, die ihren Ursprung auf amerikanischem Boden hatten.

Es lässt sich sogar sagen, dass die weltweite Schuldenkrise, die von Volckers Anti-Inflationskampagne beschleunigt wurde, ihrerseits dem Zerfall der Sowjetunion und dem Aufstieg Chinas Vorschub leistete. Sie traf die Sowjetunion, weil das Land gegenüber dem Westen stark verschuldet war und für die Bezahlung seiner Schulden auf den Export von Bodenschätzen – Öl, Gas, Nickel und Gold – vertraute. Als Volckers Deflation 1985/1986 den Ölpreis zu senken vermochte, musste die Sowjetunion folglich die Konsequenzen spüren. Für China sah die Situation anders aus. China war ein Ölverbraucher. Das Land war auch finanziell autark: Es nahm in den 1970er-Jahren nie Kredite von ausländischen Geschäftsbanken auf. So war die Volksrepublik in den 8oer-Jahren in einer idealen Position, um die Schwierigkeiten der Öl produzierenden Länder und derjenigen, die Schuldendienst in Dollar leisteten, zu ihrem eigenen Vorteil zu nutzen und ihre Infrastruktur und Exportgrundlage aufzubauen.

Währenddessen brach zu Hause die statistische Grundlage zusammen, auf welche die Monetaristen das einfache Abhängigkeitsverhältnis zwischen Geldmenge und Preis gestützt hatten. Neue Finanztechnologien brachten eine Vielzahl von verschiedenen Formen von Kredit und Geldersatzmitteln hervor, beispielsweise den Kreditkartensaldo. So wurde es immer schwieriger und schließlich unmöglich, zwischen richtigem Geld und diesen Formen von sogenanntem »Near Money« zu unterscheiden. Für eine Doktrin, die auf dem Konzept der Geldmenge basierte, waren dies schlechte Nachrichten.

Die Verbreitung von Near Money zeigte noch etwas anderes im Zusammenhang mit dem Kreditkapitalismus – etwas, was sich auf die konservative Wirtschaftslehre zutiefst subversiv auswirkt: Die Zentralbank kontrolliert in Wirklichkeit gar nicht die Geldmenge. Vielmehr tut sie etwas, was der Staat gemäß den Konservativen nicht tun sollte: Sie legt einen Preis fest. Dieser Preis ist der Zinssatz – genauer gesagt der Zinssatz, den sich Banken gegenseitig für kurzfristige Darlehen berechnen. Dieser Leitzins steuert alle anderen Zinssätze, und die Banken bestimmen zwar, wie viel Darlehen sie vergeben, aber den Preis bestimmen sie nicht. Normalerweise legen Banken nicht einmal den Gesamtbetrag an Darlehen fest. Dieser hängt meist vom Umfang der Wirtschaftsaktivität und von den Wünschen der Öffentlichkeit ab, und nicht andersherum.

Die akademische Wirtschaftswissenschaft ließ den Monetarismus als solchen fallen, aber eine entscheidende politische Konsequenz aus der monetaristischen Lehre hat überlebt: die Auffassung, dass die Federal Reserve sich nicht für Vollbeschäftigung einsetzen sollte. Diese Doktrin wurde erstmals 1968 als Folge des Monetarismus eingeführt, einmal mehr von Milton Friedman. Sie besagt, dass der Versuch, die Arbeitslosenquote unter eine kritische Schwelle zu senken (die sogenannte Non-accelerating Inflation Rate of Unemployment, NAIRU, deutsch: inflationsstabile Arbeitslosenquote), eine *beschleunigte* Inflation auslösen würde, und zwar aus folgendem Grund: Um eine höhere Beschäftigungsquote zu erreichen, müsse mehr Geld gedruckt werden; aufgrund der schnellen Anpassung des Arbeits- und Produktmarktes würde dieses Geld jedoch zu höheren Löhnen und Preisen führen. In diesem Modell befindet sich die Wirtschaft permanent auf Messers Schneide, und wenn sie sich ein bisschen zu weit in Richtung tiefer Arbeitslosigkeit bewegt, so folgt die ultimative soziale Katastrophe der Hyperinflation. Deshalb gehe eine Arbeitslosenquote von fünf oder zehn Prozent völlig in Ordnung.

Die Idee, dass tiefe Arbeitslosigkeit eine unkontrollierbare Inflation hervorruft, ist offensichtlich absurd. Wäre sie korrekt, dann hätte Hyperinflation in der Geschichte ein relativ häufiges Phänomen sein müssen, aber in Wirklichkeit kam sie sehr selten vor. Doch das Modell der inflationsstabilen Arbeitslosenquote diente der Selbstgefälligkeit der Zentralbanker und ermöglichte es den Konservativen, ihre Vorherrschaft in der Geldpolitik aufrechtzuerhalten. Denn wenn die kapitalistische Wirtschaft so instabil und turbulent ist, wenn sie permanent vor dem Abgrund der Inflation steht, wie die Zentralbanker behaupten, dann kann man selbstverständlich nicht auf ihre ewige Wachsamkeit verzichten; jedes Jahr ohne Inflation ist also ein Beweis für ihre Weisheit und ihren Gemeinsinn.

Mit der Zeit schafften es die Zentralbanker, sich selbst und viele Ökonomen davon zu überzeugen, dass sie für den Anti-Inflationskampf unentbehrlich seien. Eine neue Theorie wurde verbreitet: Die

»Glaubwürdigkeit« der Zentralbanker würde die Arbeitnehmer davon abhalten, Lohnerhöhungen zu fordern, weil sie sich vor Vergeltung in Form von hohen Zinssätzen und Arbeitslosigkeit fürchteten. Wenn dies tatsächlich der Fall wäre, so würde dies jedoch auf jedes Niveau der Arbeitslosigkeit zutreffen, und es gäbe gar keine inflationsstabile Arbeitslosenquote; aber dieser Widerspruch wird nie erklärt. Ganz abgesehen davon ist diese Argumentation mit zwei grundlegenden Fehlern behaftet. Erstens würde kein Arbeiter aus rationalen Gründen darauf verzichten, eine Lohnerhöhung zu fordern, wenn sich die Möglichkeit dazu ergäbe – egal, wie unerbittlich sich die Zentralbank in Bezug auf die Inflationsbekämpfung gibt; denn die Konsequenzen wären auf jeden Fall gravierender für jene Arbeitnehmer, deren Lohn nicht erhöht wird. Und zweitens ging der anfängliche Inflationsimpuls sowieso fast nie von den Arbeitnehmern aus. Doch bis heute ist noch keine Ölfirma erfunden worden, die eine Möglichkeit zur Benzinpreiserhöhung auslässt, weil sie befürchtet, eine Zentralbank könnte später als Vergeltung den Zinssatz anheben.

Empirischen Schätzungen zufolge lag die inflationsstabile Arbeitslosenquote Mitte der 80er-Jahre bei etwa 6 Prozent; die reale Arbeitslosenquote bewegte sich um 7 Prozent. Für die meisten Ökonomen, die sich damals mit Geldpolitik beschäftigten, war der monetäre Spielraum entsprechend gering; das Beste, was man sich erhoffen konnte, war eine bescheidene Verbesserung des Arbeitsmarktes, bevor die Notenbank einschreiten und die Wirtschaft bremsen müsste. Dies war der Stand der Debatte, als Alan Greenspan 1987 das Ruder der Federal Reserve übernahm.

Greenspan war ein sehr konservativer, sehr vorsichtiger Mann, und er musste gleich am Anfang viel lernen. Aus Angst vor Inflation, und um seine Glaubwürdigkeit unter Beweis zu stellen, hob er instinktiv erst einmal die Zinsen an. Dies führte jedoch zum Börsencrash vom Oktober 1987, als der Dow Jones an einem einzigen Tag einen Drittel seines Werts verlor. Die Umstände zwangen Greenspan zu einer Kursänderung, die jedoch verhalten blieb; bald zog er die Zinsen wieder an. So kam es zur langen Kreditflaute von 1989 bis 1994. Anfangs nahm Greenspan vorsichtige Zinssenkungen vor, mit denen er jedoch die Wirtschaft nicht wieder anzukurbeln vermochte. Erst gegen Ende des Jahres 1991 begann er, die entschlossenen Maßnahmen zu ergreifen, die wirklich erforderlich waren, und erst 1994 setzte das Wachstum wieder ein.

In den späten 90er-Jahren ritt Greenspan auf der Welle eines lang andauernden Kreditbooms. Wiederum reagierte er mit Vorsicht und warnte indirekt vor »irrationalem Überschwang« (»irrational exuberance«) in Bezug auf den Aktienmarkt, und das lange bevor entweder der Dow Jones oder der NASDAQ ihre Höchstwerte erreicht hatten. Doch eine Zeit lang – das muss man ihm zugestehen – hielt er auch der Provokation einiger Ökonomen stand, die forderten, dass die Geldpolitik immer von der Angst geleitet werden sollte, die inflationsstabile Arbeitslosenquote zu unterschreiten.

Und so unternahm die US-Notenbank nichts, als die Arbeitslosenquote langsam sank. Und es passierte auch nichts Schlimmes. Die Inflation stieg nicht an. Stattdessen wuchs die Produktiviät – was eigentlich verständlich ist, denn wenn es für ein Unternehmen schwieriger ist, Arbeitskräfte zu finden, wird es versuchen, die gleiche Produktionsmenge mit weniger Arbeitskräften zu realisieren. Greenspan wurde immer zuversichtlicher, dass er auf dem richtigen Weg war; und das war er auch – nur dass diese Situation nicht aufrechterhalten werden konnte.

Ein Zeit lang, von 1996 bis 1999, reagierten Ökonomen auf die sinkende Arbeitslosenquote zuerst mit düsteren Warnungen, die lediglich die Glaubwürdigkeit unserer Zunft untergruben. Dann folgte eine Welle von Zeitschriftenartikeln, in denen erklärt wurde, dass die inflationsstabile Arbeitslosenquote tiefer liegen musste, als man bisher vermutet hatte. Schließlich verebbte die Welle, und Stille legte sich über das Grab der NAIRU. Jahrelang hatte die konservative Wirtschaftswissenschaft behauptet, eine tiefe Arbeitslosenquote sei gefährlich, und die meisten Politiker in Washington hatten ihnen geglaubt. Greenspan setzte all dem ein jähes Ende, indem er einfach nichts unternahm. Es herrschte Vollbeschäftigung, und sie verursachte keine Inflation. Monetarismus, die NAIRU-Doktrin und die Auffassung, dass die Federal Reserve ewig wachsam sein muss gegenüber der Inflation – all das war falsch!*

---

* Ben Bernanke, der Greenspan 2006 ablöste, war sich dessen leider nicht bewusst, und so verfolgte die Federal Reserve ab 2006 eine Politik der Geldverknappung, um eine im Wesentlichen nicht existente Lohninflation einzudämmen. Die Inflationsrate stieg aus demselben Grund wie in den frühen 70er-Jahren: wegen einer Destabilisierung der weltweiten Bewertung des Dollars und eines Anstiegs des Ölpreises aufgrund des Irakkriegs. Das Lohnniveau hatte damit nichts zu tun. Und wie 1987 zogen die hohen Zinssätze keine sanfte Landung mit kontrollierter Inflation nach sich, sondern eine finanzielle Kernschmelze. 2007 war es der Immobilienmarkt, der unter der Last zusammenbrach, und Bernanke lernte die erste Regel des Zentralbankgeschäfts: Wenn das Schiff zu sinken beginnt, muss die Zentralbank Bürgschaften übernehmen, und zwar so viel sie kann. Ob er die Lektion rechtzeitig gelernt hat und ob sie im Kopf bleibt, wird sich zeigen.

5 Der Traum vom ausgeglichenen Haushalt

Gibt es denn keine einfachen Wahrheiten mehr? Wenn der Markt nicht Freiheit bedeutet, wenn Sparen keine Tugend ist und wenn die Notenbank die Inflation nicht steuern kann, was bleibt dann noch übrig? Wie sieht es mit dem ausgeglichenen Haushalt aus? Dieses Prinzip ist konservativen Ursprungs, erfreut sich jedoch heute überparteilicher Zustimmung. Sicherlich sollten die Demokraten stolz sein auf die große Errungenschaft der Regierungszeit Clintons, uns nicht nur einen ausgeglichenen Haushalt beschert zu haben, sondern zwei Jahre lang sogar einen Überschuss im Bundesbudget. Sicherlich sollten dieselben die verhasste Regierung George W. Bushs für ihre »unverantwortlichen Steuersenkungen« tadeln, die zu »unhaltbaren Defiziten« führen, die wiederum »den Wohlstand unseres Landes gefährden«, indem sie »die Rechnungen unseren Kindern weitergeben«. Wenn alle anderen Formen des wirtschaftlichen Konservatismus, welche die Republikaner befürworten, in den Abfalleimer der Geschichte gehören, so ist es doch sicherlich wert, diese eine, die den Demokraten am Herzen liegt, beizubehalten.

Leider nicht. In Wirklichkeit war das Prinzip des ausgeglichenen Haushalts die erste konservative Maxime, die fallengelassen wurde; ihr Begräbnis stellte Reagans erfolgreichsten Kompromiss mit der Realität dar. Seine Steuersenkungen hatten zwar eine wirtschaftstheoretische Grundlage in der Angebotspolitik, aber sie hatten in erster Linie das Ziel, mehr Geld in private Hände fließen zu lassen. Zusammen mit den Steuersenkungen sorgten die erhöhten Bundesausgaben (der Anstieg der Verteidigungsausgaben konnte nicht durch Einsparungen in anderen Ausgabenbereichen wettgemacht werden) für einen gewaltigen Anstieg des Haushaltsdefizits von 1980 bis 1983. Das Defizit wiederum löste das starke Wirtschaftswachstum aus, das in diesem Jahr begann und sich bis zum Ende der 80er-Jahre fortsetzte.

Diese konservative Variante der keynesianischen Wirtschaftspolitik räumte jenes Hindernis aus dem Weg, das in der Vergangenheit für Widerstand gegen den Keynesianismus gesorgt hatte: die hartnäckige Gegenwehr der Reichen. Die amerikanischen Oligarchen der 1930er-Jahre hassten Franklin D. Roosevelt – aber nicht, weil er die Wirtschaft wieder in Schwung brachte, sondern weil er dabei die gesellschaftliche Ordnung auf den Kopf stellte: Die Oligarchen mussten sich von jetzt an mit Gewerkschaften herumschlagen, mit einem starken Staat und all seinen Regulierungsbehörden. Egal, wie wohlhabend die Gesellschaft insgesamt sein mochte, der Einfluss der Oligarchen in dieser Gesellschaft wurde kleiner. Reagan entzog sich diesem Problem, indem er Steuererleichterungen zugunsten der einkommensstarken Bevölkerungsschichten einführte: So profitierten die Reichen vom Haushaltsdefizit, anstatt dass sie dafür bezahlen mussten. Reagans Version des Keynesianismus brauchte die soziale Ordnung nicht über den Haufen zu werfen, um Wohlstand herbeizuführen; es verhielt sich vielmehr umgekehrt: Die Aufrechterhaltung der sozialen Ordnung war der Preis, den die Gesellschaft für den Wohlstand bezahlte.

Die Demokraten reagierten auf Reagans Erfolg, indem sie sich über das Haushaltsdefizit beklagten und die Tatsache, dass sich die Wirtschaft in einem Aufschwung befand, einfach ignorierten. In politischer Hinsicht steckte eine gewisse Logik dahinter: Die Demokraten konnten ihr Image als »Big Spenders« loswerden und so Rückhalt an der Wall Street gewinnen. In der Öffentlichkeit gewannen sie jedoch damit kaum Zuspruch, denn die Bevölkerung war nicht geneigt, dem geschenkten Gaul ins Maul zu schauen; es interessierte die Öffentlichkeit nicht, ob illegitime Mittel hinter der Rückkehr zur wirtschaftlichen Prosperität steckten. Die Strategie der Demokratischen Partei lähmte auch ihre eigenen politischen Initiativen, denn durch ihre Haushaltsziele auferlegten sie sich selbst Einschränkungen (etwa die notorischen »Pay-Go«-Regeln, die vorschreiben, dass jedes neue Ausgabenprogramm durch eine entsprechende Kürzung in einem anderen Haushaltsbereich kompensiert werden muss), mit denen sie der skeptischen Öffentlichkeit ihre »fiskalpolitische Verantwortung« demonstrieren wollten. Indem sie jedoch unentwegt auf der Notwendigkeit und Bedeutung dieser Regeln bestanden, bestätigten die Demokraten in den Augen der Öffentlichkeit lediglich, was die Konservativen ihnen schon früher vorgeworfen hatten: dass bei ihnen öffentliche Gelder nicht in guten Händen waren.

In den 80er-Jahren arbeiteten Demokraten mit Republikanern zusammen, um Reagans Steuersenkungen rückgängig zu machen; so konnten sie 1982 und 1984 Steuererhöhungen durchsetzen, 1986 folgte der Tax Reform Act. In den 90er-Jahren setzte sich das Drama des demokratischen Strebens nach fiskalpolitischer Achtbarkeit fort: 1990 führten demokratische Abgeordnete Haushaltsverhandlungen mit George H. W. Bush, und zu Beginn seiner ersten Amtszeit ließ Clinton ein Programm zum Abbau des Defizits ausarbeiten. Das Programmpaket versprach eine Senkung der Zinssätze, doch unmittelbar nachdem es Ende 1993 verabschiedet worden war, geschah das Gegenteil: Die Zinssätze begannen zu steigen. In seinen letzten drei Regierungsjahren konnte Clinton schließlich den Haushalt tatsächlich ausgleichen, was jedoch nicht seinen aktiven politischen Maßnahmen zu verdanken war, sondern dem Zufall – der ausgeglichene Haushalt war eine unerwartete Folge des Informationstechnologiebooms; teilweise wurde der Aufschwung auch durch Kapital angeheizt, das nach der Asienkrise 1997 und nach der russischen Krise 1998 in die Vereinigten Staaten floss. Als die Aktienkurse nach oben kletterten, stiegen auch die Bundeseinnahmen, größtenteils aufgrund von Aktienerträgen und Optionsgewinnen. Auf dem Höhepunkt dieses Zuwachses an Steuergeldern prognostizierten einige Bundesbeamte, dass innerhalb von fünfzehn Jahren die gesamte Staatsschuld getilgt werden könnte. Das sollte sich jedoch als eine weitere Illusion herausstellen.

Sie vergaßen, was Keynes ihnen beizubringen versucht hatte, nämlich dass ein Haushaltsüberschuss ein schwerwiegender wirtschaftspolitischer Fehler sein würde. Denn der Überschuss der späten 90er-Jahre entzog dem Ausgabenfluss der Volkswirtschaft Geldmittel, und das bedeutete, dass das Wachstum langfristig nicht aufrechterhalten werden konnte. Die Kombination einer Spekulationsblase, die irgendwann platzen würde, und einer überaus restriktiven Geldpolitik stellte sicher, dass die nächste Regierung einen Konjunktureinbruch erleiden würde. Und genau das passierte: Die Blase platzte, das Wachstum kam zum Erliegen und der Traum von der getilgten Staatsschuld verblasste, als hätte es ihn nie gegeben. Doch im Großen und Ganzen hatten die Demokraten auch daraus nichts gelernt: Noch Ende 2007 forderte ihre Präsidenschaftskandidatin Hillary Clinton »fiskalpolitische Verantwortung« und einen »ausgeglichenen Haushalt«.

Das Verhältnis der Demokraten zum Haushaltsdefizit hat eine schmerzvolle Geschichte hinter sich. Lange Zeit bewegten sie sich zwischen Realismus und dem Wunsch nach fiskalischer Achtbarkeit. Wenn wir uns auf einen Rundgang durch diese Geschichte begeben, so werden wir verstehen, weshalb amerikanische Haushaltsdefizite seit den 70er-Jahren als ein fester Bestandteil des globalen Finanzsystems angesehen werden müssen; weshalb es unmöglich ist, einen ausgeglichenen Haushalt über längere Zeit aufrechtzuerhalten, solange dieses System besteht; weshalb der Versuch, es trotzdem zu tun, der Volkswirtschaft schadet; und weshalb die meisten Liberalen dies bis jetzt – leider – noch immer nicht verstanden haben.

Als Franklin D. Roosevelt 1932 gegen Herbert Hoover Wahlkampf führte, forderte er einen ausgeglichenen Haushalt; erst nach den Wahlen opferte er seine fiskalpolitische »Verantwortung«, um die Depression effektiv bekämpfen zu können, denn dafür waren öffentliche Ausgaben erforderlich, die weit über den möglichen Steuereinnahmen lagen. Acht Jahre später, als der Krieg begann, stieg die Notwendigkeit dieser Ausgaben um ein Vielfaches. Als Roosevelt 1945 starb, belief sich die Staatsverschuldung auf über 100 Prozent des Bruttoinlandsprodukts (das sich gegenüber dem Wert vor dem Krieg mehr als verdoppelt hatte), und trotzdem – oder gerade deswegen – waren die Vereinigten Staaten damals die stärkste Volkswirtschaft der Welt. Abgesehen von Perioden des konjunkturellen Abschwungs verringerte sich während der 50er-Jahre das Verhältnis zwischen Staatsschulden und BIP stetig, das heißt, die öffentliche Schuld schrumpfte. Währenddessen trat der alte Kanon der fiskalisch verantwortungsvollen Politik langsam wieder in den Vordergrund; die Lektionen der Depression und des Krieges schienen nicht besonders relevant in einer Zeit des Wirtschaftswachstums und der schleichenden Inflation. Unter den progressiveren Wirtschaftsführern verbreitete sich damals die Auffassung, dass in guten Zeiten ein Haushaltsüberschuss anzustreben sei, um für die unvermeidlichen Defizite in schlechten Jahren aufzukommen. Nur einige wenige akademische Puristen sprachen sich für einen permanent ausgeglichenen Haushalt aus, und niemand nahm sie ernst.

Während John F. Kennedys Regierungszeit, einer seltenen Periode des demokratischen Realismus, fanden die wesentlichen wirtschaftspolitischen Debatten zwischen Keynesianern unterschiedlicher Prägung statt. Eine Gruppe (sie wurde von meinem Vater angeführt) befürwortete eine kreative Führungsrolle des Staates und höhere öffentliche Ausgaben, die zum größten Teil, wenn auch nicht ausschließlich, durch Steuern finanziert werden sollten. Auf der anderen Seite stand eine Gruppe (zu der unter anderen Paul Samuelson, James Tobin und Robert Solow gehörten), welche die Rolle des Staates hauptsächlich darin sah, die gesamtwirtschaftlichen Ausgabe- und Nachfrageströme zu steuern. Mein Vater, der aus einer linken Position heraus argumentierte, empfahl, den Haushalt über den Konjunkturzyklus auszugleichen: Die Steuereinnahmen sollten höhere Ausgaben ermöglichen. Samuelson, Tobin und Solow hingegen verließen sich auf Keynes' Vermehrungsmechanismus, um Einkommen und deshalb auch Steuereinnahmen zu erhöhen, und bevorzugten aus diesem Grund Haushaltsdefizite. Sie glaubten zwar nicht, dass Steuersenkungen sich vollständig selbst finanzierten, aber man war der allgemeinen Auffassung, dass mehr Wachstum die Defizite schrumpfen lassen würde, wenn die Volkswirtschaft sich in Richtung Vollbeschäftigung bewegen würde. 1964 konnten die Anhänger dieser Theorie ihren großen Sieg feiern, als unter Lyndon Johnson die Steuersenkung umgesetzt wurde, die Kennedy 1963 vorgeschlagen hatte. (Mein Vater ahnte bereits damals, dass diese Politik eines Tages eine fatale Anziehungskraft auf die Konservativen ausüben und so eine neue Form des reaktionären Keynesianismus hervorbringen würde. Er sollte noch erleben, wie seine Prophezeiung gleich auf zwei reaktionäre Regierungen zutreffen würde.* Von nun an

---

*   Bruce Bartlett hat sich kürzlich mit diesem Thema befasst: »Starve the Beast: The Origins and Development of a Budgetary Metaphor«, in: *Independent Review* 12 (Sommer 2007), S. 5–26.

konnten Forderungen nach Wachstum und Arbeitsplätzen mit Steuersenkungen beantwortet werden; die chronischen Haushaltsdefizite, die sich infolge dieser Politik einstellten, vermochten öffentliche Investitionen im Zaum zu halten. Steuersenkungen hatten zwei entscheidende Vorteile: Sie nützten der reichen Bevölkerungsschicht, die sich politisches Gehör verschaffen konnte, und sie wirkten schnell. Ein Aufschwung durch höhere Ausgaben, so wurde vielfach argumentiert, würde hingegen zu spät kommen; die Gegner der Strategie der höheren Ausgaben konnten den Prozess auch immer so lange verzögern, bis dies tatsächlich der Fall sein würde.)

Mithilfe des Vietnamkriegs und der Sozialprogramme, die im Rahmen der Great Society auf die Beine gestellt wurden, verfehlte diese Steuersenkung ihr Ziel nicht: Sie steuerte die Wirtschaft in Richtung Vollbeschäftigung, die 1966 erreicht wurde und bis zum Ende von Johnsons Regierungszeit beibehalten werden konnte. Die Steuersenkung führte schließlich auch dazu, dass sich ein Gleichgewicht von Ausgaben und Einnahmen einstellte: 1969 war der Haushalt ausgeglichen, zum letzten Mal bis in den späten 90er-Jahren. Die Fiskalingenieure waren zwar stolz auf ihren ausgeglichenen Haushalt, doch die steigenden Steuereinnahmen verlangsamten die Wirtschaftsaktivität, was wiederum die Rezession begünstigte, die Richard Nixon Ende 1969 entgegenschlug.

Man muss Richard Nixon zugestehen, dass er sich durch keinerlei wirtschaftspolitische Anschauungen und Theorien beeinflussen ließ. Bei seinem Amtsantritt erklärte er sich zum keynesianischen Konvertiten: Er sei bereit, neue Schulden zu machen, sofern dies notwendig sei. Und dieser Fall sollte tatsächlich eintreten, denn die Rezession der frühen 70er-Jahre zog sich in die Länge und schmälerte seine Chancen, wiedergewählt zu werden. Obwohl er normalerweise von durchschnittlichen Konservativen umgeben war, wandte sich Nixon in Krisenzeiten an Leute mit ausgeprägtem politischem Instinkt und wenig Hemmungen, insbesondere an den früheren demokratischen Gouverneur von Texas, John B. Connally. Nixons Wahlprogramm von 1972 war ein Klassiker des »befristeten Keynesianismus«: Er kombinierte Preiskontrolle, höhere Staatsausgaben und die berühmte lockere Geldpolitik des Notenbankchefs Arthur F. Burns. Und wieder verfehlte die Neuverschuldung ihre Wirkung nicht: Das Wachstum in diesem Jahr betrug fast 6 Prozent, die Arbeitslosigkeit sank massiv, die Reallöhne schossen in die Höhe und Nixon feierte einen monumentalen Wahlsieg über den demokratischen Präsidentschaftskandidaten George McGovern. Aufgrund der Preiskontrollen stieg auch die Inflation nur in geringem Maß, zumindest am Anfang.

Aber die Veränderungen, die Nixon 1971 und 1973 in der internationalen Wirtschaftspolitik vornahm, und die den Anstoß zur Inflation der 70er-Jahre gaben, hatten auch tief greifende und dauerhafte Auswirkungen auf den Bundeshaushalt. Es dauerte viele Jahre, bis diese Auswirkungen ihren Weg in die Lehrbücher fanden, und die Politiker verstehen sie bis heute nicht. Durch sie wurde der ausgeglichene Haushalt als politische Zielsetzung hinfällig. Der amerikanische Staatshaushalt konnte ab diesem Zeitpunkt immer nur auf sehr kurze Zeit ausgeglichen werden; nur dann nämlich, wenn im Privatsektor außergewöhnliche Bedingungen des finanziellen Ungleichgewichts vorherrschten. Diese Bedingungen sollten erst in den ausgehenden 1990er-Jahren auftreten, und es wird wohl eine sehr lange Zeit dauern, bis dies wieder der Fall sein wird.

Als Nixon das Bretton-Woods-System aufgab, wertete er, wie wir gesehen haben, den Dollar ab. Er führte Exportkontrollen ein, sodass preiskontrollierter Weizen und preiskontrollierte Sojabohnen das Land nicht in Richtung der profitableren Märkte, insbesondere Japan, verlassen würden. Außerdem schloss er das sogenannte Goldfenster und nahm damit den ausländischen Zentralbanken das Recht, Dollars zum festen Wechselkurs in Gold umzutauschen. Der Goldpreis wurde freigegeben und schnellte in die Höhe. 1973 schließlich vollendete Nixon sein Zerstörungswerk. Er folgte dem Rat international angesehener Monetaristen wie George Shultz und lehnte es ab, ein globales System der festen Wechselkurse wiedereinzuführen; so läutete er die Ära der freien Wechselkurse ein. Wenn ein Land Geld brauchte, so würde es sich von nun an zuerst an eine Geschäftsbank wenden und nicht an eine Zentralbank oder den IWF. Länder konnten von jetzt an selbst wählen, wie sie ihre Geldreserven anlegen wollten. Der Dollar hatte sein übermäßiges Privileg, das ihm ehemals zugekommen war, eingebüßt, und so hätte im Prinzip eine neue Währung die Rolle der internationalen Leitwährung übernehmen können. (Dies war in gewisser Hinsicht der letzte Test, ob der Staat wirklich überflüssig sei.) Befürworter der flexiblen Wechselkurse sprachen beschwichtigend von der Weisheit des Devisenmarktes, von seiner Anpassungsfähigkeit und davon, wie er allmählich ein Gleichgewicht herstellen würde.

Die Wirklichkeit sah ganz anders aus. Die Devisenmärkte wurden zusehends spekulativ und unberechenbar. Reiche und mächtige Staaten suchten Wege, sich durch verschiedene Mechanismen vor der resultierenden Unsicherheit zu schützen; um die verlorene Ordnung zu ersetzen, schufen sie neue Systeme zur Kontrolle der Wechselkurse – in Europa führte dies schließlich zur Gemeinschaftswährung, dem Euro. Manchmal funktionierten diese Systeme, manchmal auch nicht, wie Großbritannien 1992 erfahren musste, als Spekulanten das Pfund zusammenbrechen ließen. Ärmere Länder litten unter den neuen Bedingungen und versuchten, sich so gut wie möglich über Wasser zu halten. Ihre reicheren Bürger wählten den effizientesten und einfachsten Ausweg, indem sie ihr Vermögen von der instabilen nationalen Währung in Dollar, Pfund oder Schweizer Franken umtauschten. Banken boten Dienstleistungen für Privatkunden an, die den Reichsten helfen sollten, ihre Vermögen aus Ländern mit strenger Kapitalkontrolle zu schaffen. Gleichzeitig offerierten diese gleichen Banken Drittweltländern neue Darlehen zu freien Wechselkursen, für die sie hohe Gebühren verlangten. Angesichts des sinkenden Dollars und der wachsenden Weltwirtschaft konnten die Rohstoffproduzenten ihre Dollar-Preise erhöhen, was schließlich zum Ölschock von 1973 führte. Die darauffolgende Inflation veranlasste die amerikanische Politik zu einer makroökonomischen Kehrtwende: Die restriktive Geldpolitik, die nun eingeführt wurde, verringerte die Kaufkraft und verminderte Unternehmensgewinne, was einen Konjunkturrückgang und Arbeitslosigkeit nach sich zog. Währenddessen setzte sich der Sinkflug des Dollars fort; vielfach wurde dies als ein Zeichen der dahinschwindenden Wettbewerbsfähigkeit amerikanischer Hersteller gedeutet. Internationale und innerstaatliche Probleme gingen Hand in Hand. Gerald Ford und danach Jimmy Carter erbten von Nixon eine Volkswirtschaft, der internationale Finanzakteure nur wenig Vertrauen entgegenbrachten und die sich nicht einmal selbst vertraute. Viele Menschen wähnten sich in einer Ära des wirtschaftlichen Verfalls – eine Stimmung, die letztendlich zum Aufstieg Ronald Reagans führte. Das Bundesdefizit wurde in zunehmendem Maß zum augenfälligsten Kriterium dieses Verfalls. Zu einem wichtigen Teil wurde die negative Stimmung jedoch auch vom steigenden Handelsbilanzdefizit genährt, denn nach 1974 erzielte die amerikanische Wirtschaft fast nie wieder eine positive Handelsbilanz.

Nur wenige Leute verstanden, dass das Haushaltsdefizit und das Handelsbilanzdefizit eng miteinander verknüpft waren und dass beide mit der Funktionsweise des globalen Finanzsystems zusammenhingen, das sich damals herausbildete. Sie waren so eng verbunden, dass es sich meist um zwei Aspekte desselben Phänomens handelte. Mit der Herausbildung des neuen Währungssystems wurde es immer wichtiger, Dollars als Währungsreserve außerhalb der Vereingten Staaten zu halten. Dies machte es unvermeidlich, dass die USA die meiste Zeit sowohl ein Handelsdefizit als auch ein Haushaltsdefizit aufwiesen. Die Defizite waren nicht so sehr Symptom eines Niedergangs, sondern der Tribut dafür, dass die USA mächtigster Spieler der globalen Finanzordnung waren. Nach dem Schock, den Nixon dem Finanzsystem zugefügt hatte, nach dem Triumph des internationalen Monetarismus und nach der Zerstörung des Bretton-Woods-Systems war diese Stellung gefährdet, und der sinkende Dollarkurs der 70er-Jahre war ein Ausdruck dieser geschwächten Position.[*]

Die Relation zwischen der binnen- und der außenwirtschaftlichen Situation eines Landes ist eine grundlegende Beziehung der Makroökonomie, doch leider wird sie nur unzulänglich verstanden. Das binnenwirtschaftliche (öffentliche) Defizit und das private Defizit (die jährliche Kreditaufnahme von Unternehmen und Haushalten) eines Landes bilden zusammen das außenwirtschaftliche Defizit. In den frühen Nachkriegsjahren erzielte der amerikanische Privatsektor, der aus Unternehmen und Haushalten besteht, normalerweise einen kleinen Nettoüberschuss, jährlich etwa 2 Prozent des BIP. So häufte der Privatsektor Vermögen an, während der öffentliche Sektor einen entsprechenden Betrag an Schulden machte. Insgesamt herrschte im Land eine Situation vor, in der die Leistungsbilanz mehr oder weniger ausgeglichen werden konnte, wenn das Defizit des öffentlichen Sektors nicht mehr als 2 Prozent des BIP betrug. Denn wenn Haushalte und Unternehmen jedes Jahr Geld auf der Bank hinterlegten, so konnte sich der Staat dieses Geld leihen und musste es sich nicht im Ausland borgen. Anders ausge-

---

[*] Dies ist der Grund, weshalb Reagans Defizite – nachdem die Vereinigten Staaten in den 80er-Jahren ihre Führungsposition im Finanzsystem zurückerobert hatten – keine finanziellen Probleme nach sich zogen, trotz der Panik, die sie in politischen Kreisen verursachten.

drückt, der Staat nahm keine Kredite im Ausland auf, und so erzeugte das Haushaltsdefizit, das heißt der Betrag an Ausgaben, der nicht durch Steuereinnahmen gedeckt ist, einen privaten Überschuss, der ihn genau wettmachte.

Diese Situation konnte in den 60er-Jahren, als das Handelsdefizit wegen des Vietnamkriegs stark anstieg, nicht aufrechterhalten werden. Die USA begannen, sich teilweise im Ausland zu verschulden. Länder, die den USA gegenüber einen Handelsüberschuss aufwiesen, konnten nach dem damaligen finanziellen Regelwerk eine Bezahlung in Gold fordern. Weil jedoch die Goldreserven das Fundament der gesamten Finanzarchitektur bildeten, konnten die USA einen solchen Verlust nicht tolerieren. Dies war der eine Faktor, der dem amerikanischen Wirtschaftswachstum Grenzen setzte, und deshalb sah sich Richard Nixon 1971 gezwungen, das System aufzulösen, um sich seine extrem wachstumsorientierte Wahlkampagne zu ermöglichen.

Das endgültige Ende des Bretton-Woods-Systems folgte 1973. Von da an war es im Prinzp nur noch der Markt, der die USA von einem permanenten hohen Außendefizit abhielt. Das hieß jedoch, dass man für die entsprechenden Schulden hätte Gläubiger finden müssen, und in den 70er-Jahren waren keine ausländischen Geldgeber dafür zu haben: Wer mehr Dollars hielt, als ihm oder ihr lieb war, verkaufte sie, und der Preis begann zu sinken. Der billigere Dollar hätte theoretisch dafür sorgen sollen, dass sich das Handelsdefizit schließt, aber das geschah nicht; stattdessen verstärkte sich die Inflation, während das Defizit bestehen blieb. Unterdessen war auch jener stabilisierende Faktor verschwunden, der das Bundesbudget bis dahin mehr oder weniger im Gleichgewicht gehalten hatte – ohne dass die politischen Entscheidungsträger dies bemerkt hätten. Die alte Weisheit, dass der Haushalt ausgeglichen oder zumindest über den Konjunkturzyklus ausgeglichen sein sollte, wurde weiterhin verbreitet, aber sie war längst überholt.

Der Kongress war sich dessen nicht bewusst. Nixon hatte sich einer Machtprobe mit einem liberalen demokratischen Kongress gestellt, bei der es um die Befugnisse der Exekutive ging: Als der Kongress verfassungskonform Geldmittel für bestimmte Sozialprogramme bereitstellte, weigerte sich Nixon, die Programme umzusetzen und das entsprechende Geld zuzuteilen. Er versuchte, die Ausgabenprogramme, mit denen er nicht einverstanden war, auszuhungern. Doch der Kongress spielte nicht mit. Ein Resultat des Kräftemessens war eine größere Reform des Haushaltsprozesses im Jahr 1974, die das heutige System der Haushaltsresolutionen hervorbrachte, sowie das Congressional Budget Office, das jeweils die Ausgaben- und Steuervorschläge überprüft.

Mit diesen Reformen wurde das Haushaltsdefizit in Washington zur Obsession und der ausgeglichene Haushalt zur Priorität. Ab jetzt würden alle Gesetzesvorschläge danach beurteilt, wie sie sich auf die Staatsverschuldung auswirken würden – dabei ging man widersinnigerweise davon aus, dass neue Gesetze keine Auswirkung auf die zugrundeliegende Wirtschaft haben: Die Richtlinien basierten auf der realitätsfernen Annahme, dass weder der Umfang noch der Inhalt der Ausgaben das gesamte Volumen des BIP beeinflussen würden, obwohl es eine buchhalterische Tatsache ist, dass Güter und Dienstleistungen, die vom Staat gekauft werden, Teil des BIP sind; das heißt, mit jedem Dollar, den der Staat ausgibt, steigt das BIP um mindestens einen Dollar an. Die Möglichkeit, dass legislative Veränderungen wirtschaftliches Verhalten so beeinflussen können, dass sie das Wachstum ankurbeln, existierte für Washington ganz einfach nicht – eine Tatsache, die einige Jahre später auch die Supply-Sider in Wut versetzen würde. So entwickelten die Demokraten ein System, das der alten fiskalpolitischen Zielsetzung der Republikaner, dem ausgeglichenen Haushalt, Rechnung trug – und der einzige Grund dafür war die atavistische Anziehungskraft der

Zahl Null. Sie hatten das Kind mit dem Bade ausgeschüttet; zum einzigen Kriterium der Haushaltspolitik würde die Höhe der Wasserstandslinie, die am Rand der Badewanne zurückblieb.

Das war schon schlimm genug, aber die folgenden Ereignisse machten das Ganze noch schlimmer. Im Lauf der 70er-Jahre sanken die Steuereinnahmen aufgrund von Stagnation und Arbeitslosigkeit, während die Kosten von Sozialprogrammen wie Medicare und Medicaid rapide anstiegen. Das Defizit wuchs trotz des neuen Haushaltssystems, was für viele die Vermutung nahelegte, eine fehlgesteuerte Politik sei dafür verantwortlich. Der Abbau der Staatsverschuldung wurde zum großen Ziel der Wirtschaftspolitik erhoben. Die Regierung Carter, die zu Beginn ihrer Amtszeit noch eine keynesianische Politik verfolgt hatte, war in zunehmendem Maß von der Reduzierung des Defizits besessen. Die Erstellung des Haushaltsplans verkam zu einem Moralschauspiel, das nicht das Geringste mit Wirtschaft zu tun hatte: Die Schauspieler präsentierten sich ihrem Publikum als wackere Kämpfer für die Tugend und gegen die Lasterhaftigkeit. 1980 ließ Carter sogar seinen Haushaltsplan fallen und schlug stattdessen einen »ausgeglichenen Haushalt« vor; wenn er damit durchgekommen wäre, hätte dies desaströse Folgen für die Volkswirtschaft gehabt. Aber Carter wurde nicht wiedergewählt, und zum ersten Mal seit den frühen 1950er-Jahren wurde der Senat republikanisch.

Als Ronald Reagan sein Amt im Januar 1981 antrat, lag die Arbeitslosigkeit bei 7,1 Prozent und die Inflation bei 13,6 Prozent. Man sprach von einem »Armutsindex« (»misery index«, Inflationsrate plus Arbeitslosenquote) von über 20 Prozent, und Reagan verkündete, das Land befinde sich in der »schlimmsten Wirtschaftskrise seit der Großen Depression«*. Innerhalb weniger Wochen schuster-

---

* Ronald Reagan, »Address to the Nation on the Economy«, 5. Februar 1981.

ten Reagans Ökonomen ein »wirtschaftliches Erholungsprogramm«
zusammen, das Steuersenkungen, erhöhte Verteidigungsausgaben,
eine Kürzung aller anderen Ausgaben und eine monetaristische
Geldpolitik kombinierte. Ihren Hochrechnungen zufolge sollten
diese Maßnahmen ein schnelles Wachstum erzeugen und den
Haushalt bis 1984 ausgleichen.

Natürlich war es unmöglich, diese Haushaltsprognosen umzusetzen. Der Optimismus in Reagans Team war auf kurze Sicht ungerechtfertigt, denn seine Wirtschaftsexperten unterließen es – gemäß
der Logik von Haushaltsprognosen –, die tatsächlichen Auswirkungen ihrer Politik auf die Wirtschaft in ihre Berechnungen miteinzubeziehen: Reagans Plan, der einen brutalen monetaristischen Angriff
auf die Inflation beinhaltete, führte zu einer Rezession, die zwingenderweise eine Explosion des Haushaltsdefizits nach sich zog. (Unsere
Mitarbeiter im Joint Economic Committee waren die ersten, die 1981
voraussagten, dass das Haushaltsdefizit bald mehr als 100 Milliarden
Dollar pro Jahr betragen würde – damals eine beeindruckende Summe.) Die hohen Zinssätze, die zur Inflationsbekämpfung eingeführt
worden waren, ließen während des nachfolgenden Aufschwungs den
Wert des Dollars auf internationalen Märkten massiv ansteigen. Entsprechend billig waren Importe, während der amerikanische Exportmarkt zusammenbrach. Das amerikanische Handelsbilanzdefizit
stieg folglich in gewaltigem Ausmaß an. In Anbetracht der normalen
Beziehung, die zwischen dem Handelsbilanz- und dem Haushaltsdefizit besteht, war es nicht zu vermeiden, dass die Vereinigten Staaten weiterhin ein hohes Haushaltsdefizit verzeichneten.

Selbstverständlich war dies vom ökonomischen Gesichtspunkt
aus kaum ein großes Unglück. Im Gegenteil: Dank seinen Steuersenkungen, den Defiziten und dem Boom, den sie 1984 auslösten, wurde
Reagan wiedergewählt. Weshalb gelang ihm, was Carter nicht zustande gebracht hatte, nämlich große Defizite zu generieren, ohne dass der

Dollar an Wert verlor und so Inflation verursachte? Weil ihm die enorm hohen Zinssätze der Federal Reserve und der enorm starke Dollar zu Hilfe kamen. Indem der starke Dollar eine regelrechte Flut von Investitionskapital zurück in die Vereinigten Staaten lockte, brachte er Steueranreize, neue Arbeitsplätze und ein schnelles Ende der Inflation unter einen Hut. Der Dollar wurde nun zur unbestrittenen Leitwährung der Weltwirtschaft, und das bedeutete, dass die Vereinigten Staaten sich nicht nur ein großes Handelsdefizit leisten konnten, sondern dies tun mussten, um der Nachfrage nach Geldreserven nachzukommen. Solange der amerikanische Privatsektor gewillt war, Finanzvermögen anzuhäufen – was während Reagans gesamter Regierungszeit der Fall war –, musste sich das Handelsdefizit gezwungenermaßen in ein gleich großes Haushaltsdefizit übertragen. Die Doktrin der »Zwillingsdefizite« wurde nun von offizieller Seite anerkannt – Paul Volcker befasste sich Mitte der 80er-Jahre eingehend damit –, aber nach der damaligen Interpretation verursachte das Haushaltsdefizit das Handelsdefizit.* Dass das weltweite Finanzsystem ein Handelsdefizit unvermeidlich macht, wurde dabei übersehen.

Und so lebte die Ideologie vom ausgeglichenen Haushalt fort. Reagans Nachfolger, George H. W. Bush, konnte sich der Fixierung auf Defizite nicht entziehen, wie Reagan dies getan hatte. Ein Grund dafür war, dass Bush nicht als republikanischer Parteikämpfer daherkommen wollte, der sich – wie Reagan – um die Wünsche der politischen Gegner nicht scherte; deshalb kam er jenen Demokraten, die sich für »fiskalpolitische Verantwortung« einsetzten, in dieser Sache entgegen.

---

* Eine zwar formell korrektere, aber nicht weniger irreführende Interpretation sieht den Schuldigen im Missverhältnis zwischen Ersparnissen und Investitionen: zu viele Investitionen und zu wenig Ersparnisse. Aber solange Ausländer ihre Vermögen in Dollar halten wollen und solange wir ihnen dies erlauben – oder sie vielmehr dazu ermutigen –, ist ein Ungleichgewicht zwischen binnenwirtschaftlicher Ersparnisbildung und Investitionen nicht nur unvermeidlich, sondern auch zu begrüßen.

Ein nochmaliger Abschwung hatte das Defizit weiter ansteigen lassen, und so setzte sich Bush 1990 zusammen mit den Demokraten an einen Tisch und arbeitete auf der Andrews Air Force Base einen überparteilichen Plan zum Abbau des Defizits aus. Die Zugeständnisse in Steuerfragen, die er hier machte, erzürnten bekanntlich die republikanische Basis und schwächten ihren Enthusiasmus für Bush, was zu seiner Niederlage in den Wahlen von 1992 beitrug. Die Politik der überparteilichen Versöhnung war für ihn also ein Fehlschlag – eine Tatsache, die seinem Sohn wohl nicht entgangen war.

Unter Historikern, die sich den Tugenden der überparteilichen Verständigung verschrieben haben, genießen die Beschlüsse vom Andrews-Luftwaffenstützpunkt einen guten Ruf; doch in wirtschaftlicher Hinsicht funktionierte der Defizitabbau von 1990 trotz dieses Renommees nicht. Denn damals brauchte die US-amerikanische Wirtschaft schlechthin ein größeres Defizit, nicht ein kleineres. Die Wirtschaft nahm ihr Wachstum zwar im Schneckentempo wieder auf, aber es wurden weder neue Arbeitsplätze geschaffen, noch verringerte sich die Arbeitslosigkeit. Dies geschah erst 1994, als der Kreditboom einsetzte. Bush hatte sich auf die Geldpolitik verlassen, um der Wirtschaft wieder auf die Beine zu helfen, und die Strategie stellte sich als Misserfolg heraus. Über Greenspan sagte der glücklose Ex-Präsident: »Ich habe ihn wiedereingesetzt, und er hat mich enttäuscht.« Tatsächlich war es jedoch kaum Greenspans Fehler gewesen, dass der kränkelnde Bankensektor der späten 8oer-Jahre nicht imstande war, 1991 einen starken Aufschwung zu finanzieren. Dazu wäre eine robuste expansive Fiskalpolitik notwendig gewesen, die eine noch höhere Verschuldung nach sich gezogen hätte. Und das konnte sich Bush angesichts seines Strebens nach Tugend und überparteilicher Verständigung nicht leisten.

Dann kam Bill Clinton. In Haushaltsfragen folgte er ebenfalls dem überparteilichen Ansatz; er begann seine Amtszeit mit einem weiteren Versuch, das Defizit zu verringern. Dem großen Haushalts-Mythos der 90er-Jahre zufolge schaffte es Clinton, mit einem Maß-nahmenpaket zur Verringerung des Defizits (unter anderem bein-haltete es eine Steuererhöhung), das in den letzten Atemzügen des demokratischen Kongresses 1993 durchgesetzt wurde, den wirt-schaftlichen Aufschwung in Gang zu bringen – quasi durch eine wundersame wirtschaftspolitische Fingerfertigkeit, die seinem un-mittelbaren Vorgänger abgegangen war. Das ist Unsinn. Was auch immer die Vorzüge von Clintons Steuerprogramm gewesen sein mochten – im Allgemeinen war es progressiv –, es hat weder den Aufschwung ab 1994 verursacht, noch den Boom, der die Wirtschaft in den ausgehenden 90er-Jahren erfasste. Der Ursprung des Wachs-tums und des späteren Booms lag woanders.

Der Kongress verabschiedete das Paket zum Defizitabbau im Spätherbst 1993. Wenn diese Maßnahme tatsächlich so wichtig gewe-sen wären für das Erwartungsklima der Kapitalmärkte, so hätten die langfristigen Zinssätze sinken müssen, sobald sich die Annahme der Gesetzesvorlage abzeichnete. Stattdessen stiegen sie an. Das Ziel der politischen Maßnahme war es gewesen, die Defizite abzubauen, um das Vertrauen der Kreditmärkte zu beruhigen und die langfristigen Zinssätze zu senken, doch dieses Ziel wurde verfehlt.

Dennoch fasste die wirtschaftliche Erholung Fuß, und der Tag, an dem sie begann, kann präzise festgelegt werden: Es war der 4. Fe-bruar 1994. An diesem Tag *erhöhte* Alan Greenspan den Leitzins, um die kurzfristigen Zinssätze an die langfristigen Zinssätze anzu-gleichen, die schon seit einigen Monaten in einer Steigerung begrif-fen waren. Normalerweise ist die Heraufsetzung der kurzfristigen Zinssätze eine Maßnahme zur Geldverknappung, mit negativen Folgen für das Wachstum. Aber 1994 waren die Umstände außerge-wöhnlich. Die großen Banken waren zu diesem Zeitpunkt bereits fünf Jahre lang beinahe insolvent gewesen und hatten in dieser Zeit ihre Bilanzen durch ein einfaches Mittel in Ordnung gebracht: Die Regierung bezahlte ihnen hohe Zinsen für langfristige Anleihen, und selbst gewährten sie nur niedrige Zinsen auf die Einlagen ihrer Kunden. Dank der äußerst steilen Zinskurve, die damals vorherrschte (der Differenz zwischen kurz- und langfristigen Zinssätzen), konnte eine Bank so einen kleinen Profit machen, ohne dass sie Unternehmen überhaupt Geld leihen musste. Dann drückte der Anstieg der kurzfristigen Zinssätze auf die Kosten der Banken, und sie waren gezwungen, riskantere Geschäfts- und industrielle Darlehen zu gewähren, die sie bis dahin abgelehnt hatten. Ob sich die Notenbank selbst bewusst war, dass sich ihre Politik so auswirken würde, wissen wir nicht; fest steht jedoch, dass sie so einen Aufschwung verursachte. Die Kreditverknappung (»credit crunch«), die in der Presse in den vorangehenden Wochen ausgiebig diskutiert worden war, verschwand abrupt. Für risikobereite Unternehmen stand mit einem Mal Geld zur Verfügung, und der Arbeitsmarkt konnte sein Wachstum fast unmittelbar danach wieder aufnehmen. Diese Entwicklung war von entscheidender Bedeutung, denn sie rettete die Regierung Clinton. Doch mit dem Defizitabbau-Paket von Ende 1993 hatte sie praktisch nichts zu tun.

Während der folgenden drei Jahre gewann der Aufschwung an Fahrt. Die Arbeitslosigkeit ging zurück, das Haushaltsdefizit verringerte sich, und die Inflation blieb konstant. 1997 bewirkte die Asienkrise, dass Unmengen von Kapital in der Form von Staatsanleihen zurück in die Vereinigten Staaten flossen und so den Dollar stärkten. Und das Handelsdefizit stieg an.

Nicht aber das Haushaltsdefizit. Dieses verringerte sich – zuerst sank es bis auf null, und dann verwandelte es sich zum ersten Mal seit 1969 in einen Haushaltsüberschuss. Wie war das möglich? Wie konnte sich das Handelsbilanzdefizit der USA vergrößern, während sich das Haushaltsdefizit verkleinerte? Wenn das Geld, das ins Ausland abfloss, nicht vom Staat kam, woher kam es dann? Diese Tatsache veranlasste viele, die sich mit der Theorie der »Zwillingsdefizite« vertraut gemacht hatten, diese als falsch zu verwerfen. Aber sie vergaßen das dritte Element in der Gleichung. Es gibt eine Möglichkeit – und nur eine –, wie das Haushaltsdefizit schrumpfen kann, während das Handelsdefizit wächst: Wenn der Privatsektor der amerikanischen Wirtschaft die Haushaltsdefizite »übernimmt«, die zuvor dem Staat gehörten. Und genau das geschah. Zum ersten Mal in der Nachkriegsgeschichte verschuldeten sich in den späten 90er-Jahren private Unternehmen und Haushalte im großen Stil. Mit einem Mal wurden Kreditkarten, Hypotheken und Eigenheimkredite (Home Equity Loans) zu den Motoren des amerikanischen Wirtschaftswachstums. Eine Zeit lang übernahm der amerikanische Haushalt vom Staat die Aufgabe, sich zu verschulden. Dies war die keynesianische Devolution.

Wie erklärt sich dieses Verhalten der Unternehmen und Privathaushalte? Es steckt kein Geheimnis dahinter: Durch den Boom des Aktien- und Immobilienmarktes fühlten sich viele Leute reich. Sie konnten es sich leisten, Geld zu leihen, sei es gegen den Wertzuwachs ihrer Aktien oder gegen Wertsteigerung ihrer Häuser. Bald wuchs das Verhältnis zwischen Schulden und Einkommen in ungekanntem Ausmaß. Angesichts der guten Zinssätze stand dieser Entwicklung nichts im Weg, und die aufgenommenen Kredite waren meist bedienbar, solange sich die Aktien- und Immobilienwerte auf einem hohen Niveau bewegten. 1999 und 2000 ließen Aktien- und Optionsgewinne die persönlichen Einkommen massiv ansteigen, besonders für die Reichen, die dann ihre Einkommensteuern nach den Steuersätzen von 1994 bezahlten. Die Steuereinnahmen des Bundes schossen in die Höhe. Jahrelang hatten sowohl Republikaner als auch Demokraten behauptet, sie wollten den Haushalt ausgleichen. Jetzt hatten sie es geschafft – aber der ausgeglichene Haushalt stellte ein Problem dar.

Der Haushaltsüberschuss wirkte so, wie Überschüsse immer wirken: Wenn der Staat mehr einnimmt, als er ausgibt, zieht er notwendigerweise über die Steuern mehr Geld von privaten Ausgaben ab, als er privaten Einkommen in Form von Leistungen zukommen lässt. So war die Privatwirtschaft gezwungen, ihr Wachstum durch eine Anhäufung von Schulden zu finanzieren. Aber anders als den Staatsschulden sind privaten Schulden Grenzen gesetzt. Es konnte nicht ewig so weitergehen. Der Boom der Technikbranche fand sein Ende im April 2000, als der NASDAQ abstürzte. Die Steuereinnahmen brachen ein – nicht nur für die Bundesregierung, sondern auch für Schlüsselstaaten wie Kalifornien, das in eine tiefe Finanzkrise gestürzt wurde. Anfang 2001 befand sich die Wirtschaft wieder in einem Konjunkturrückgang, und mit der Rezession kehrte auch das Haushaltsdefizit zurück.

All dies geschah gerade rechtzeitig für den Auftritt von George W. Bush und die Rückkehr des Reaganismus auf der politischen Bühne. Zwar ähnelten in Wirklichkeit nur einige wenige von Bushs wirtschaftspolitischen Initiativen der Politik Reagans (Bush war sicherlich nie ein Anhänger des Monetarismus), aber seine Steuerpolitik imitierte diejenige Reagans so exakt, dass man sich an Karl Marx' Diktum erinnert fühlt: Große weltgeschichtliche Ereignisse finden zweimal statt – zuerst als Tragödie und dann als Farce.

Genau wie Reagan hatte Bush seine Steuersenkungen ursprünglich für einen kurzfristigen politischen Zweck geplant. Er wollte sich damit die Unterstützung der wohlhabenden republikanischen Basis sichern. (Bushs Plan stammte eigentlich aus der Vorwahlperiode, als er dem begeisterten Steuersenker Steve Forbes Wähler und Geldgeber abzugewinnen versuchte.) Sowohl Bush als auch Reagan wollten in erster Linie die relativ hohen Steuersätze der höchsten Einkommensstufen herabsetzen: Im Fall Reagans waren dies die hohen Grenzsteuern auf Einkommen und Kapitalerträge, im Fall Bushs waren es die Steuern auf große Vermögen, Einkommen und später auch Dividenden. Reagan konnte diese Motivation hinter einer Supply-Side-Rhetorik verstecken – er hob den Nutzen der Steuersenkungen für Arbeitseinsatz, Ersparnisse und Investitionen hervor. Bush hingegen stand diese Möglichkeit nicht offen, denn für seine Senkung der Erbschaftssteuer gab es keine derartige Rechtfertigung: Es wäre nicht einfach gewesen, zu argumentieren, dass die reichsten Plutokraten einer Steuererleichterung bedürfen, damit sie noch mehr Reichtum anhäufen können, nur um ihr Vermögen dann ihren Kindern zu überlassen. Bush hat es also gar nicht erst versucht. Stattdessen bestand er einfach darauf, dass es ihr Geld sei und sie es deshalb auch behalten sollten. Eine clevere PR-Kampagne stigmatisierte die Erbschaftssteuer sogar als »Todessteuer«. Es ging in dieser Argumentation um ein Prinzip, eine philosophische Anschauung, die eine bestimmte Klassenordnung verteidigte. Wirtschaftliche Erwägungen waren nicht Teil dieser Argumentation.

Wie sich jedoch zeigen sollte, entsprach Bushs Steuerprogramm – wenn man es im Nachhinein beurteilt – insgesamt etwa dem, was damals notwendig war. Die Entwicklungen des Jahres 2001 schufen ökonomische Bedingungen, die Steueranreize erforderten. In einer Zeit, in der die Wirtschaft einbrach und Arbeitsplätze verschwanden, verfügte Bush immerhin über ein Programm. Die Demokratische Partei hingegen steckte noch immer in Clintons Vision eines permanent ausgeglichenen Haushalts fest. Sie hatte der Politik der Republikaner nichts entgegenzusetzen; immerhin machte sie den Vorschlag, Bushs Programm um eine kurzfristige Steuerrückzahlung zu erweitern. Bush nahm das Angebot an – er verlor dabei nichts, gewann jedoch viel.

Die Terroranschläge vom 11. September 2001 ermöglichten es Bush, sich nun um die Ausgabenseite seiner Fiskalpolitik zu kümmern: Das Militärbudget wurde massiv erhöht; noch vor dem Irakkrieg wurde diesem Ausgabenbereich zusätzlich etwa ein Prozent des BIP zugesprochen. Nach Beginn des Krieges verdoppelte sich diese Zahl, und darüber hinaus zeigte sich Bush offen für alle anderen neuen Ausgabenprogramme, die der Kongress verfügen wollte – etwa die Einbeziehung der Arzneimittel in die Medicare-Versorgung. Auf einmal setzte der Präsident seine Unterschrift unter jedes neue Ausgabenprogramm des Kongresses. Im Laufe seiner Amtszeit entwickelte Bush sogar noch ausgeprägtere keynesianische Züge, die zu seinem makroökonomischen Markenzeichen wurden: Ab 2003 war es offensichtlich, dass für einen wirtschaftlichen Aufschwung mehr öffentliche Ausgaben notwendig sein würden. (Ich veröffentlichte dazu einen Artikel, von dem ich mir jedoch keine große Wirkung erhoffte.*) Die Regierung handelte entsprechend und erhöhte die Bundesausgaben im Hinblick auf die Wahlen von 2004 gerade so weit, dass sie das Wachstum aufrechterhalten konnte. Bush und Cheney ernteten zwar Kritik von konservativer Seite, doch sie konnten so ihren steuerpolitisch konservativen Gegner John Kerry in den Wahlen von 2004 besiegen. Kerry erwog in seinem Wahlkampf Steuererhöhungen, und zudem mangelte es ihm an wirklich einfallsreichen Vorschlägen, die neue Staatsausgaben erfordert hätten. Man muss es ihnen zugestehen: Die Republikaner haben gelernt, die Fiskalpolitik so zu akzeptieren, wie sie ist. Auf viele Demokraten trifft dies nicht zu; sie vertreten weiterhin Positionen, die sie früher oder später verwerfen müssen, denn sonst werden sie keinen Erfolg haben.

Für Bush zahlte es sich aus, dass er sich so wenig um das Haushaltsdefizit kümmerte. Zusammen mit den Steuersenkungen verhalfen die Bundesausgaben der Wirtschaft zum Aufschwung. Im

---

* James K. Galbraith, »The Big Fix: The Case for Public Spending«, *Levy Economics Institute Policy Note*, Januar 2003.

Vorfeld der Wahlen 2004 war das Wachstum akzeptabel, auch wenn die Resultate bei der Arbeitslosigkeit gering waren. 2005 begann ein Boom privater Investitionen, der teilweise von wertlosen Subprime-Hypotheken angeheizt wurde, die innerhalb von wenigen Jahren die Schuldner mit voller Wucht treffen würden. Aber der Boom hatte einen bemerkenswerten, wenn auch nur kurzzeitigen, Effekt: Entgegen der offiziellen Prognosen verringerte sich das Haushaltsdefizit drastisch. Anfang 2007 betrug die Arbeitslosenquote 4,5 Prozent und die Beschäftigungszahlen näherten sich dem Niveau der späten 90er-Jahre.

Die Ironie dieser Geschichte ist, dass das Ideal des ausgeglichenen Haushalts, das einst von den Konservativen propagiert wurde, just in dem Moment als sinnlos entlarvt wurde, als die Demokraten es für sich in Anspruch nahmen. Die meisten Konservativen verstehen dies aus praktischer Notwendigkeit: Wenn sie einmal im Amt sind, tun sie nicht weiter so, als sei der Staat ein Haushalt und müsse als solcher behandelt werden. Die Demokraten hingegen kapieren es nicht. Jene selbst ernannten Progressiven, die einen ausgeglichenen Haushalt fordern, imitieren nicht einfach die Konservativen: Sie ahmen jene Konservativen nach, die längst ausgestorben sind, die keine Nachkommen haben und für die die moderne Welt keine Verwendung mehr hat.

Eifrige Defizit-Besessene – sowohl Demokraten wie Republikaner – haben nie verstanden, was für eine Auswirkung die finanzielle Globalisierung auf den US-Staatshaushalt hat. Die internationale Dimension des Haushaltsdefizits hat weder in ihren Köpfen noch in ihren Berechnungen Platz. Angetrieben von einer lautstarken Lobby von Pessimisten sprechen Experten in Washington von der Staatsverschuldung, wie ihre Kollegen es vor Jahrzehnten getan hatten: Als hinge das Haushaltsdefizit einzig und allein von binnenwirtschaftlichen Entscheidungen ab, als hätten wir noch immer eine ausgeglichene Handelsbilanz und Vollbeschäftigung. Deshalb hat die öffentliche Diskussion der Fiskalpolitik jeglichen Bezug zur Realität verloren; sie ist zu einer Pantomime von Tugend und Laster geworden, die nichts mehr mit den tatsächlichen Verdiensten oder der Klugheit von wirtschaftspolitischen Entscheidungen zu tun hat.

Um die Sache auf den Punkt zu bringen: Es ist schlichtweg nicht möglich, den Haushalt auszugleichen. Das Haushaltsdefizit hängt nicht mehr von Entscheidungen der Haushaltspolitik ab, sondern vom internationalen Handel und von der finanziellen Position des Privatsektors. Solange im amerikanischen Außenhandel ein permanentes Defizit besteht – was notwendig ist, solange eine wachsende und instabile Weltwirtschaft Dollarreserven benötigt –, ist das Bundesdefizit ebenfalls permanent. Politiker und Wirtschaftsexperten können von Haushaltsdefiziten halten, was sie wollen. Es kann, wird und soll nichts dagegen unternommen werden, es sei denn durch eine Anpassung oder Veränderung des globalen Finanzsystems. Dies ist tatsächlich eine Möglichkeit. Während ich dies schreibe, könnte der Grundstein für eine solche Veränderung bereits gelegt sein. Doch was auch immer die Zukunft bringen mag, über das Schicksal des amerikanischen Haushalts (und darüber, ob er wirklich so wichtig ist für das Wohlergehen der amerikanischen Bevölkerung) entscheidet nicht der Kongress, sondern das globale Finanzsystem.

6   Das Märchen vom Freihandel

Die letzte der ewigen Wahrheiten im konservativen Kanon ist der Freihandel, der gleichzeitig auch die erste war: Er kam vor der Diskussion um den Haushalt, vor dem Monetarismus und lange vor der Angebotswirtschaft. In der konservativen Ikonografie gilt Adam Smith in erster Linie als ein Befürworter des Freihandels, genauso wie David Ricardo, John Stuart Mill und Alfred Marshall. Andersdenkende Ökonomen – Friedrich List, Karl Marx und John Maynard Keynes – wurden entweder vergessen, werden ignoriert, oder sind für andere Aspekte ihrer Wirtschaftslehre bekannt (in dieser Reihenfolge). In der politischen Diskussion dient der Freihandel als Synonym für Tugendhaftigkeit, und seine Kritiker werden automatisch als Vertreter »besonderer Interessen« abgetan – etwa der Gewerkschaften. Das Wort »protektionistisch« kann in jeder Situation benutzt werden, um ein wirtschaftspolitisches Argument für ungültig und eine Diskussion für beendet zu erklären. Der Freihandel erhielt einen göttlichen Status, über dem nur noch der freie Markt selbst thront.

Adam Smith hat das Argument für den Handel einfach und zeitlos auf den Punkt gebracht: Das »Ausmaß des Marktes begrenzt die Arbeitsteilung«. Je größer der Markt, desto größer die Arbeitsteilung; je größer die Arbeitsteilung, desto effizienter der Produktionsprozess; je effizienter der Produktionsprozess, desto höher der maximal erreichbare Lebensstandard. Das schottische Hochland war zu Smiths Zeiten nicht deswegen arm, weil es nicht genügend Ressourcen aufwies (dies war der Fall) oder weil es seinen Bewohnern an Begabung mangelte (auch davon gab es wohl nicht besonders viel), sondern weil die Region isoliert war: Es gab weder Häfen noch Eisenbahnen (diese existierten damals noch nicht), und die Straßen befanden sich in einem schlechten Zustand. Ohne Handel konnte sich die Produktion nicht auf jenes Niveau steigern, das aufgrund der Technologie im Prinzip möglich gewesen wäre; ohne Handel konnte nicht einmal die Technologie ihr volles Potenzial ausschöpfen.

Die Argumentation Smiths ist korrekt und hat bis heute nichts von ihrer Relevanz eingebüßt. Die großen globalisierten Industrien wie Luftfahrt, Telekommunikation und Energie benötigen einen globalen Markt, um effizient operieren zu können. Ein nationaler Markt würde ihren Ansprüchen nicht genügen; der Versuch, ihre Operationen auf ein Gebiet innerhalb von abgeschirmten nationalstaatlichen Grenzen zu beschränken, wäre zum Scheitern verurteilt, denn der nationale Markt ist zu klein und die Nachfrage nicht groß genug: Die Preise wären zu hoch, die Qualität zu niedrig und der Innovationsprozess zu langsam. Keine große technische Industrie, die sich auf einen einzelnen Staat beschränkt, kann zu einem global tätigen Rivalen in Konkurrenz treten. Die Sowjetunion hat es mit der Zivilluftfahrt versucht, Brasilien mit Computern: Beide Versuche scheiterten. Es mag berechtigte Gründe geben, weshalb man den Handel in diesen Sektoren einschränken will – etwa die nationale Sicherheit –, aber das Streben nach globaler Dominanz und größtmöglichem technischem Fortschritt zählt sicherlich nicht dazu.

Wenn Smith jedoch von Handelsbeziehungen zwischen (beispielsweise) London und Kalkutta sprach, dann bezog er sich nicht auf einen freien und unbehinderten Handel zwischen zwei verschiedenen Nationen. Es handelte sich vielmehr um zwei Gebiete des britischen Weltreichs. Zwischen diesen beiden Teilen bestanden gewisse Gemeinsamkeiten: Der Wechselkurs war festgelegt, die Zahlungsmittel waren relativ sicher und die Handelsbeziehungen wären im Kriegsfall nicht umgehend abgebrochen worden. Außerdem bestand kein Zweifel, welcher Partner sich in der stärkeren Position befand: Der Freihandel mit Indien nützte Großbritannien, weil sich so ein Markt für die britischen Exportgüter öffnete. Dies trug mit dazu bei, dass der britische Handel (und später die britische Industrie) seine einsame Position an der Weltspitze verteidigen konnte. Es bestand damals keine Möglichkeit, dass der koloniale Partner seine Kolonisatorin in wirtschaftlicher Hinsicht übertreffen würde, sodass er die Richtung des Handels zwischen Hersteller und Rohstofflieferant hätte umkehren können. Ob die indische Bevölkerung von dieser Situation profitierte, hing davon ab, wen man fragte – ihre Textilindustrie sollte bald von billigen britischen Importen zerstört werden.

Außerhalb des imperialen beziehungsweise kolonialen Kontexts hatte Smith zwar nichts gegen Außenhandel einzuwenden – beispielsweise zwischen den oftmals verfeindeten Rivalen Großbritannien und Frankreich –, aber er war sich der Risiken bewusst. Im Fall Frankreichs bestand die Gefahr, dass sich das Land in Bezug auf die Arbeitsteilung schneller entwickeln könnte und dass die französischen Kaufleute und somit der französische Staat am meisten von den Handelsbeziehungen profitieren würden. Adam Smiths unsterbliche Passage über die »unsichtbare Hand« wird heutzutage meist zitiert, um die Vorteile eines unbehinderten Marktes herauszustreichen, aber Smith selbst benutzte den Ausdruck nicht in diesem Sinn. Im Gegenteil: In besagtem Abschnitt argumentierte er *gegen* den willkürlichen Außenhandel. Er schrieb: »Wenn er [der Einzelne] es vorzieht, die nationale Wirtschaft anstatt die ausländische zu unterstützen, denkt er eigentlich nur an die eigene Sicherheit« – und so wird er »von einer unsichtbaren Hand geleitet, um einen Zweck zu fördern, den zu erfüllen er in keiner Weise beabsichtigt hat.«[*] Etwas Ähnliches ließe sich auch über die »Buy America«-Kampagne sagen.

So war nicht einmal Adam Smith ein bedingungsloser »Freihändler«. Zur Hauptsache ging es ihm in seiner Wirtschaftslehre vielmehr um die Handelsbilanz, insbesondere um die obsessive Beschäftigung mit Handelsüberschüssen, die für die Merkantilisten des Elisabethanischen Zeitalters von solch zentraler Bedeutung gewesen waren. Smith versuchte die Illusion zu zerstreuen, dass die Anhäufung von »Schätzen« mittels Handelsüberschüssen das primäre Ziel einer Handelsnation sein sollte. Für die Merkantilisten diente der Handel lediglich als Mittel der Staatsfinanzierung, genau wie der Krieg: Ein erfolgreicher Krieg finanzierte sich durch Plünderung; ein erfolgreiches Handelsregime finanzierte sich, indem es Profit machte, also indem es mehr Exporte als Importe erzielte. Smith hielt dies für eine »unergiebige« Wirtschaftspolitik. Er propagierte stattdessen die Theorie, dass der wahre Reichtum einer Nation in ihren produktiven Fähigkeiten liege, insbesondere in der Fähigkeit, sich die Arbeitsteilung zunutze zu machen. Eine unabdingliche Voraussetzung dafür war ein riesiges Handelsimperium, das mit militärischen Mitteln verteidigt werden musste. Je größer das Imperium, desto größer der Markt und desto vielseitiger die Möglichkeiten der Arbeitsteilung.

Nichtsdestotrotz erachtete Smith den Handel als etwas Kompetitives, als eine Domäne des Wettbewerbs. Sein Zweck war nicht die gutherzige Zufriedenstellung der Verbraucher und ihrer Wünsche

---

[*]   Adam Smith, *Der Wohlstand der Nationen. Eine Untersuchung seiner Natur und seiner Ursachen*, München 2005, S. 371.

oder die Anhäufung von persönlichem Vermögen: Der anzustre-
bende Reichtum sei der »Reichtum der Nationen«. Eine Nation trieb
Handel, weil dies die effektivste Strategie war, zu Reichtum zu kommen; und »Reichtum ist Macht, wie Hobbes meint«.[*] Smith war ein
Realist in einer Welt, in der permanent Krieg geführt wurde oder
zumindest drohte; von seinen Vorgängern unterschied er sich darin,
dass er eine neue und aufgeklärte Möglichkeit fand, Macht zu er-
langen.

Es war David Ricardo, der die Doktrin des Freihandels als solche propagierte, als ein Mittel zur größtmöglichen Produktivität
durch Spezialisierung. Ricardo entwickelte die »Theorie des komparativen Vorteils« (»comparative advantage«), die er anhand des
Handels von Wolle und Wein zwischen England und Portugal auf-
zeigte. Diese Theorie eroberte die Wirtschaftswissenschaften »so
vollständig, wie die Heilige Inquisition Spanien eroberte« – wie
Keynes ein Jahrhundert später sagen wird, wenn auch im Zusammenhang mit einem anderen Aspekt von Ricardos Denken.

Das Modell des komparativen Vorteils stützt sich auf eine im
höchsten Maß vereinfachte Rechnung, die (nur) auf dem Papier
funktioniert. Ricardos Modell besagt Folgendes: Zwei Länder mit
zwei unterschiedlichen Handelsgütern und konstanten Produktionskosten profitieren beide von einer Spezialisierung und deshalb
vom Handel, sofern sie nicht exakt die gleichen Produktionsbedingungen aufweisen. Dies ist eine reine Lehrbuchübung, gerade
schwierig genug, um dem Anfänger, der das Theorem erfasst hat,
das Gefühl zu geben, er habe tatsächlich etwas gelernt. Der komparative Vorteil ist deswegen so attraktiv, weil er keinen absoluten
Kostenvorteil des einen oder anderen Landes voraussetzt: Handel

---

[*] Adam Smith, *Der Wohlstand der Nationen*, S. 28.

lohnt sich sogar dann, wenn ein Land beide Güter in absoluten Zahlen billiger produzieren kann als das andere.

Im Unterschied zu Adam Smiths Modell der Arbeitsteilung vernachlässigt der komparative Vorteil den Faktor der technischen Effizienz. Der komparative Vorteil geht von unveränderten technischen Produktionsmitteln und konstanten Skalenerträgen aus. Er berücksichtigt Größenvorteile genauso wenig wie die Erfahrungskurve oder die höhere Produktivität bei gesteigerter Produktionsmenge. Die einzige Voraussetzung ist, dass sich die Produktionsverhältnisse unterscheiden, sodass ein Handelsgut (verglichen mit dem anderen) in einem Land relativ gesehen teurer ist als im anderen Land. Die Effizienz, die der Handel schafft, ergibt sich lediglich aus der Neuorganisation der Produktion und aus der zweckmäßigsten Zuteilung von Faktoren wie Arbeit, Kapital und Boden im erweiterten, gemeinsamen Markt. Der komparative Vorteil ist entsprechend einfacher und allgemeiner als Smiths Handelstheorie: Er ist auf jedes Paar von Handelsgütern und jedes Paar von Ländern anwendbar. Ricardo erachtete diese Eigenschaft als großen Vorteil.

In Wirklichkeit ist das Modell jedoch weitgehend unbrauchbar. Nimmt man drei verschiedene Länder, so ist es keinesfalls gegeben, dass jedes dieser Länder immer genau ein Handelsgut effizienter produzieren kann als die anderen. Und was geschieht dann? Produziert das Land, das über keinen komparativen Vorteil verfügt, einfach nichts? Weigert es sich, Handel zu treiben? Wenn sein komparativer Vorteil darin besteht, seine Arbeitskräfte zu exportieren und seine Läden zu schließen, soll dies dann einfach geschehen? Darüber steht nichts in den Lehrbüchern. In der heutigen Welt gibt es etwa 220 Länder und Tausende von verschiedenen Handelsgütern. In der Realität ist die Berechnung des komparativen Vorteils viel zu komplex; die Doktrin gibt keine Auskunft darüber, wer sich auf was spezialisieren soll. Genauso unklar bleibt, ob die Spezialisierung in jedem Land für Vollbeschäftigung sorgen kann. Tatsächlich hängt die Spezialisierung davon ab, was ein Land gelernt hat zu produzieren und welche Fähigkeiten es auf dieser Grundlage dazulernen kann.

Außerdem basiert der komparative Vorteil auf der Theorie der konstanten Skalenerträge: Der Output eines Gutes kann verdoppelt oder verdreifacht werden, indem einfach der Input verdoppelt oder verdreifacht wird. Normalerweise ist dies jedoch nicht der Fall. In der Regel gelten bei der Herstellung von industriegefertigten Gütern zunehmende Skalenerträge und technologische Entwicklung: Die Produktionskosten sinken, je mehr Erfahrung sich ein Unternehmen aneignet. So wird jenes Land am billigsten produzieren können, das am frühsten damit beginnt und ein bestimmtes Produkt am schnellsten weiterentwickeln kann. Aus diesem Grund müssen potenzielle Rivalen ihre Industrie schützen, wenn sie wollen, dass diese so lange überlebt, bis sie zunehmende Skalenerträge erwirtschaftet.

Auf die meisten anderen Handelsgüter, deren Kapazitäten aufgrund des verfügbaren Bodens oder der ökologischen Bedingungen nicht unbegrenzt ausgeweitet werden können, trifft das Gegenteil zu: Die Skalenerträge nehmen ab. In diesen Situationen ist es nicht gewährleistet, dass ein relativer Kostenvorteil besteht, sobald die Spezialisierung einsetzt und die Produktion entsprechend ausgeweitet wird. Ein gleichsam klassisches und tragisches Beispiel ist die Mongolei, mit deren Übergang zur Marktwirtschaft sich Erik Reinert eingehend befasst hat. Die Mongolei ist ein riesiges Steppenland, das eine winzige Bevölkerung beheimatet und keine international wettbewerbsfähige Industrie besitzt. In den Augen der Weltbank waren diese wirtschaftlichen Bedingungen der klassische Fall eines komparativen Vorteils in der Nutztierhaltung – die Mongolei verfügte über riesige Kuh-, Kamel-, Ziegen- und Schafherden. Als das Land seine Industrie dem Weltmarkt öffnete, brach der heimische Industriesektor zusammen, während die Privatisierung der

Tierhaltung die Hirten dazu veranlasste, ihre Herden zu vergrößern. Innerhalb von wenigen Jahren führte dies Anfang der 1990er-Jahre zu Überweidung und permanenter Verwüstung der subarktischen Steppe; die Temperaturen während der Wintermonate lagen zudem geringfügig tiefer als sonst, was eine schlimme Hungersnot unter den Tieren verursachte.*

Eine Variation der Theorie des komparativen Vorteils besagt, dass ein Land seine Inputs – Kapital, Arbeit, und Boden – so anpasst, dass es jene Faktoren optimal ausnutzen kann, die dem Land in großer Menge zur Verfügung stehen. Das trifft sicherlich teilweise zu. Aber Produkte, die hochmoderne Technologien enthalten, sind untrennbar mit dem Produktionsprozess verknüpft: Es ist unmöglich, ein modernes Düsenflugzeug herzustellen, ohne den Richtlinien von Boeing oder Airbus zu folgen. Die Produktionsbedingungen in verschiedenen Produktionsstätten unterscheiden sich also nicht wesentlich voneinander. Die Tatsache, dass in China Arbeitskraft billig und in großer Zahl vorhanden ist, hat offenbar nicht zur Folge, dass Boeing ihre dort gefertigten MD-80-Passagierflugzeuge mit mehr Arbeitskräften und weniger Kapital oder mit anderen Materialien herstellt als in den Vereinigten Staaten. Boeing folgt in beiden Ländern genau dem gleichen Produktionsplan und benutzt die gleichen oder zumindest ähnliche Maschinen, um exakt dasselbe Endprodukt herzustellen. Der einzige Unterschied sind die Lohnkosten: Diese sind in China tiefer, und entsprechend kann das Flugzeug entweder billiger verkauft werden, oder sein Verkauf bringt mehr Profit.

In praktischer Hinsicht hat der »komparative Vorteil« mehr die Funktion eines Schlagworts denn die einer seriösen Analyse. Ökonomen verwenden den Begriff auf zwei unterschiedliche Arten. Die

---

* Erik S. Reinert (Hrsg.), *Globalization, Economic Development and Inequality: An Alternative Perspective*, Cheltenham 2004.

eine Möglichkeit ist, ihn lediglich in der theoretischen Diskussion zu gebrauchen, das heißt ohne konkrete Zahlen, mit denen die Theorie untermauert wird. Die andere Möglichkeit ist, ein Handelsschema im Nachhinein zu beschreiben. Dabei ist es jeweils gar nicht notwendig, die tatsächlichen relativen Kosten zu überprüfen: Wenn sich ein Land auf ein bestimmtes Produkt spezialisiert hat, muss es darin folglich einen komparativen Vorteil besitzen. Anders als Smiths Doktrin der Produktivitätssteigerung durch Marktexpansion bleibt Ricardos Theorie heiße Luft – ein rhetorisches Mittel, das nur einen geringen Bezug zu den modernen Handelsbedingungen hat. Die Grundannahme, dass ein Land sich auf eine kleine Zahl von Produkten spezialisieren soll, ist eine höchst unkluge Wirtschaftspolitik. Diese Tatsache wird offensichtlich, wenn man sich die Zeitdimension und die Risiken einer solchen Politik ansieht.

Länder, die aufgrund ihres Klimas und ihrer Geschichte fast ausschließlich Bananen, Kaffee oder Kakao produzieren, sind allesamt arm. Weshalb? Erstens ist die Nachfrage nach ihren Produkten starr: Wenn das Angebot weltweit steigt, fällt der Preis ihrer Produkte und somit auch ihr Nationaleinkommen. Zweitens leiden sie unter abnehmenden Skalenerträgen. Entgegen Ricardos Theorie ist es im Allgemeinen unmöglich, die Landwirtschaft bei gleichbleibenden Kosten unbegrenzt auszudehnen: Der Vorrat an geeignetem Boden und Wasser ist limitiert. Drittens fehlt einem Land, das ein einziges wichtiges Produkt exportiert, die Möglichkeit, einen Verlust durch andere Produkte zu kompensieren, sollte ihr Hauptexportprodukt auf dem Weltmarkt nicht mehr gefragt sein. Umgekehrt zahlt sich Diversifikation aus. Länder, die in der Lage sind, mehrere Industriezweige gleichzeitig zu fördern, haben weitaus bessere Chancen, sich mit Krisen in der Exportnachfrage oder mit aufkommender Konkurrenz, etwa aus China, zurechtzufinden als Länder mit einem einzigen Industriezweig oder einer einzigen Pro-

duktlinie. Länder mit einem breiten Sortiment an Produkten befinden sich auch in einer besseren Position, neue technische Möglichkeiten auszunutzen, denn durch Diversifikation können sie sich
Fachwissen in einer breiten Palette von Produkten und Produkti-
onsprozessen aneignen.

Um es ohne Umschweife zu sagen: Ricardo lag falsch. Als Handelsstrategie ist der komparative Vorteil extrem limitiert. Um aus
der Unterentwicklung auszubrechen, ist Diversifikation notwendig
und nicht Spezialisierung; und um eine effektive Diversifikation voranzutreiben, muss ein Land eine strategische Handelspolitik betreiben. Das kann natürlich nicht bedeuten, dass es sich von der
Außenwelt abschottet, aber wenn sich das Land dogmatisch dem
Freihandel unterordnet, wird es genauso schwierig. Tatsächlich arbeitete sich keine der weltweit erfolgreichsten Handelsregionen –
darunter Japan, Korea, Taiwan und jetzt auch die Volksrepublik
China – auf ihren jetzigen Status empor, indem sie den neoliberalen
Handelsrichtlinien folgte.

Außer Frage steht jedoch, dass immerhin Adam Smith recht hatte. Der wirtschaftliche Aufstieg Japans, Koreas, Taiwans und Chinas verdankt sich zumindest teilweise ihren Handelsaktivitäten.
Sofern die Rahmenbedingungen stimmen, ist Handel erstrebenswert; ein großer und uneingeschränkter Markt ist äußerst vorteil-
haft. Solche Märkte existieren innerhalb von großen politischen
Gemeinwesen, die von einem gemeinsamen, stabilen Gesetzeswerk
verwaltet werden. Niemand in den Vereinigten Staaten würde davon profitieren, wenn die sogenannte Commerce Clause, die dem
Kongress unter anderem die Regelung des Handels zwischen den
Einzelstaaten überträgt, abgeschafft würde, oder wenn auf den
Fernstraßen zwischen den Bundesstaaten Zollhäuser aufgebaut
würden. Durch den gemeinsamen Markt ist Europa ungleich viel
reicher, als es ohne diesen Markt je hätte sein können. Kleine Län-

der, die zu Wohlstand kommen wollen (oder ihren Wohlstand aufrechterhalten wollen), schließen sich der Europäischen Union an
(zugegebenermaßen gibt es auch Ausnahmen, wie beispielsweise
die Schweiz). Gleichermaßen ist Skandinaviens Reichtum auf offenen Handel zurückzuführen, kombiniert mit der Forcierung von
hochwertigen Produkten und hochwertigem Design.

Umgekehrt stellte der Zusammenbruch des Rats für gegenseitige Wirtschaftshilfe (COMECON), der Wirtschaftsorganisation der
Ostblockstaaten, und insbesondere das Ende der Sowjetunion ein
Desaster für diese Region dar. Nicht etwa, weil sie vorher so effizient
gewesen wären (das waren sie nicht), sondern weil jedes Land auf
den Handel mit den anderen Teilnehmern angewiesen war, um die
industrielle Struktur der ganzen Gemeinschaft am Leben zu erhalten. Der Zusammenbruch Jugoslawiens war ebenso tragisch: Das
industrielle System, das dadurch zerstört wurde, hatte für den
höchsten Lebensstandard aller kommunistisch regierten Länder
gesorgt. In China fand die umgekehrte Entwicklung statt. Das riesige Land bestand früher aus mehreren isolierten Wirtschaftsregio-
nen, deren Zusammenschluss zu einer einzigen Volkswirtschaft ein
wichtiger Bestandteil der politischen Reformen Chinas war und
noch immer ist:[*] Die ineffizienten und der Qualität abträglichen internen protektionistischen Praktiken, die besonders in den Binnen-
regionen vorherrschen, sollen abgebaut werden. Teilweise ist der
Fortschritt Chinas im Zeitalter seiner Reformen auf Gewinne zurückzuführen, die durch internen Handel erzielt worden waren;
auch führte der Abbau des Protektionismus zu mehr Wettbewerb,
was sich qualitätssteigernd auswirkte. In der postkommunistischen
Sowjetunion waren solche Gewinne nicht möglich, weil die Kom-

---

[*] Als technischer Berater der chinesischen State Planning Commission konnte ich diesen
Prozess in den 1990er-Jahren selbst mitverfolgen.

ponenten der sowjetischen industriellen Produktion übermäßig stark aufeinander abgestimmt waren und die gesamte Industrieproduktion monopolistische Züge aufwies. Außerdem wurden nach dem Zusammenbruch der Sowjetunion Handelsschranken aufgebaut, anstatt dass sie niedergerissen wurden.

Was unterscheidet den internationalen Handel vom intranationalen, also vom Güteraustausch innerhalb eines Landes? Grundsätzlich zwei Dinge: erstens die Zölle und zweitens die Wechselkurse. Wenn die Zölle niedrig sind, können Handelsgüter einfacher Grenzen überqueren, und der Markt kann sich auf ein größeres Gebiet ausweiten. Eine gemeinsame Währung beseitigt jene Unsicherheiten, die sich aus mehreren Währungseinheiten ergeben; zu einem gewissen Grad kann die Sicherheit einer einzigen Recheneinheit durch feste Wechselkurse simuliert werden. Und nur in Situationen, in denen feste Wechselkurse und niedrige Zölle vorherrschen, nähern sich die Bedingungen des internationalen Handels denjenigen an, die für einen inländischen Produzenten gelten. Andernfalls ist das Handelsunternehmen einem viel größeren Risiko ausgeliefert und benötigt mehr Sicherheiten – Sicherheiten, die es oft teuer erwerben muss, etwa durch Absicherungsgeschäfte auf dem Devisenmarkt. Das Handelsunternehmen ist deshalb auf lukrativere Tätigkeitsfelder angewiesen als die inländische Firma, und aus diesem Grund konzentrieren sich transnationale Konzerne größtenteils auf Aktivitäten mit hohem Wertschöpfungspotenzial.

Das Abkommen von Bretton Woods 1944, in dem die Gründung des IWF und der Weltbank sowie das Allgemeine Zoll- und Handelsabkommen (General Agreement on Tariffs and Trade, GATT, aus dem später die Welthandelsorganisation entstand) beschlossen wurde, anerkannte die Notwendigkeit, den internationalen Handel dem Binnenhandel anzugleichen: Das System sollte für Sicherheit und Stabilität bezüglich der Zölle und der Wechselkurse sorgen.

Durch das GATT sollten die Zölle auf Industriegüter abgebaut werden, damit alle Länder ihre verschiedenen Produkte, Designs und Überschusswaren einfacher austauschen konnten. Dem IWF wurde die Aufgabe übertragen, die allgemeine Stabilität der Wechselkurse sicherzustellen. So sollten die unberechenbaren Faktoren des Geschäftsrisikos eingedämmt werden, etwa Währungsabwertung in einem angestrebten Markt oder Währungsaufwertung in einem Land, in dem ein Betrieb produziert. Die Mitgliedstaaten des IWF behielten sich jedoch das ausdrückliche Recht vor, den Kapitalfluss zu kontrollieren, um so zu verhindern, dass Spekulanten diese Vereinbarungen sabotieren. In diesem Sinn übertrug das Bretton-Woods-Abkommen die Politik des New Deal auf das internationale Wirtschaftssystem. Der New Deal basierte auf der Überzeugung, dass der spekulative Anlagemarkt (das heißt Banken und Waren-, Aktien- und Anleihemärkte) reguliert werden muss, damit sich Güter- und Arbeitsmärkte entfalten können. Diese Politik zeigte Wirkung: Von 1945 bis 1971 wuchs die Handelsaktivität um rund das Doppelte der Einkommen, während sogar reiche Länder ihre Kapitalkontrollen beibehielten. Nach 1973 verschwand jedoch das konzeptionelle Verständnis, das hinter diesem System gestanden hatte. An seine Stelle trat eine andere Anschauung, die den Vorrang und die Tugendhaftigkeit aller Märkte in gleichsam theologischer Manier hervorhob. Die Unterscheidung zwischen Kapitalmärkten und Güter- und Dienstleistungsmärkten wurde fallengelassen, denn nach der neuen Theorie erzielte der Markt immer und überall das erstrebenswerteste Ergebnis. Die neuen Bedingungen führten dazu, dass auch die Grundlage für einen stetig wachsenden internationalen Handel zusammenbrach.

Die Monetaristen behaupteten Anfang der 70er-Jahre, das neue System der freien Wechselkurse würde dafür sorgen, dass die Geldpolitik verschiedener Länder isoliert und somit autonom würde. Der

Markt würde die Rolle des obersten Richters übernehmen. Sollte eine Zentralbank zu viel Geld drucken, würde das Land in eine Inflation gestürzt, die Binnenpreise würden steigen und der Wechselkurs fallen. Diese Mechanik würde demnach die internationalen Preise in einem Gleichgewicht halten. Weil die Beschäftigung und deshalb auch die Wirtschaftsleistung vom Binnenmarkt bestimmt würden, hätte das Auf und Ab von restriktiver und lockerer Geldpolitik keine dauerhaften Auswirkungen auf diese »realwirtschaftlichen« Aspekte. Aus diesem Grund würde jede Zentralbank eine Geldpolitik verfolgen, die für stabile Preise sorgte, und alle anderen makroökonomischen Auswirkungen würden dem Markt überlassen.

Dieses Märchen war meilenweit entfernt von den realen Bedingungen, die auf den internationalen Finanzmärkten vorherrschten. Die Theorie verkannte die tatsächliche Bedeutung der Kapitalmärkte, der Kreditströme und der Schuldenlast genauso wie die spekulativen Eigenschaften der Devisenmärkte und den Unterschied zwischen »harten Währungen«, die bei Sparern beliebt sind, und »weichen Währungen«, die schnell einmal einen großen Teil ihres Werts über Nacht verlieren können. Die Theorie missachtete auch den Einfluss der großen Geschäftsbanken, den sie jetzt, befreit von jeglicher Kontrolle, auf die Weltwirtschaft ausüben würden.

Der Grundgedanke des Bretton-Woods-Systems war, dass jedes Land seine Handelsbilanz mittelfristig ausgleichen würde (mit Ausnahme der Vereinigten Staaten, deren Aufgabe darin bestand, die anderen Länder mit Liquidität zu versorgen): Auf eine Periode des Defizits sollte eine Periode des Überschusses folgen, was durch veränderte Terms of Trade oder Währungsabwertung erreicht werden konnte. Auf eine Phase des Kapitalzuflusses – der die erwartete Profitabilität von neuen Investitionen reflektierte – sollte eine Periode des Schuldendienstes und Gewinntransfers folgen, sobald die Investitionen sich auszahlten. (Wenn sie dies nicht taten, so musste die Bilanz mittels Ausgabenkürzungen oder Neuverhandlung in Ordnung gebracht werden.) Die Urheber dieses Systems waren sich bewusst, dass dem Land, das die Geldreserven zur Verfügung stellte – in der Bretton-Woods-Vereinbarung die Vereinigten Staaten –, eine privilegierte Position zukommen würde. Um zu verhindern, dass die USA dieses Privileg missbrauchten, wurde das Goldfenster eingerichtet. Die Urheber des Bretton-Woods-Vertrages wussten auch, dass vom finanziellen Zusammenbruch eine große Gefahr ausging, und deshalb versuchte das System immer sicherzustellen, dass kein Land sich übermäßig verschuldete.

Dieses System fand 1973 sein Ende. Wie sich herausstellte, war die sogenannte »Marktdisziplin«, die an die Stelle von Bretton Woods trat, überhaupt keine Disziplin. Stattdessen hing nun alles vom Gutdünken der Banken ab. Wenn sie ein Land als kreditwürdig ansahen, so gewährten sie ihm Darlehen. Diese erlaubten es den Kreditnehmern, mehr zu importieren, als sie exportierten, sie konnten die Industrialisierung vorantreiben, die Wirtschaft expandierte, und zumindest eine Zeit lang ließ es sich das Land gut gehen. Sollten die Banken hingegen ein Land als unwürdig betrachten, so würde es stagnieren; es müsste sich auf seine eigenen Ressourcen verlassen, sofern es keinen Exportmarkt fand, der für die Begleichung der internationalen Rechnungen genügend lukrativ war. (Öl produzierende Länder konnten es sich deshalb leisten, Geschäfte mit Banken abzulehnen. Aber einem Land, das von Kleiderläden oder Komponenten für Fahrzeugbremsen abhängig war, stand diese Möglichkeit nicht offen.) Und wenn Geld verfügbar war, hätte nur eine außerordentlich willensstarke Regierung der Versuchung widerstehen können, Kredite in Milliardenhöhe zu günstigen Bedingungen aufzunehmen – besonders wenn man ohne Weiteres einige zehn Millionen davon auf ein Privatkonto in Zürich oder Grand Cayman überweisen konnte.

Welche Kriterien wendet eine Bank an, wenn sie sich ein Urteil über ein Land bildet? Banker sind keine Wissenschaftler, und normalerweise sind sie nicht einmal Ökonomen. Nur selten bestimmt eine unabhängige und unvoreingenommene Prüfung eines Sachverhalts ihr Denken. Wenn ein Banker ein Land einer Analyse unterzieht – oder jemanden mit einer solchen Analyse beauftragt –, so stellt sich ihm die Welt als komplexes Gebilde dar; die Datenlage außerhalb seiner Heimat ist dünn und schwer zu interpretieren, und oft verdanken sich die dortigen ökonomischen Bedingungen mehr den Entscheidungen anderer Banker als den tatsächlichen Verhältnissen im betreffenden Land. Unter diesen Vorzeichen tun Banker, was Menschen mit viel Geld immer schon getan haben: Sie vertrauen ihren eigenen Wertvorstellungen und den Anschauungen, die in ihrem politischen und gesellschaftlichen Umfeld als richtig angesehen werden.

Dies bedeutet meist nichts anderes, als dass die Bank sich für jenen Kreditnehmer entscheidet, der sich am besten verkauft. Selbstverständlich erzählt ein cleverer Schuldner seinem Banker, was dieser hören will. Als kreditwürdiges Land gilt also in erster Linie eines, das sich gegenüber den Wünschen der Bank aufgeschlossen zeigt. Und was die Banker hören wollten, war natürlich das konservative Glaubensbekenntnis: Haushaltsdisziplin, Geldmengenkontrolle und Freihandel. Man brauchte keinen Nobelpreis für Wirtschaftswissenschaften, um zu diesem Schluss zu kommen, ein Abonnement des *Wall Street Journal* oder der *Financial Times* genügte vollkommen.

So wurde die Ideologie des Freihandels von ihrer praktischen Anwendung abgekoppelt: Seit den frühen 70er-Jahren trieb man nicht Handel, um seine Rechnungen bezahlen zu können, sondern man folgte der Freihandelsdoktrin, um an Kredite zu kommen, mit deren Hilfe man dann (auf kurz- oder mittelfristige Sicht) seine Rechnungen gar nicht mehr zu bezahlen brauchte. Dieser Prozess behinderte eine Industrialisierung durch Ausweitung der Handelsaktivität. Denn aufgrund der freien Wechselkurse folgte auf die Geldspritze in Form von Krediten ausländischer Gläubiger eine Neubewertung der Währung: Importe wurden billiger und Exporte verloren ihre Wettbewerbsfähigkeit. Das führte zu einem Konsumrausch, besonders unter der Oberschicht, während die Industrie zerfiel und die Länder ihre Wettbewerbsfähigkeit auf dem Weltmarkt einbüßten.

Diese Abfolge von Ereignissen verdeutlicht, dass Kredite von ausländischen Banken keine Industrialisierung finanzieren können, sofern die Kapitalmärkte keiner Kontrolle unterliegen. Genau dieselben Strategien, die ein Land kreditwürdig erscheinen lassen – also die Wirtschaftspolitik, die die Banker günstig stimmt – untergraben die Wettbewerbsfähigkeit industrieller Investitionen und sorgen dafür, dass die Einkünfte aus Krediten direkt in den Konsum fließen. In den 1970er-Jahren schwächte dieser Prozess die Volkswirtschaften Lateinamerikas und Afrikas enorm. Als Paul Volcker 1980 und 1981 die Zinssätze erhöhte, waren diese Länder nicht imstande, eine wirtschaftspolitische Kehrtwende zu vollziehen und ihr Exportvolumen zu steigern. Der Schock traf sie hart, und sie hatten keine andere Wahl, als die öffentlichen Ausgaben zu kürzen, den privaten Konsum zu zügeln, Investitionen zurückzufahren und so zu versuchen, ihre Importe auf das Niveau ihrer Hauptexportgüter herunterzuschrauben. Weil diese Politik auch das Wachstum der Industrie behinderte, war sie eine Formel, die langfristig zu Armut führen musste.

Die ökonomischen Erschütterungen der frühen 8oer-Jahre waren in genau jenen Ländern und Regionen am katastrophalsten, die in den 7oer-Jahren am stärksten von Geschäftsbankkrediten abhängig geworden waren. Zuerst traf der Schock Lateinamerika: Mexiko, Brasilien, Argentinien, Chile, Peru – alles Länder, die stark bei amerikanischen Banken verschuldet waren. Der Schock traf auch Afrika, wo viele Länder hohe Schulden bei europäischen Banken hatten, vornehmlich bei französischen und britischen. Auch die Philippinen, die ebenfalls viele Kredite aufgenommen hatten, blieben nicht verschont.* Überall waren die Folgen ähnlich: Der Schuldendienst wuchs drastisch an; die staatlichen Leistungen, unter anderem für Ausbildung und Gesundheitsfürsorge, wurden stark reduziert, in weiten Teilen Afrikas brachen sie sogar vollständig zusammen; die Nachfrage nach den Exportgütern dieser Länder war nicht elastisch, und so fielen die Preise; Importe konnten nicht mehr finanziert werden und wurden gedrosselt. Dies machte private Investitionen praktisch unmöglich, denn diese erforderten ausländische Maschinerie und Technologie. Entsprechend gingen die Investitionen zurück, was sich wiederum negativ auf die Steuereinnahmen auswirkte und die Haushaltskrise verschärfte. Industriezweige, die für den Binnenmarkt produzierten, waren vom Untergang bedroht; die städtische Arbeiterschaft schrumpfte und die soziale Ungleichheit sowie die absolute Armut nahmen zu.

In dieser Situation standen den betroffenen Ländern zwei Möglichkeiten offen. Entweder konnten sie ihren Schuldendienst einstellen oder zumindest ihre Zahlungen herabsetzen, wie dies der peruanische Präsident Alan García tat; in diesem Fall würden sie nicht nur die Missbilligung des IWF, der Geschäftsbanken und der US-Regierung in Kauf nehmen, sondern möglicherweise auch deren Vergeltungsmaßnahmen. Die zweite Möglichkeit war, das symbolische »Rettungsangebot« des IWF anzunehmen, wofür eine weitere Anpassung ihrer Wirtschaftspolitik erforderlich war. Was

---

* Die Schuldenkrise traf weder China noch Indien, denn keines dieser Länder hatte in den 70er-Jahren Kredite von Geschäftsbanken aufgenommen. So stand dem Wachstumswunder nichts im Weg, das in den frühen 80er-Jahren begann und sich in den 90er-Jahren und bis ins neue Jahrtausend fortsetzen konnte.

würde der IWF wohl verlangen? Etwas, das er als »strukturelle Anpassung« bezeichnete. In Wirklichkeit bedeutete dies, dass genau
die wirtschaftspolitischen Maßnahmen durchgesetzt werden sollten, die Banker und Interessenvertreter der Industriestaaten von
Anfang an ins Auge gefasst hatten: Haushaltsdisziplin, Kreditverknappung, Deregulierung, Privatisierung, Freihandel und freien
Kapitalverkehr. Der IWF setzte im Prinzip die Interessen der Banken durch; Abhängigkeit von Krediten sollte durch noch mehr Abhängigkeit kuriert werden.

Anfangs konnten die verschuldeten Länder den Verordnungen
des IWF nicht widerstehen. Im Lauf der 8oer-Jahre zeigte sich jedoch, dass sie mit diesen Maßnahmen ihre Probleme nicht zu lösen
vermochten: Weder hatte die Wirtschaft ihr Wachstum ˙ ieder aufgenommen, noch war die Inflation zurückgegangen – und es bestanden keine Aussichten, dass die strukturellen Anpassungen dies
je erreichen würden. Eine Neuverhandlung der Schulden wurde zur
allgemein anerkannten Notwendigkeit – teilweise weil die betroffenen Länder ihre Schulden einfach nicht mehr bezahlten, wie etwa
Brasilien 1989. Die größeren Länder Lateinamerikas verfolgten danach komplexe wirtschaftspolitische Strategien zur Inflationsbekämpfung, etwa die Aufgabe von Wertsicherungsklauseln und andere Reformen der binnenwirtschaftlichen Preis- und Lohnstruktur.
Schließlich fanden sie einen unsicheren und unbefriedigenden Weg
aus der Krise, wobei die Wachstumsrate insgesamt weit geringer
ausfiel als vor dem Triumph des Freihandels.

Für viele waren die niedrigen Zölle für diese Entwicklung verantwortlich, und die Proteste richteten sich größtenteils gegen die
Welthandelsorganisation. In Wirklichkeit lag die Schuld jedoch
beim Finanzsystem, das versagt hatte: bei den Unzulänglichkeiten
der Wirtschaftsordnung unter dem IWF, der damals die Interessen
von Gläubigern, Bankern und ihren Lobbyisten im amerikanischen

Finanzministerium vertrat. Den liberalisierten Volkswirtschaften Lateinamerikas fehlte eine angemessene Grundlage für Steuereinnahmen, sie litten unter Kapitalabfluss und konnten auf keine Auslandskredite zurückgreifen, die für ein starkes Wachstum notwendig gewesen wären. Die 80er- und 90er-Jahre verbrachten diese Länder weitgehend in der wirtschaftlichen Stagnation. Afrika südlich der Sahara befand sich in einer weit schlimmeren Situation: Diese Region war von Anfang an stärker von Armut betroffen, die staatlichen Strukturen wurden in größerem Ausmaß zerstört und es gab praktisch keine Investoren, die hier Geschäfte machen wollten. Nach der Schuldenkrise hatte diese Region mit humanen Katastrophen zu kämpfen, die Millionen von Menschen das Leben kosteten: AIDS, Krieg – und der freie Markt für Agrarprodukte.

Zu Beginn der 90er-Jahre bestand in Lateinamerika nicht die geringste Aussicht auf wirtschaftlichen Aufschwung. Es gab nur zwei mögliche Auswege. Der eine war, die Stabilisierungsbemühungen selbst in die Hand zu nehmen und zu dem Wachstum zurückzukehren, das durch Export getragen werden konnte; diese Fähigkeit sollte so gut wie möglich durch die Privatisierung von öffentlichen Gütern und die dadurch bewirkte Kapitaleinfuhr ergänzt werden. Brasilien wählte 1993 diesen Ausweg (der sogenannte Plano Real); ebenso Chile, das eine große Auswahl an Naturprodukten verkaufte (neben dem traditionellen Kupfer auch Früchte, Wein, Holz und Lachs), und Kolumbien, dessen Realeinkommen vom Drogenhandel gestützt wurde. Die Wirtschaftspolitik Argentiniens stellte eine Variation dieser Strategie dar: Ein Jahrzehnt lang hatte das Land mit neoliberaler Politik experimentiert und mittels eines Währungsrats (Currency Board) den Peso an den Dollar geknüpft. Dann brach Argentinien seinen Schuldendienst ab, und der Aufschwung setzte 2001 wieder ein. In den meisten Fällen kamen in Lateinamerika linke Regierungen an die Macht, deren Ansprüche wie auch finanzielle Möglichkeiten jedoch begrenzt waren. Obwohl ein Teil der Sozialprogramme ausgebaut und die soziale Ungleichheit geringfügig reduziert wurde, waren die wirtschaftlichen Auswirkungen für die Erwerbstätigen höchst mittelmäßig. Ironischerweise wirkte sich der 11. September 2001 für diese Länder positiv aus: Einerseits verringerten die niedrigen Zinssätze die Schuldenlast, andererseits wurde das Leben leichter für Länder, die ihre Schulden nicht bedienten, weil die amerikanische Politik jetzt andere Prioritäten hatte. In Lateinamerika fand eine Flucht vor der Globalisierung statt, und der Einfluss wie auch die Präsenz des IWF in dieser Region war bis zur Mitte des Jahrzehnts weitgehend verschwunden.

Der scharfe Anstieg der Zinssätze, der die Schuldenkrise der frühen 1980er-Jahre mit verursachte, hatte fast ebenso dramatische Auswirkungen für die Hersteller in den reichen Ländern. Der nach Handelsvolumen gewichtete Wert des Dollars stieg von 1981 bis 1984 um rund 60 Prozent an; dies trug dazu bei, dass die Industrieunternehmen des oberen Mittleren Westens der Vereinigten Staaten, die bis dahin sowohl auf dem Binnen- wie auf dem internationalen Markt mit Japan und Deutschland konkurrieren konnten, entscheidend geschwächt wurden. Der Maschinenhersteller Allis-Chalmers, die Druckerei AM International, der Papierhersteller Saxon Industries und andere Unternehmen gingen bankrott, der Baumaschinenriese Caterpillar überlebte zwar, musste aber verkleinert werden. Der amerikanische Stahl- und Automobilmarkt wurde von Importen aus Japan, Korea und Brasilien überschwemmt. Eine Zeit lang überlebten die amerikanischen Autohersteller nur dank dem Geschäft mit Last- und Lieferwagen; amerikanische Limousinen waren angesichts der Konkurrenz von Honda, Toyota und Nissan nicht mehr wettbewerbsfähig. Für die »Großen drei« der amerikanischen Autoindustrie – General Motors, Ford und Chrysler – begann der Abstieg, von dem sie sich nie wieder erholen sollten.

War diese Transformation der globalen Industrielandschaft auf den komparativen Vorteil zurückzuführen? Selbstverständlich nicht. Japan verfügt über keine ausreichenden Reserven an Eisenerz oder Kohle und stellt deshalb keine »natürliche Produktionsstätte« von Stahl oder Stahlprodukten dar. (Zu dieser Zeit war Japan auch kein Niedriglohnland mehr, aber diese Produkte sind ohnehin nicht besonders arbeitsintensiv.) Der damalige Aufstieg Japans in diesen Produktionsfeldern hatte also nichts mit natürlichen Ressourcen oder mit Löhnen zu tun, sondern war auf die Größenvorteile, Produktivität, Flexibilität und relativ moderne Technik zurückzuführen, welche die größten und fähigsten japanischen Konzerne in ihren Produktionsstätten einsetzten. Kurzum: Japan entwickelte die Arbeitsteilung weiter, um sich die Globalisierung des Marktes zunutze zu machen. Und als die relativen Preise sich aufgrund der Wechselkurse zu ihren Gunsten entwickelten (wenn auch nur für kurze Zeit), waren die japanischen Konzerne in der Lage, in den amerikanischen Markt zu drängen. Besonders in der Automobil- und Stahlindustrie lösten sie so schwere Krisen aus.

Die Antwort der Regierung Reagan auf diese Entwicklung war durchaus pragmatisch. Selbstverständlich konnte sie den Freihandel nicht einfach aufgeben – oder zumindest durfte es nicht so aussehen, solange sie diese Doktrin so konsequent in der Welt verbreitete. Genauso wenig konnte sie jedoch die realen Auswirkungen des Freihandels auf die amerikanische Wirtschaft in Kauf nehmen. Reagans Mitarbeiter entschieden sich für einen Kompromiss: Sie handelten mit Japan die schönfärberisch als »freiwillig« bezeichneten Ausfuhrbeschränkungen von Autos und Stahl aus. Dabei wurden keine Zölle erhoben. Stattdessen führten die Vereinigten Staaten Kontingente ein: Die großen japanischen Autohersteller willigten ein, die Verkaufszahlen ihrer Produkte zu begrenzen. Sollte diese Begrenzung dazu führen, dass die Nachfrage im amerikanischen Markt das Angebot übertraf (was der Fall war), so konnten die Hersteller ihre Preise heraufsetzen und so mit jedem verkauften Fahrzeug beachtliche Gewinne erzielen. Dies schaffte auch Anreize für die japanischen Unternehmen, bessere, schwerere, luxuriösere und somit teurere Autos zu bauen, um sich Zugang zu einer reicheren Kundschaft zu verschaffen – so entstand die Luxusmarke Lexus. Schließlich konnten sich die Japaner von den »freiwilligen Ausfuhrbeschränkungen« befreien, indem sie in den Vereinigten Staaten Endmontagefabriken errichteten; sie beschäftigten dort gerade so viele amerikanische Arbeitskräfte, dass sie ihre Verkaufslimiten aufgeben durften. Das Design und die Präzisionsbauteile dieser Autos wurden in Japan perfektioniert. Dieser Vorgang war ein Protektionismus der besonderen Art: Er schützte sowohl die Interessen der japanischen Produzenten als auch die ideologische Maske der amerikanischen Regierung – zum Nachteil der amerikanischen Arbeiter, Unternehmen und zu einem gewissen Grad auch der Verbraucher.[*]

Reagans eigene Ökonomen, an erster Stelle der libertäre William Niskanen, machten lange Zeit auf die Diskrepanz zwischen der Freihandelsrhetorik der Regierung – die wichtigsten Akteure ereiferten sich regelrecht für den Freihandel – und den protektionistischen Zügen ihrer tatsächlichen Wirtschaftspolitik aufmerksam.[**] Aber Niskanens Kritik wirft eine Frage auf: Was hätte Reagan tun

---

[*]   Es erstaunt nicht, dass die Japaner Reagan große Dankbarkeit entgegenbrachten und ihm 1989, wenige Tage nachdem er das Weiße Haus verlassen hatte, 2 Millionen Dollar Honorar für eine Rede bezahlten (siehe: Larry Gelbart, »Japan Buys a Used President«, New York Times, 6. November 1989, S. A19). Mit Reagans Rede begann die Mode unter amerikanischen Ex-Präsidenten, weltweit im großen Stil Geld einzustreichen – George H. W. Bush etwa bereicherte sich über die Carlyle Group, die in der globalen Rüstungsindustrie besonders aktiv ist. Bill Clintons Gagen in den ersten sechs Jahren nach seiner Präsidentschaft beliefen sich auf über 40 Millionen Dollar. Was dies für Auswirkungen auf das Verhalten eines Präsidenten bezüglich der nationalen Interessen hat, ist ein Thema, das untersucht werden sollte.
[**] William A. Niskanen, *Reaganomics: An Insider's Account of the Policies and the People*, New York 1988, S. 363.

sollen? Der Triumph der Japaner in den 80er-Jahren war nicht auf den komparativen Vorteil zurückzuführen, und er wurde nicht durch ihre Ressourcen begünstigt. Einerseits verdankte sich der Erfolg Japans organisatorischer Innovation, also menschlichen Institutionen, und andererseits den Bedingungen der globalen Finanzwirtschaft, für die die Vereinigten Staaten weitgehend selbst verantwortlich waren. Eine Freihandelspolitik wäre unter diesen Umständen sicherlich nicht die richtige Strategie gewesen, denn sie hätte das Fiasko für die amerikanischen Hersteller womöglich noch weit schlimmer gemacht.

Das schwerwiegendere Problem von Reagans Wirtschaftspolitik – ein Problem, das Adam Smith verstanden hätte – bestand darin, dass sie die heimische Wirtschaft nicht in angemessener Weise schützte. Die freiwilligen Ausfuhrbeschränkungen erlaubten es den Japanern, Gewinne zu erzielen und ihre Marktposition auszubauen; und diese Marktposition konnten die Amerikaner nicht mehr zurückerobern, nachdem der Wert des internationalen Dollars herabgesetzt worden war. (Diese Dollarabwertung beschlossen Finanzminister wichtiger Industriestaaten im Plaza-Abkommen von 1985.) Dies zog langfristige Veränderungen in der amerikanischen Industrie nach sich und schwächte die strategische Position vieler heimischer Industriezweige. Während die Amerikaner früher die Technologie selbst entwickelt und die Schwer- und Präzisionsmaschinen sowohl hergestellt als auch vertrieben hatten, übernahm jetzt Japan diese Aufgabe in vielen Sektoren.[*]

Dann, in den späten 80er-Jahren, stürzte Japan in eine Rezession, die es sich selbst zuzuschreiben hatte. Die Deregulierung des japanischen Kapitalmarktes führte zur größten Spekulationsblase,

---

[*] Karel van Wolferen, *The Enigma of Japanese Power*, New York 1989 (dt.: *Vom Mythos der Unbesiegbaren. Anmerkungen zur Weltmacht Japan*, München 1989).

die die Menschheit bis dahin gesehen hatte (und sie sollte es bis zur NASDAQ-Blase bleiben); das Ausmaß der Aktien- und Immobilienspekulation war gewaltig, die Bewertungen an der Börse gerieten völlig aus dem Gleichgewicht. Auf dem Höhepunkt der spekulativen Überhitzung machte das Gerücht die Runde, der Kaiserpalast in Tokio sei mehr wert als der ganze Staat Kalifornien. Aufgrund der Nachfrage nach japanischen Kapitalanlagen gewann der Yen an Wert; die japanischen Hersteller von billigeren Produkten, etwa Textilien und Elektronikgeräte, stürzten in eine Krise und verlegten ihre Produktion in günstigere Gebiete in China und Südasien. Als die Blase 1988 platzte, löste dies eine tiefe Flaute in der Binnennachfrage aus, von der sich die japanische Wirtschaft als Ganzes erst zehn Jahre später zu erholen begann. Für amerikanische Beobachter verlor so das japanische Modell seinen Glanz, doch die augenfälligste Lektion aus der Episode übersahen sie: Offensichtlich gibt es keine wirtschaftliche Entwicklung, die ein uneingeschränkter und freier Kapitalmarkt nicht zu ruinieren vermag.

Mexiko wählte einen anderen Weg, nachdem Carlos Salinas de Gortari 1988 mithilfe eines Wahlbetrugs das Präsidentenamt übernommen hatte. Mit ihm kam eine stark an den USA ausgerichtete Wirtschaftselite an die Macht. Bereits unter Salinas Vorgänger Miguel de la Madrid Hurtado war Mexiko 1986 dem GATT beigetreten. Salinas folgte diesem Pfad: Er entschloss sich, mit den USA und Kanada einen Vertrag auszuhandeln, der die wirtschaftliche Integration der drei Länder voranbringen sollte. Das Ergebnis war das Nordamerikanische Freihandelsabkommen (North American Free Trade Agreement, NAFTA), das die mexikanischen Importschranken auf Industriewaren und landwirtschaftliche Grundnahrungsmittel aus den Vereinigten Staaten abbaute; außerdem öffnete sich Mexiko im Vertrag nicht nur gegenüber Auslandsinvestitionen, sondern sogar der ausländischen Beherrschung des

mexikanischen Industrie- und Finanzsektors. Im Gegenzug erhoffte sich Mexiko von den USA eine finanzielle Absicherung, die
es 1995 erhielt – ein Zeichen, dass das Land zu groß und geogra-
fisch zu nah an den USA gelegen war, als dass man es scheitern
lassen durfte. Das Resultat war ein Investitionsboom im nördlichen Mexiko in der zweiten Hälfte der 90er-Jahre, der zum Aufstieg des rechtskonservativen Partido Acción Nacional (PAN)
führte; die Partei war gegründet worden, um die Interessen der
nördlichen Wirtschaftseliten zu vertreten. In der mexikanischen
Politik öffnete sich eine Kluft zwischen dem Norden und dem Zentrum, die in den Wahlen von 2006 klar zum Vorschein kam. Der
freie Kapitalverkehr, unbegrenzte Investitionen multinationaler
Konzerne und die Zerrüttungen des freien Handels mit Landwirt-
schaftsgütern trugen alle dazu bei, dass sich Mexiko gewissermaßen in drei verschiedene Länder aufteilte: eine nördliche Grenz-
region, die völlig in die Wirtschaft der USA eingegliedert und von
der Entwicklung ihres nördlichen Nachbars abhängig ist; ein ver-
fallenes industrielles Zentrum, in dem soziale Fragen im Vordergrund stehen; und ein verwaister Süden, in dem unentwegt der
Aufstand gärt. Hier zeigt sich in aller Klarheit, wohin der Freihandel letztendlich führt: zur Wahl zwischen der Auflösung eines Gemeinwesens und dem Bürgerkrieg.[*]

---

[*] In Osteuropa war die Entwicklung ab den späten 80er-Jahren sehr ähnlich. Drei Länder
sind tatsächlich auseinandergebrochen: die Tschechoslowakei, die Sowjetunion und
Jugoslawien. In allen drei Fällen waren die reichsten Regionen (die Tschechische
Republik, die baltischen Staaten und Slowenien) zumindest teilweise darauf aus, sich der
ärmeren Gebiete zu entledigen. In allen drei Fällen führte der freie Kapitalverkehr zu
einem Abfluss von Kapital, nicht zu einem Zufluss. Der Abbau von Importschranken zog
keine Anpassung an den Wettbewerb nach sich, sondern den Zusammenbruch der
Industrie. In der Sowjetunion und Jugoslawien brachen Aufstand und Bürgerkrieg aus; in
fast keiner der Regionen, die die größten wirtschaftlichen Umbrüche seit 1945 erlebt
hatten, erhöhte sich der Lebensstandard in den ersten zehn Jahren. Nostalgische Gefühle
für den Kommunismus – auch wenn dies schwer zu verstehen ist – waren weit verbreitet,
besonders in den ärmeren Regionen der ehemaligen Sowjetunion.

In den Vereinigten Staaten entfesselte das Freihandelsabkommen eine bittere Debatte über seine Auswirkungen auf die Arbeitsplätze, die jedoch zum größten Teil völlig am Ziel vorbeiging. Schon lange vor der NAFTA konnten mexikanische Industriegüter unter dem seit 1965 geltenden Maquiladora-System weitgehend zollfrei in die Vereinigten Staaten exportiert werden.* Zu Beginn der 90er-Jahre betrug der durchschnittliche Zolltarif auf Industriegüter, die aus Mexiko in die Vereinigten Staaten exportiert wurden, etwa 3 Prozent. Bereits damals wanderten Arbeitsplätze von den USA in die Grenzgebiete ab (besonders in der Automobilzulieferindustrie), um vom beträchtlichen Lohnunterschied zu profitieren. Die NAFTA machte diese Entwicklung zwar unumkehrbar, aber abgesehen davon trug sie fast nichts zu diesem Trend bei. Wenn tatsächlich eine bedeutende Zahl von amerikanischen Arbeitsplätzen zugunsten von mexikanischen verloren ging, so war dies auf die Entstehung einer regionalen Zusammenarbeit in der Fertigungswirtschaft zurückzuführen und nicht auf das NAFTA-Abkommen. Weder Befürworter (die sich einen signifikanten Zuwachs an Arbeitsplätzen erhofften) noch Gegner (die große Verluste befürchteten) gestanden diese Tatsache offen ein.

Die weitreichendsten Auswirkungen hatte die NAFTA in den vormals geschützten Sektoren der mexikanischen Wirtschaft. So erforderten niedrigere Zölle eine Neuorganisation und Modernisierung der mexikanischen Automobilindustrie – zweifellos zum Nachteil der gewerkschaftlich organisierten mexikanischen Arbeiterschaft. Der mexikanische Banken- und Telekommunikationssektor wurde ausländischen Investoren und Käufern geöffnet.

---

* Das Maquiladora-System erlaubte es Herstellern, Halbfertigware zollfrei nach Mexiko zu importieren und die Fertigprodukte dann ebenfalls abgabenfrei zurück in die USA zu exportieren.

Schwerwiegende Folgen hatte das Abkommen auch für die mexikanische Landwirtschaft, denn der billigere amerikanische Mais verdrängte die ehemals geschützten mexikanischen Grundnahrungsmittel vom Markt. Die Konsequenzen dieser Entwicklung sind wenig verwunderlich: Die ländliche Bevölkerung wanderte in die prosperierenden nördlichen Industriestädte ab, in die Slums von Mexiko-Stadt – und in die Vereinigten Staaten, wo die Zahl der undokumentierten Migranten stark zunahm. Die Nahrungsmittel wanderten nach Süden, die Menschen nach Norden. Für die Konservativen war dies die bittere Frucht des Freihandels, denn ihre Loyalität zu den amerikanischen Landwirtschaftsproduzenten bedeutete, dass sie die Unterstützung der Nativisten in ihren eigenen Reihen, die sich nach einem kulturell homogenen, weißen Amerika sehnen, aufs Spiel setzten.

Jetzt stieg im Osten ein neuer Stern auf: die Volksrepublik China. Das Land ist mittlerweile zu einer Welthandelsmacht herangewachsen, der Lebensstandard hat sich in den letzten fünfundzwanzig Jahren vervierfacht, und es weist den zweitgrößten bilateralen Handelsüberschuss mit den USA auf. Diese Entwicklung sollte hier besonders gründlich untersucht werden. Wie kommt es, dass ein angeblich kommunistisches Land, das die strengste Form von Kapitalkontrolle überhaupt ausübt, zum schnellstwachsenden Handelsparter der Vereinigten Staaten werden konnte – in einem Zeitalter, das eigentlich den Triumph des Freihandels markieren sollte?

Der amerikanische Leser erhält üblicherweise die Antwort: »Niedrige Löhne.« In Dollar gemessen sind die Löhne des chinesischen Industriesektors tatsächlich sehr tief. Doch die Vorstellung eines Landes, das nur aus Konzentrationslagern und Skavenarbeit besteht, hält der Realität nicht stand. Ein Besuch in den Exportgebieten Chinas zeigt: Diese Regionen strotzen von Geschäftigkeit, sie prosperieren und sind weitgehend frei von den entwürdigenden Bedingungen, die in den ländlichen Gebieten Chinas und in anderen armen Gebieten der Welt immer noch vorzufinden sind – etwa in Indien, das als Exporteur von Industriegütern weit weniger erfolgreich ist. Auch die Statistik untermauert diese Tatsache: Sie zeigt, dass die Löhne im Rest des Landes – sei es in der Industrie, im Handel oder in der Landwirtschaft – klar unter denen der Industriebetriebe der Küstenregionen liegen. Und schließlich sind da noch die Sicherheitsvorkehrungen rund um die Industriezonen, beispielsweise in Zhuhai und Shenzen. Es gibt tatsächlich Checkpoints, aber sie sind nach außen gerichtet, nicht nach innen: Die Firmen kontrollieren, wer/was reinkommt, nicht wer/was rausgeht.

Wenn man in Betracht zieht, dass junge Frauen mit extrem kurzer Anstellungsdauer einen Großteil der Arbeit verrichten, so sind die relativen Löhne der Exportindustrie im gesamtchinesischen Vergleich nicht besonders tief; und die Reallöhne in den Exportregionen, also die Löhne gemessen am Preis der Konsumgüter, sind überhaupt nicht tief, wenn man sie mit den durchschnittlichen Lohnstandards in der Dritten Welt vergleicht. Denn Nahrungsmittel, Kleidung, Transport und oft auch die Unterkünfte, die den Arbeitern zur Verfügung stehen, sind in China extrem billig. Während die Löhne einen Zehntel des amerikanischen Werts betragen, sind die Preise der lebensnotwendigen Konsumgüter mindestens zehnmal billiger als in den Vereinigten Staaten. Die erwerbstätige Bevölkerung in Chinas Städten ist weitgehend gesund, gebildet und gut ernährt; der Unterschied bezüglich des Lebensstandards besteht zum großen Teil aus Komfortgütern – Wohnraum, Autos, Boote, Plasmafernseher, Schnaps –, die der durchschnittliche chinesische Haushalt nicht konsumiert.

Wie schaffen die Chinesen das? Nicht durch Planung, und nicht, indem sie sich dem Wettbewerb des freien Konsumgütermarktes entziehen. Im Gegenteil: China weist weltweit die größte Zahl an kleinen Produzenten auf und verfügt über den vielseitigsten und wettbewerbsfähigsten Konsumgütermarkt. Entsprechend entwickeln sich viele dieser Firmen, wie das Wettbewerbsmodell es voraussagt: Sie machen selten Gewinn, dafür umso häufiger Verluste.

Aber wie können die Firmen dann überleben? Wieso befindet sich China in einem solchen Aufschwung? Wie kann es sein Wirtschaftswachstum von angeblich fast 10 Prozent aufrechterhalten, trotz der Japankrise, der Asienkrise, der russischen Krise und der geplatzten Dotcom-Blase? Die Antwort findet sich abermals nicht vornehmlich in den Handelsbestimmungen, sondern in der Kontrolle der Kapitalmärkte. Denn in diesem Bereich profitiert China von seiner Unterentwicklung.

Die chinesische Wirtschaft zeichnet sich durch das einmalige und entscheidende Merkmal aus, dass ihr Kapitalmarkt vergleichsweise wenig entwickelt ist. Es existieren zwar solche Märkte, auf denen Aktien und Kontrolle von Unternehmen gehandelt werden; die Börse in Shanghai zum Beispiel erlebte Mitte der 2000er-Jahre einen gewaltigen Boom.[*] Aber der Umfang, die Geldmittel und die Macht des Kapitalmarkts sind begrenzt. Die meisten Unternehmen können nicht an der Börse gehandelt werden, und in diesem Sinn sind die »Eigentumsrechte« an Firmen ebenfalls begrenzt. Die zahlreichen Produzenten von Konsumgütern, die die Fertigungswirtschaft im südlichen China dominieren, sind charakteristischerweise klein und befinden sich in gemeinsamem Besitz. Früher gehörten

---

[*] Wodurch der chinesische Aktien- und Immobilienboom angeheizt wurde, muss erst noch eingehend analysiert werden. Eine Möglichkeit ist, dass Unternehmen nach der Liberalisierung des Kapitalmarktes 2002 den Wert von chinesischen Exporten aufblähten, um die Kapitalkontrollen zu umgehen und Geldmittel ins Land zu schaffen. Wenn dies der Fall war, so erklären sich daraus mehrere andernfalls merkwürdige Phänomene, etwa die mysteriös hohen Gewinne, die einige große chinesische Firmen meldeten, oder der erstaunliche Anstieg des Handelsüberschusses und der Anlageinvestitionen als Teil des chinesischen BIP.

sie Dörfern oder Gemeinden, doch vor Kurzem wurden sie privatisiert – das heißt, sie wurden an Manager oder an Arbeiterkollektive verkauft –, und zwar nicht, weil sie profitabel waren, sondern gerade weil sie nicht rentierten. Indem sie verkauft wurden, verloren sie ihren Anspruch auf das Geld der Kommune.

Unter diesen Umständen wirkt sich der Kapitalmarkt nicht disziplinierend auf das mittelfristige finanzielle Abschneiden eines Industrieunternehmens aus. Wenn Firmen Verluste verzeichnen, so bedeutet dies nicht, dass ihre Aktien abstürzen, dass sie eine feindliche Übernahme fürchten müssen oder dass ihr Management ersetzt wird. Wenn sie einen Gewinn erzielen (was zwar schwierig ist, aber trotzdem vorkommt), können sich die Manager nicht selbst bereichern; es gibt Fälle von Bestechung und Spekulation, aber ein Manager hat nicht wirklich die Möglichkeit, seine Firma zu verkaufen und mit dem Erlös seinen Ruhestand anzutreten. Um Geld zu machen, muss das Unternehmen fortgeführt werden. Und dies bedeutet, dass die Firma einer finanziellen Überprüfung standhalten muss, die in anderen Fällen zu einem Vertrauensverlust und zur Firmenschließung führen würde. In China sind diese Überprüfungen extrem schwach. Die finanzielle Überwachung ist hier im Prinzip Aufgabe der Banken (für kleine Unternehmen ist dies auch im Westen der Fall), aber die Banken kommen diesem Auftrag nur ungenügend nach. Sie befinden sich in Staatsbesitz, richteten sich früher nach politischen Vorgaben und sind sowieso nominell insolvent aufgrund einer großen Zahl von faulen Krediten, und so unterstützen diese chinesischen Banken die Unternehmen langfristig, auch wenn die Firmen wenig profitabel sind oder gar Verluste verzeichnen. Oft können die Kredite nicht zurückbezahlt werden, aber das kümmert niemanden. Notleidende Darlehen des staatlichen Bankensektors sind im Prinzip Staatsschuld, und der Staat wird (und kann) nicht zulassen, dass der Bankensektor untergeht.

Die Folge, um es noch einmal zu sagen, ist eine große Zahl von Industrieunternehmen und ein extremer Wettbewerb in der Herstellung von Konsumgütern des täglichen Bedarfs: Kleider, kleinere Gebrauchsgüter, Elektronikwaren, Haushaltsgegenstände und Essen. Dieser Wettbewerb führt zu einem chronischen Überfluss auf dem Konsumgütermarkt, was sich an der Tatsache ablesen lässt, dass sich auf den Gehsteigen in ganz China ein Verkaufsstand an den anderen reiht. Die Preisrivalität ist phänomenal, wie der Besucher schnell herausfinden wird: Der Preis, den der Verkäufer anfänglich nennt, kann ohne großen Aufwand auf einen Zehntel oder noch weniger heruntergehandelt werden. Es ist kaum möglich, dass diese Preise die Kosten der Hersteller decken.

Gibt es denn überhaupt eine Möglichkeit für einen chinesischen Produzenten, Profit zu machen? Ja: Anstatt auf dem Binnenmarkt zu verkaufen, kann der Hersteller seine Produkte exportieren. Und die Exportpreise müssen ein Vielfaches der heimischen Preise betragen, auch im Großhandel. Nun ist der Exportmarkt zwar riesig, aber nicht unbegrenzt; zudem erfordert er Qualitätsstandards, die von den chinesischen Verbrauchern nicht verlangt werden und die für neue und unerfahrene Unternehmen nur schwer zu erfüllen sind. Lediglich ein kleiner Teil der chinesischen Unternehmen stellt Produkte her, die diesen Standards entsprechen, denn dies kann eine Firma nur durch Übung und Erfahrung lernen.

Für das durchschnittliche chinesische Leichtindustrieunternehmen ist also klar, was es tun muss: Die beste Strategie, letztendlich Profit zu machen, ist, sich in Richtung Export zu entwickeln – zumindest als letztes Ziel. Je mehr die Firma herstellt, desto mehr Erfahrung kann sie sich aneignen; sie kann ihre Qualität verbessern und sich als ein verlässliches und solides Unternehmen etablieren, in der Hoffnung, schließlich einen Teil ihrer Produktion zu exportieren – zuerst vielleicht in ein Niedriglohnland wie Indien, dann in Länder mit mittleren Einkommen wie die Türkei oder Mexiko und schließlich in die Vereinigten Staaten und nach Europa. Damit dies funktioniert, müssen die Arbeitskosten als Fixkosten angesehen werden. Das heißt, die Produktion muss weitergehen, unabhängig davon, wie sich die Nachfrage entwickelt. Wenn das Unternehmen die Produktion unterbrechen und Arbeiter entlassen muss, nur weil ihre Produkte nicht augenblicklich zu einem Preis verkauft werden können, der Wal-Mart genehm ist, ist diese Strategie zum Scheitern verurteilt.

Was machen also diese Unternehmen mit den Produkten, die sie nicht exportieren können? Die Frage wurde bereits beantwortet: Dieser Output wird auf dem Binnenmarkt zu dem Schleuderpreis verkauft, den er zu erzielen vermag. Dem chinesischen Kleinladenbesitzer geht es nicht in erster Linie darum, Profit zu machen; sein Ziel ist es, die Produkte loszuwerden, weil aus der Fabrik ohnehin bald Nachschub kommen wird. Dies hat zur Folge, dass die Preise für die chinesischen Konsumenten fallen (Deflation). Angesichts des festen Einkommens bedeutet das wiederum, dass sich das Realeinkommen in Bezug auf die alltäglichen Konsumgüter erhöht. Die sichtbare Folge sind wohlernährte und gut gekleidete Bürger und das weitgehende Fehlen von augenfälliger menschlicher Verwahrlosung.

Den Banken kommt in diesem System eine ganz andere Bedeutung zu als im Westen. Ihre Aufgabe ist es, für die kurz- und mittelfristigen Verluste von Unternehmen aufzukommen; so geben sie den Unternehmen eine Chance, in Zukunft jene Profite zu erzielen, die im Exportsektor möglich sind. Die notleidenden Darlehen haben keineswegs eine hemmende Wirkung auf den reibungslosen Ablauf des Systems, sondern sie sind der Motor, der es am Laufen hält. (Es geht hier nicht um notleidende Darlehen für die staatliche Schwerindustrie, doch in diesem Sektor gibt es noch einen anderen interessanten Aspekt: Diese Darlehen tragen zu den Sozialleistungen von Unternehmen bei, die zumindest in einigen Fällen sogar marginal rentabel wären, wenn die Leistungen stattdessen direkt vom Staat bezahlt würden.) Kapitalkontrolle und Regulierung schützen die Banken und die Volkswirtschaft vor allzu viel Konkurrenz aus dem Ausland.

Nun können wir das Rätsel um die chinesischen Löhne auflösen. Wenn wir sie in Dollar messen, sind sie tatsächlich außergewöhnlich tief, was die Tatsache widerspiegelt, dass in China der Arbeitskraft junger Frauen in der Leichtindustrie extrem geringe Opportunitätskosten und ein geringer Status beigemessen wird. Aber wenn wir sie als Reallöhne messen und mit dem Lohnniveau in anderen Drittweltländern vergleichen, sind die Löhne in China überhaupt nicht tief. In der historischen Perspektive befinden sie sich heute auf einem vergleichsweise sehr hohen Niveau: Viele Chinesen im Süden und entlang der urbanisierten Küste haben im Lauf der Jahre eine starke Verbesserung eines Großteils ihrer materiellen Lebensumstände erlebt. Diese Tatsache erklärt die Toleranz, welche die meisten städtischen Chinesen dem Regime entgegenbringen; in ländlichen Gebieten, wo die Verhältnisse schlechter sind, sind Unruhen weit häufiger.

Während sich China langsam des Kommunismus entledigt, sehen wir hier das Paradoxon des Einkaufens, das bereits erwähnt wurde. Hier gelten die theoretischen Grundlagen des rein wettbewerbsgesteuerten Marktes in weit vollkommenerer Form, als dies in den kapitalistischen Ländern der Fall ist, und auch seine Folgen für das Gemeinwohl kommen stärker zum Tragen. Dies ist gerade deswegen möglich, weil in China der grundlegende Charakterzug des fortgeschrittenen Kapitalismus fehlt: ein vollständig entwickelter Kapitalmarkt. Solche Märkte sind jetzt im Entstehen – wenn China tatsächlich seine Verpflichtungen bezüglich der Liberalisierung des Kapitalmarktes erfüllt, die es gegenüber der WTO eingegangen ist –, und sollte sich diese Entwicklung fortsetzen, lässt sich getrost voraussagen, dass sie zu einer Krise des chinesischen Modells führen wird und dass der wirtschaftliche Fortschritt sein Ende finden wird – genau wie in Lateinamerika, Osteuropa und in anderen Ländern Asiens. Aber noch scheinen die Chinesen diesen Trieb zur Selbstzerstörung unter Kontrolle zu haben.[*]

Im Moment sieht die Situation so aus: Ein System von Billigherstellern in einem »evolutionären Ableger« des Kommunismus hat sich zu einem gleichwertigen Handelspartner der Vereinigten Staaten entwickelt – des Landes, das die Weltwirtschaft mit Geldmitteln versorgt und den weltweit größten Verbrauchermarkt darstellt. Auch wenn viele Leute nicht besonders glücklich darüber sein werden, so ist dies ein symbiotisches System, denn im Allgemeinen kommt es der Bevölkerung beider Länder zugute: Die einen konsumieren viel, stellen jedoch immer weniger Produkte selber her, und die anderen erhöhen durch den Handel ihren noch niedrigen Lebensstandard. Diese Anordnung kann vielleicht nicht aufrechterhalten werden, aber über ihre Effizienz besteht kein Zweifel. Und so viel steht fest: Die sino-amerikanische Vernunftehe ist weder dem komparativen Vorteil noch dem Freihandel zu verdanken. Die wahren »Freihändler« in der Weltwirtschaft befinden sich außerhalb dieses symbiotischen Systems, und ihr Leistungsausweis ist nicht annähernd so gut. Aber weil diese Länder nicht so erfolgreich sind, treiben sie nicht im gleichen Umfang Handel und können deshalb nicht als direkte Gefahr für amerikanische Arbeitsplätze angeführt werden. Und so wird oft übersehen, was für eine Bedeutung diese Länder für eine ausgewogene Beurteilung der Konsequenzen der amerikanischen Handelspolitik haben.

---

[*] Vielleicht nicht vollständig, denn das Ausmaß der Immobilienspekulation in Peking und Shanghai im Vorfeld der Olympischen Spiele 2008 deutet auf die Möglichkeit eines enormen Crashs hin.

Teil 2

Räuber und ihre Opfer

7 Woher kommt die wachsende Ungleichheit wirklich?

Am 31. Januar 2007 hielt Präsident Bush eine Rede an der Wall Street, während der er seine schamlos überbezahlte Zuhörerschaft wissen ließ: »Das Einkommensgefälle ist eine Tatsache – es vergrößert sich seit über 25 Jahren.«[*]

Für den Präsidenten stellte diese Tatsache jedoch kein Problem dar, und die ökonomischen Lehrbücher geben ihm recht. Sicherlich ist die zunehmende soziale Ungleichheit in Amerika eine bedauerliche Entwicklung, so viel geben sogar die Konservativen zu. Die Kluft zwischen Arm und Reich sei jedoch eine Folge von veränderten Grenzprodukten, eine Folge des *skill bias* in der technischen Entwicklung (also der privilegierten wirtschaftlichen Stellung von qualifizierten Arbeitskräften) und deshalb nichts als ein Nebenprodukt unseres Informationszeitalters. Die Ungleichheit sei der Preis, den wir für unsere hohen Beschäftigungsquoten und für den von der Technologie geschaffenen Wohlstand bezahlen müssten. Ein Versuch, dies zu ändern, würde nur zum Verlust von Arbeitsplätzen führen. In seiner Rede bekräftigte Bush diese Auffassung: »Der

---

[*] Michael Abramowitz, Lori Montgomery, »Bush Addresses Income Inequality: Economic Speech Touches on Executive Pay as Senators Move to Rein It In«, in: *Washington Post*, 1. Februar 2007, S. A4.

Grund ist offensichtlich: Unsere Wirtschaft belohnt in zunehmendem Maß Ausbildung und die durch sie geschaffenen Fähigkeiten.«

In diesem Licht, so wird uns nahegelegt, sollten wir die wachsende Ungleichheit beurteilen: Es ist eine vom Markt gesteuerte Entwicklung. Und der Markt ist gerecht, denn er verteilt den Lohn gemäß der Produktivität jedes Individuums. Wenn wir diese Regel befolgen, werden wir so den größtmöglichen Wohlstand und die größtmögliche Produktivität erhalten. Egal, wie die Einkommensverteilung aussehen mag, sie widerspiegelt lediglich die Verteilung der Fähigkeiten; sie ist deshalb als richtig und normal anzusehen und sollte nicht infrage gestellt werden. Indem die wachsende Ungleichheit als Folge des Marktprozesses identifiziert wird, entzieht man sie der politischen Überwachung und Verantwortung. Dies war natürlich genau, was Bush sagen wollte: Schiebt das Einkommensgefälle nicht mir in die Schuhe, denn ich kann nichts dafür.

Wer Ungleichheit als Folge des Marktprozesses anerkennt, akzeptiert auch, dass sie sich nicht ohne negative Konsequenzen korrigieren lässt. Wenn der Markt seine Arbeit richtig macht, dann wird jede Einmischung seine Effizienz beeinträchtigen: Wenn mein Lohn über das Niveau meiner Produktivität angehoben wird, hat mein Arbeitgeber keinen Grund, mich weiterhin einzustellen. Jeder Versuch, eine Gleichheit herzustellen, die sich nicht aus einer veränderten Produktivität ergibt, verursacht nach dieser Theorie mehr Arbeitslosigkeit. Denn der Output und der Ertrag wären dann kleiner, als sie ohne Einmischung gewesen wären. Dies ist die Theorie vom Ausgleich zwischen sozialer Gerechtigkeit und ökonomischer Effizienz, die sich unter Volkswirtschaftlern seit Generationen großer Wertschätzung erfreut. Sich unter diesen Umständen mit Gerechtigkeit, also mit Gleichheit zu befassen, schade nur, und deshalb sollten dies vernünftige Menschen, die sich wirklich um das Wohl der Gesellschaft sorgen, gefälligst unterlassen.

Nun kann gegen diese Sichtweise das Argument vorgebracht werden, dass eine eklatante Ungleichheit aus moralischen Gründen abzulehnen ist. Wenn der Mindestlohn erhöht wird oder wenn es Arbeitern erlaubt ist, Gewerkschaften zu gründen und so Lohnerhöhungen durchzusetzen, dann werden gemäß der althergebrachten Arbeitsmarkttheorie einige Leute ihren Job verlieren. Aber selbst wenn dies zutrifft, so verbessert sich die Lage für diejenigen, die ihren Arbeitsplatz behalten können. Es lässt sich durchaus argumentieren, wie dies viele Ökonomen und andere tatsächlich tun, dass die Gewinne, die durch eine Umverteilung erzielt werden, schwerer ins Gewicht fallen als der Arbeitsplatzverlust – besonders auf kurze Sicht. Doch diese Ökonomen gehen auch davon aus, dass Ertrag und Output bei höheren Löhnen geringer ausfallen werden. Wenn also jemand aus moralischen Gründen für eine gerechtere Verteilung plädiert, stellt er sich dieser Argumentation zufolge gezwungenermaßen gegen den größeren Wohlstand der gesamten Gesellschaft. Es ist eine Haltung, die lediglich auf Barmherzigkeit und Mitgefühl basiert. Demnach sind Mitgefühl und Barmherzigkeit auch die Motive, die hinter dem Mindestlohn, den Gewerkschaften und den anderen Interventionen zur Verringerung der Ungleichheit stecken. Weil aber Barmherzigkeit einen Preis hat – sie hemmt die Effizienz des gesamten Systems – kann ihnen in ökonomischer Hinsicht nur eine begrenzte Bedeutung zukommen.

Dieses intellektuelle Gefüge gibt dem prinzipientreuen Konservativen einen respektablen Grund, die Ungleichheit einfach so zu lassen, wie sie ist. Weniger Eingriffe bedeuten mehr Output, was zu mehr Kapitalanhäufung, schnellerem technischen Fortschritt und einem schnelleren Wirtschaftswachstum führt. Mit der Zeit würde es der ganzen Gesellschaft besser gehen – sogar denjenigen, die von der Barmherzigkeit vielleicht kurzfristig profitiert hätten. Die einzigen geeigneten Strategien, die Ungleichheit kurzfristig zu verringern, seien diejenigen, welche die Produktivität sogar noch steigern können – zum Beispiel indem Beschäftigte (wenn möglich) die notwendigen Fähigkeiten schneller lernen und sie sich noch schneller den Erfordernissen des technischen Fortschritts anpassen. Andernfalls sei die Wachstumsrate immer stärker zu gewichten als der Trost einer progressiven Umverteilung.

In den 90er-Jahren entbrannte unter etablierten Ökonomen ein Streit über die genauen Ursachen des steigenden Einkommensgefälles. Die einen suchten die Verantwortung bei der Technik, die anderen bei den Auswirkungen des internationalen Handels. Anhänger der Technik-Hypothese sahen die wachsende Nachfrage nach hochqualifizierten Arbeitskräften, die hauptsächlich aufgrund der Computerisierung entstanden war, als entscheidende Ursache. Abhilfe (wenn sie denn überhaupt nötig wäre) könnte hier durch Ausbildung (education) geschaffen werden, um das Angebot an qualifizierten Arbeitskräften zu erhöhen und so den Lohnvorteil zu verringern. Die Anhänger der Handels-Hypothese hingegen machten auf die Verschiebung des Angebots an ungelernten Arbeitskräften aufmerksam, das auf die Globalisierung zurückzuführen sei – teils auf Auslagerung der Produktion und teils auf Einwanderung. Auch hier könne eine bessere Ausbildung (training) gegensteuern: Sie ermögliche es Beschäftigten reicher Länder, die ihren Job aufgrund des internationalen Handels verlieren, eine neue und bessere Anstellung zu suchen. Weil nur wenige Leute Ausbildung oder Technik ablehnen – egal, ob sie die Ungleichheit erhöht oder nicht –, bestand zwischen den beiden Ansätzen kein wirklicher Unterschied. Beide Positionen vertrauten auf die allumfassende Institution des Arbeitsmarktes, und beide führten zur Auffassung, dass die Politik sich nicht darum bemühen sollte, die Einkommensschere zu schließen – sie könne lediglich versuchen, die Warteschlange am unteren Ende der Karriereleiter neu zu ordnen.

Im Lauf des Jahrzehnts wurden beide Varianten dieser Hypothese fallengelassen. Einerseits wuchs das Lohngefälle zu stark an, als dass es auf den internationalen Handel hätte zurückgeführt werden können; Versuche, die Zunahme der Ungleichheit mit den messbaren Auswirkungen des internationalen Handels zu vergleichen, führten zu dem Schluss, dass »defensive Innovation« für die Ungleichheit verantwortlich sei – also eine Weiterentwicklung der Technologie aufgrund des internationalen Wettbewerbsdrucks. Andererseits konnte die Technologie nicht für das steigende Lohngefälle verantwortlich gemacht werden, weil der zeitliche Ablauf nicht stimmte: Insbesondere die Massencomputerisierung begann in den späten 80er- und frühen 90er-Jahren und kam somit viel zu spät, als dass sie den scharfen Anstieg der Lohnungleichheit in den frühen 80er-Jahren hätte verursachen können. Der Ausduck *skill-biased technological change* (technologischer Wandel, der höher qualifizierte Beschäftigung begünstigt) wird in der Welt der Ökonomen, Journalisten und Politiker immer noch gebraucht, doch die Beweise, auf die sich diese Hypothese stützt, sind mittlerweile sehr schwierig zu finden. Nicht zum ersten Mal hat sich die akademische Wirtschaftswissenschaft aus diesem konfusen Diskussionsfeld zurückgezogen.[*]

Die Ungleichheit ist ein sehr komplexes Thema, und zwar nicht nur, weil die auf dem Arbeitsmarktprozess beruhenden Erklärungsansätze sich nicht durch feste Daten erhärten lassen. Eine grundlegendere Komplexität ergibt sich aus der Tatsache, dass der Zuwachs an Ungleichheit, um den sich die meisten Leute sorgen – das extreme Einkommensgefälle –, mit dem Arbeitsmarkt nicht viel zu tun hat. Das heißt, der Arbeitsmarkt beeinflusst zwar den Lohn, aber der Lohn ist nur ein kleiner Teil des Einkommens. Das Einkom-

---

[*] Mein Buch *Created Unequal* (New York 1998) beinhaltet eine frühe und ausführliche Kritik dieser Hypothese.

mensgefälle schließt das Lohngefälle mit ein, aber auch vieles mehr: Kapitalerträge, Zinsen, Dividenden, Unternehmereinkommen und so weiter. Es lässt sich durchaus argumentieren, dass die Technik, der Handel und andere sich verändernde ökonomische Faktoren die Lohnungleichheit beeinflussen. Doch in Bezug auf das Einkommensgefälle ist diese Argumentation weniger plausibel. Beide Konzepte sind zwar wichtig, doch die Einkommensungleichheit ist für eine Analyse der Verteilung ökonomischer Macht und der Zukunft eines demokratischen Gemeinwesens von größerer Bedeutung.

Schauen wir uns zuerst die Lohnungleichheit an. Sie lässt sich präzise messen, sowohl innerhalb eines Staates als auch im Vergleich zwischen Ländern. Dies erlaubt es uns, eine grundsätzliche Frage zu stellen, deren Antwort den Kern des Marktwirtschaftsglaubens trifft. Existiert der vermeintliche Ausgleich zwischen Gerechtigkeit und Effizienz wirklich? Muss eine Gesellschaft, die ihre Löhne gerechter verteilen will, tatsächlich eine eingeschränkte Effizienz, eine geringere Produktivität und ein kleineres Wachstum in Kauf nehmen? Stellt also die moralische Argumentation den einzigen vertretbaren und korrekten Einwand gegen hohe Lohnungleichheit dar? Oder trifft vielleicht das Gegenteil zu, dass nämlich eine gerechtere Gesellschaft gleichzeitig auch effizienter ist? Wenn das der Fall ist, so nährte dies ernste Zweifel an der allgemein akzeptierten Auffassung, dass man sich nicht in den Markt und die durch ihn veranlasste Zuteilung des Lohnes einmischen soll. Solch eine Schlussfolgerung würde eine völlig andere Auslegung zulassen: dass nämlich eine stabile Lohnverteilung, die durch institutionelle, soziale und politische Normen sichergestellt wird, die Entwicklung der Technik und der Handelsstruktur fördert.

Dänemark ist ein guter Ausgangspunkt, um dieser Frage nachzugehen. Dänemark ist ein kleines Land, das anders als vergleichbare Länder in Nordwesteuropa wie Norwegen, Großbritannien und Holland über keinen Vorrat an Öl oder Erdgas verfügt. Anders als Belgien, das durch die Ausbeutung des Kongo zu Reichtum gelangte, besaß Dänemark nie wichtige Kolonien – die Kolonisierung der Karibikinsel St. Croix war ein kleineres Unterfangen, und mit Grönland ließ sich kein Geld verdienen. Anders als die Schweiz wurde Dänemark im Zweiten Weltkrieg besetzt und konnte sich nicht durch die Geldwäsche von deutschem Geld bereichern. Das Land besitzt weder einen wichtigen Industriezweig noch war (oder ist) es auf einem bestimmten technischen Gebiet bahnbrechend (abgesehen von entscheidenden Beiträgen zur Theoretischen Physik des 20. Jahrhunderts und, seit Kurzem, zur Herstellung leistungsfähiger Windkraftanlagen).

Und dennoch ist Dänemark heute das drittreichste Land Europas[*], was es einem starken, gleichmäßigen und stabilen Wirtschaftswachstum über Jahrzehnte hinweg verdankt. Dänemark weist europaweit das geringste Lohngefälle auf, möglicherweise sogar weltweit. Außerdem liegt die Arbeitslosigkeit so tief wie kaum sonst irgendwo in Europa, und die Beschäftigungsquote der aktiven Bevölkerung zählt zu den höchsten. Wenn Dänemarks berühmter Egalitarismus das Land tatsächlich gezwungen hat, dafür seinen Wohlstand aufzuopfern, so finden sich dafür nur schwerlich Beweise. Stattdessen scheint hier das Gegenteil der Fall zu sein: Ein Land, in dem weitgehende soziale Gleichheit herrscht und das gleichzeitig im europäischen Vergleich verhältnismäßig reich ist – und extrem reich im Vergleich zum Rest der Welt.

Ist Dänemark ein Spezialfall? Sind seine Bewohner ungewöhnlich begabt, effizient oder uneigennützig? Nein: Dänemark stellt den

---

[*] An erster und zweiter Stelle stehen Norwegen und die Schweiz, gemessen am Bruttoinlandsprodukt pro Kopf. Gemäß den Luxembourg Income Studies lag der Gini-Koeffizient für die Netto-Haushaltseinkommen in Dänemark Anfang der 90er-Jahre bei 0,24, während der Wert für die USA zur gleichen Zeit 0,34 betrug. Die Arbeitslosigkeit in Dänemark lag in den letzten Jahren bei 4 Prozent oder tiefer.

Endpunkt eines Kontinuums dar, auf dem die meisten Länder Europas angesiedelt werden können. Die Regeln des Kontinuums sind einfach. Erstens: Tiefere Arbeitslosigkeit bedeutet höheres Einkommen. Die meiste Zeit haben die Hocheinkommensländer Nordeuropas durchwegs tiefere Arbeitslosenquoten als ihre weniger reichen südlichen Nachbarn. Zweitens: Weniger Ungleichheit bedeutet tiefere Arbeitskosigkeit. Die starken Sozialstaaten Nordeuropas haben höhere Beschäftigungsquoten und tiefere Arbeitslosigkeit als die Länder Südeuropas, in denen größere Lohngefälle vorherrschen. Diese Regeln gelten in ganz Europa. Dänemark bildet lediglich den Maßstab, nach dem alle anderen Länder beurteilt werden können.*

Herrscht in Dänemark absolute Gleichheit? Natürlich nicht. Keine Gesellschaft, die an der vollkommenen Gleichheit festhalten würde – also am gleichen Stundenlohn und an gleichen Arbeitsbedingungen für alle Arten von Beschäftigung – könnte auf Dauer funktionieren. Arbeit ist nicht angenehm, und deshalb besteht die Motivation, sie effizient zu verrichten, normalerweise in der Aussicht auf Gewinn. Daraus folgt eine Hierarchie: Wer eine höhere Position oder mehr Verantwortung innehat, bekommt mehr Lohn, und wer mehr leistet, wird befördert. Es gibt Ausnahmen; in Kriegszeiten zum Beispiel werden Lohnunterschiede oft aufgegeben. Doch

---

* 1998 betrug das BIP pro Arbeitsstunde in Dänemark nur 92 Prozent des durchschnittlichen Werts aller OECD-Länder, weit unter dem europäischen Durchschnitt. Außerdem arbeiten die Dänen, anders als die Japaner, nicht außergewöhnlich lange. Sie profitieren von einer größeren erwerbstätigen Bevölkerung, einer höheren Erwerbsquote und tiefer Arbeitslosigkeit, und zusammen erhöhen diese Faktoren das dänische BIP pro Kopf auf 103 Prozent des OECD-Durchschnitts. Die EU-14 (das »alte Europa«) schneiden in dieser Hinsicht weit schlechter ab: Zusammengerechnet kommen sie auf gerade mal 90 Prozent des durchschnittlichen BIP pro Kopf der OECD-Länder, während sich ihr Output pro Stunde auf 103 Prozent des OECD-Durchschnitts beläuft. Siehe Bart van Ark, Robert H. McGuckin, »International Labor Productivity and Per Capita Income«, in: *Monthly Labor Review* 122:11 (Juli 1999). Neben den meisten westeuropäischen Staaten gehören auch die nordamerikanischen Länder (USA, Kanada, Mexiko) sowie die Türkei, Japan, Südkorea, Australien und Neuseeland zur OECD.

der Kommunismus hat gezeigt, dass die kriegsbedingte Aufopferung für schwere Arbeit nicht über längere Zeit aufrechterhalten werden kann. Kommunistische Gesellschaften haben dieses Problem teilweise durch Arbeitslager gelöst, aber im Gefängnis lässt sich keine hohe Produktivität erreichen, und eine komplexe Produktion ist dort ebenso wenig zu bewerkstelligen. Im Allgemeinen kann man mit dem Gulag kein Geld verdienen.

Das Beispiel Dänemark zeigt jedoch, dass ein geringes Lohngefälle mit einem effizienten, weit entwickelten und reichen Wirtschaftssystem kombiniert werden kann. Wie ist diese Tatsache zu erklären? Handelt es sich bei dieser Beziehung zwischen Gleichheit und Effizienz um einen glücklichen Zufall? Oder ist es vielmehr ein Merkmal der Art und Weise, wie eine gut geführte Volkswirtschaft in Wirklichkeit funktioniert?

Ein Teil dieses Rätsels ist einfach zu lösen. Ineffizienz ist in vielen Ländern auf Arbeitslosigkeit zurückzuführen: Leute, die nicht arbeiten, produzieren nichts, und der Verlust ihrer Güter und Dienstleistungen macht die Gesellschaft insgesamt ärmer. Wenn in einer Gesellschaft ein großes Lohngefälle besteht, dann gibt es notwendigerweise nur wenige »gute«, dafür aber viele »schlechte« Jobs. Genau das ist es, was gesellschaftliche Ungleichheit bedeutet. Aber in einer Gesellschaft mit einem geringen Lohngefälle sind die Jobs, die relativ begrenzte Fähigkeiten voraussetzen und vergleichsweise wenig produktiv sind, schon ziemlich gut bezahlt. Das heißt, diese Beschäftigten sind im wirtschaftlichen Sinn nicht so weit enfernt von ihren produktiveren Landsleuten. Aus diesem Grund haben sie einen viel geringeren Anreiz, ihre Stelle aufzugeben oder gar auszuwandern, um sich nach einem besseren Job umzusehen. Außerdem subventionieren diese Gesellschaften viele soziale Grundbedürfnisse, von der Bildung über die Gesundheitsfürsorge zum Wohnungswesen: Sie stellen öffentliche Güter im großen Stil zur Verfügung. Wer will unter solchen Bedingungen schon seine Stelle aufgeben? In einer sozial gerechteren Gesellschaft behalten deshalb viele Leute ihre Stelle. Die Gesellschaft mag vielleicht nicht zu den aufregendsten gehören, und wenn man es zu weit treibt, kann sie auch jegliche Dynamik verlieren: Die Sowjetunion bietet sich hier erneut als Beispiel an. Aber wenn die richtige Balance gefunden wird, so ist diese Gesellschaft imstande, ein hohes Output-Level und wirtschaftliches Wohlergehen zu generieren, denn die Verwendung aller menschlichen Ressourcen ist äußerst effizient. Das ist das skandinavische Prinzip, und es ist deshalb kein Zufall, dass Dänemark sowohl egalitär als auch reich ist.

Ich behaupte, dass dies eine ökonomische Gesetzmäßigkeit darstellt, die sich somit auch auf die Vereinigten Staaten übertragen lässt. Entgegen der weitverbreiteten Meinung erreichte die USA die Vollbeschäftigung gegen Ende der 1990er-Jahre nicht, weil die Löhne der Armen gekürzt wurden. Ganz im Gegenteil: In der amerikanischen Geschichte besteht ein systematischer Zusammenhang zwischen hoher Lohnungleichheit in schlechten Zeiten und sinkender Lohnungleichheit in guten Zeiten. Wenn die Theorie des Ausgleichs zwischen Effizienz und Gerechtigkeit tatsächlich stimmen würde, dann hätte die Arbeitslosigkeit mit der zunehmenden Ungleichheit zu Beginn der 80er-Jahre sinken müssen; umgekehrt hätte das Lohngefälle steigen müssen, als die Arbeitslosigkeit in den 90er-Jahren zurückging. Es war jedoch gerade andersherum: In den Vereinigten Staaten sinken und steigen Arbeitslosigkeit und Lohngefälle gemeinsam, Monat für Monat, Jahr für Jahr. (Seit Januar 1947[*] war diese Beziehung Monat für Monat konstant, und bis 1920[**] kann sie jährlich zurückverfolgt werden.)

[*]   James K. Galbraith, Vidal Garza-Cantú, »Inequality in American Manufacturing Wages, 1920–1998: A Revised Estimate«, in: *Journal of Economic Issues* (Sommer 1999), S. 735–743.
[**] Thomas Ferguson, James K. Galbraith, »The American Wage Structure, 1920–1947«, in: *Research in Economic History* 19 (1999), S. 205–257.

Studien zu Mindestlöhnen bestätigen diese Gesetzmäßigkeit. Nach der Theorie des Effizienz-Gerechtigkeit-Ausgleichs verursacht eine Erhöhung des Mindestlohns mehr Arbeitslosigkeit, doch die Ökonomen David Card und Alan Krueger haben gezeigt, dass dies nicht stimmt. Kalifornien und New Jersey erhöhten ihre Mindestlöhne in den 1980er-Jahren, woraufhin die Arbeitslosigkeit abnahm; das Gleiche trifft auf die Mindestlohnerhöhung auf nationaler Ebene Mitte der 90er-Jahre zu.[*] Weshalb sank die Arbeitslosigkeit? Als sich der Lohn verbesserte, gaben weniger Leute ihre Stelle auf, das heißt, die Beschäftigungsdauer wurde länger und weniger offene Stellen waren verfügbar. Die Unternehmen konnten Effizienzgewinne verzeichnen, weil weniger Zeit auf die Einschulung von neuen Arbeitskräften verwendet werden musste. Wenn wir in der theoretischen Welt der freien Marktökonomie lebten, müssten die Vereinigten Staaten verhältnismäßig mehr ungelernte Arbeitskräfte beschäftigen als Europa. Aber das tun sie nicht.[**] Die Vereinigten Staaten und Europa beschäftigen in etwa die gleichen Anteile an Facharbeitskräften und ungelernten Arbeitskräften.

Lohnungleichheit und Arbeitslosigkeit sind so eng miteinander verknüpft, dass sich die Frage aufdrängt: Sind diese zwei Phänomene nicht lediglich zwei unterschiedliche Arten, ein und denselben Sachverhalt zu messen? Die Arbeitslosenquote misst die Notlage derjenigen, die sich am unteren Ende der Gesellschaft befinden; der Lohnunterschied widerspiegelt die Kluft, die zwischen verschiedenen Akteuren der darüber liegenden Stufen besteht. Wenn eine wirtschaftliche Entwicklung die Notlage der untersten Stufe verschlimmert, wenn also weniger schlecht verdienende Arbeiter Stel-

[***] David Card, Alan Krueger, *Myth and Measurement: The New Economics of the Minimum Wage*, Princeton 1995.
[*] Richard Freeman, »The Limits of Wage Flexibility to Curing Unemployment«, in: *Oxford Review of Economic Policy* 11:1 (Frühling 1995), S. 63–72.

len finden, dann sollte sich diese Entwicklung im Prinzip auch auf die unmittelbar darüber liegenden Einkommensstufen auswirken, indem sie deren wöchentliche Arbeitsstunden und die jährlichen Arbeitswochen reduziert sowie ihren durchschnittlichen Stundenlohn. Die Datenlage zeigt, dass genau dies geschieht. Die Erfahrungen derjenigen, die im Arbeitsleben am wenigsten erfolgreich sind, und derjenigen, die überhaupt keine Arbeit haben, bilden ein Kontinuum, keinen Gegensatz.

Ungleichheit verursacht also Arbeitslosigkeit, und Arbeitslosigkeit verursacht Ungleichheit. Maßnahmen, die den Lohnunterschied verringern, reduzieren gleichzeitig die Arbeitslosigkeit. Lohngleichheit trägt demnach zu hohen Beschäftigungszahlen bei, und umgekehrt. Wenn sich die Ungleichheit und die Arbeitslosigkeit verringern, so wird weniger Arbeitskraft verschwendet und die ökonomische Effizienz steigt, was zu höheren Lebensstandards führt. Aber wie verträgt sich diese Tatsache mit der weitverbreiteten Auffassung, die Vereinigten Staaten seien ein Land mit geringer Gleichheit, dafür aber mit hoher Beschäftigung, während Europa den »ehrenvollen« Weg gewählt habe und die Jobs zwar angemessen bezahle, dafür aber mehr Arbeitslosigkeit in Kauf nehmen müsse – der Weg der »Ineffizienz«, der vor allem bereits Beschäftigten, sogenannten Insidern, ein einfaches Leben beschert?

Dieses Rätsel können wir lösen, wenn wir die Definition von »Europa« genauer betrachten. In der ökonomischen Literatur werden die Unterschiede bezüglich Lohn und Einkommen zwischen den Vereinigten Staaten und Europa immer im direkten Ländervergleich gemessen: Die USA werden zuerst mit Deutschland verglichen, dann mit Frankreich und dann mit Spanien. Und die Lohnunterschiede in den Vereinigten Staaten sind tatsächlich größer als in fast jedem europäischen Land – besonders in Skandinavien und Deutschland, wo die Löhne bedeutend gerechter verteilt sind, aber auch in Frankreich oder Großbritannien und in geringem Ausmaß in Italien. Solch ein Vergleich zwischen einzelnen Ländern erweckt den Eindruck, dass sich die europäischen Länder im Allgemeinen durch weniger Ungleichheit und mehr Arbeitslosigkeit auszeichnen. Nur wenige Fälle (wie Dänemark, die Niederlande oder Norwegen) würden von diesem Schema abweichen.

Doch diese Schlussfolgerung basiert auf einem Irrtum. Die europäische Wirtschaft besteht nicht mehr aus klar abgegrenzten nationalen Wirtschaftssystemen. Spanien, Deutschland und Frankreich sind keine unabhängigen und isolierten Volkswirtschaften. Zwischen den Ländern Europas bestehen weder Handelsbarrieren noch Einschränkungen der Kapitalbewegungen, und für den Arbeitsmarkt wurden die nationalen Grenzen weitgehend aufgehoben. Die meisten europäischen Länder verwenden zudem eine einheitliche Währung als Zahlungsmittel. Die wirtschaftliche Integration Europas ist in praktischer Hinsicht – etwa für einen großen multinationalen Konzern – fast perfekt. Eine statistische und praktische Analyse muss deshalb Europa als eine wirtschaftliche Einheit betrachten: Das Lohngefälle und die Beschäftigungsrate müssen gesamteuropäisch analysiert werden und nicht in Bezug auf einzelne Länder.

Wird die Situation auf diese Weise untersucht, lässt sich die These, dass Europa und die Vereinigten Staaten die zwei Extreme im Beschäftigungs-Gleichheit-Spektrum darstellen, nicht länger aufrechterhalten. Lohnunterschiede innerhalb der europäischen Länder sind vergleichbar gering, aber zwischen den einzelnen Staaten ist das Gefälle sehr hoch – viel höher als das Lohngefälle über eine vergleichbare Distanz innerhalb der USA. Wenn man das Lohngefälle innerhalb eines Landes und jenes zwischen verschiedenen europäischen Staaten zusammenzählt, so stellt sich heraus, dass Europa in Wirklichkeit eine größere Lohnungleichheit aufweist als die Vereinigten Staaten. Also ist die gängige Auffassung, dass Europa und

Amerika in dieser Hinsicht Gegensätze darstellen, schlichtweg falsch. Was den Lohn betrifft, so bestehen innerhalb Europas größere Ungleichheiten als in den USA, und die Beschäftigungsrate ist geringer. Deshalb sind die USA auch produktiver, aber nicht aus dem Grund, der üblicherweise angeführt wird: Die USA sind produktiver als Europa, weil hier mehr Gleichheit vorherrscht als in dem schwerfälligen Gefüge, als das sich die heutige Europäische Union präsentiert.

Diese Tatsache erklärt die Ungleichheit der Löhne; in Diskussionen um Lohngefälle, Beschäftigung und (wie wir später sehen werden) Produktivitätswachstum ist sie von zentraler Bedeutung, denn diese Aspekte der wirtschaftlichen Ungleichheit wirken sich direkt auf die Entwicklung der Beschäftigung und auf die wirtschaftliche Situation der erwerbstätigen Bevölkerung aus; dies sind die Aspekte, von denen man üblicherweise sagt, sie würden »vom Markt gesteuert«. Wie wir jedoch gesehen haben, hängt diese Form der Ungleichheit eng mit der Arbeitslosigkeit zusammen – zu einem gewissen Grad kann sie die Arbeitslosigkeit sogar erklären. Sie wird also nicht bestimmt von Angebot und Nachfrage nach Fähigkeiten in individuellen und gegenseitig abgegrenzten »Arbeitsmärkten«. Sie ist im Gegenteil eine Form der Ungleichheit, deren Entstehung in den Vereinigten Staaten relativ genau erklärt werden kann: Sie hängt von der konjunkturellen Lage unserer Wirtschaft ab. Die Krisen der frühen 80er-Jahre, deren Ursachen beim Außenhandel und beim wirtschaftlichen Abschwung lagen, ließen sowohl das Lohngefälle als auch die Arbeitslosigkeit dramatisch ansteigen. Im Lauf der 90er-Jahre erholte sich die Lage: Die USA erreichten Vollbeschäftigung und die Ungleichheiten in der Lohnstruktur nahmen ab.[*] Die wirtschaftlich Schwachen profitieren also vom Konjunkturaufschwung.

[*] In *Created Unequal* habe ich mich weit ausführlicher und detaillierter mit diesem Thema beschäftigt.

Wer sich an die Kommentare erinnert, die vor etwa zehn Jahren in den Zeitungen erschienen, wird sich nun fragen: Aber was geschah dann in den späten 90er-Jahren? In jenen Jahren stieg das Einkommensgefälle dramatisch an. Damals herrschte zwar Vollbeschäftigung, aber die umfassendere Form der Ungleichheit verstärkte sich eklatant. Diese Frage ist wichtig – aber hier geht es um ein völlig anderes Problem, das so gut wie nichts zu tun hat mit der Nachfrage nach qualifizierten Arbeitskräften, mit den Auswirkungen des internationalen Handels oder mit der Art und Weise, wie die Bildungschancen in der Gesellschaft verteilt sind.

Der Anstieg der Einkommensungleichheit widerspiegelt eine Entwicklung, von der nicht die ganze Gesellschaft und die gesamte Einkommensverteilung betroffen war, sondern nur eine sehr kleine Gruppe von Leuten: Er liegt im Aufstieg einer neuen Gesellschaftsschicht begründet – in einem kleinen und unvorstellbar reichen Teil der Bevölkerung. Woher der Reichtum kam, ist nicht schwer auszumachen: Er hatte überhaupt nichts mit dem Arbeitsmarkt zu tun, sondern rührte vom Kapitalmarkt. Präziser ausgedrückt: Ende der 90er-Jahre verdankte er sich zum größten Teil dem Aktienmarkt.

Der Aktienmarkt stellt eine Form der Geldanhäufung dar, und während des großen Aktienbooms bezog eine kleine Zahl von Begünstigten ihr Einkommen zu einem wesentlichen Teil aus neuen Geldanlagen auf dem Aktienmarkt oder aus Neubewertungen von bereits bestehenden Anlagen. Teilweise waren dies Aktiengewinne oder Dividenden, aber zum Teil wurden auch Gehälter aus Gewinnen ausgezahlt, die auf dem Kapitalmarkt erzielt worden waren – beispielsweise von Risikokapitalgebern oder durch den Börsengang eines Unternehmens. Weil eine Zeit lang Unmengen von Geld verfügbar waren, konnten auch nahezu grenzenlose Geldsummen an den Chef eines Unternehmens und seine engsten Mitarbeiter ausgezahlt werden. Dies war der Ursprung der »neuen Klasse«, und dies war auch der Grund für das wachsende Einkommensgefälle.

Wer waren diese Neureichen? Überwiegend waren es Unternehmer im High-Tech-Sektor und ihre engen Verbündeten in der Finanzwelt – also Computer-Geeks und Banker. Doch der neue Reichtum löste einen Demonstrationseffekt in der gesamten Unternehmenslandschaft Amerikas aus. Davon betroffen waren auch Firmen aus völlig anderen Geschäftsbereichen, die keine gigantischen Erträge und Gewinne verzeichneten und an der Börse nicht mit Microsoft oder Oracle mithalten konnten. Das Bestreben dieser Firmen, mit den »Bill Gates« Schritt zu halten (was niemand schaffte), trug mit dazu bei, dass die Managerlöhne aus dem Gleichgewicht gerieten. Wir werden später sehen, was für schwerwiegende Folgen diese Destabilisierung für das Verantwortungsbewusstsein der Manager als Leiter eines Konzerns hatte.

Wenn Ökonomen von den Auswirkungen des technischen Wandels oder des Arbeitsmarkts sprechen, beziehen sie sich also nicht auf diese Form der Ungleichheit. Hier geht es um etwas vollkommen anderes: Diese Ungleichheit ist ein Phänomen, deren Ursprung bei den Finanzmärkten liegt, bei der Verteilung von Reichtum, den Bewertungen von Anlagekapital und – in entscheidender Weise – bei der Machtverteilung. Nur wenige Politiker, und auch nicht eben viele Ökonomen, sprechen gern von dieser Art der Ungleichheit. Zwei messbare Entwicklungen illustrieren, wie begrenzt das Phänomen der steigenden Einkommensungleichheit tatsächlich war (und ist): Die eine ist die Einkommensverteilung in den 3150 administrativen Bezirken der Vereinigten Staaten, den Kommunen, und die andere ist das Auf und Ab des NASDAQ. Die Höhe der steuerbaren Einkommen verlief in den letzten dreißig Jahren fast genau parallel zu den Bewertungen des technologielastigen NASDAQ-Indexes. Das Jahr 2000 markiert den Höhepunkt beider Kurven, und beide fallen danach ab. Dies ist ein schlagkräftiger Beweis, dass die steigende (und später sinkende) Ungleichheit der amerikanischen Einkommen in erster Linie auf den Boom (und späteren Zusammenbruch) des Technologiesektors zurückzuführen war.

Wir können genau feststellen, wo in den Vereinigten Staaten die Einkommen in den späten 90er-Jahren anstiegen, und das Ergebnis ist wenig überraschend. Es war genau jene Handvoll Kommunen, in denen die Technologieunternehmen konzentriert waren: hauptsächlich im Westen, aber auch in Suffolk und Middlesex im Staat Massachusetts, Travis und Williamson in Texas, im Gebiet des »Forschungsdreiecks« in North Carolina und in anderen Zentren mit starker Wirtschaftsförderung. Aber selbst die Technologie-Ableger spielten insgesamt nur eine geringfügige Rolle: Wenn man lediglich fünf Kommunen aus der Statistik herausnimmt – Santa Clara, San Francisco, und San Mateo im nördlichen Kalifornien, King County im Staat Washington (die Heimat von Microsoft) und das Finanzzentrum von New York City (Manhattan) –, so verschwindet der Anstieg der Einkommensungleichheit, der Ende der 90er-Jahre zwischen den einzelnen Kommunen bestand, fast vollständig. Zum gleichen Ergebnis kommt man, wenn bestimmte Sektoren aus der Gleichung gestrichen werden, etwa der Computer- und der Finanzsektor: Zwischen den übrig gebliebenen Sektoren lässt sich kein Einkommensunterschied mehr ausmachen. So war praktisch der gesamte Anstieg des Einkommensgefälles in den späten 90er-Jahren auf die Spekulationsblase in den Informationstechnologiesektoren zurückzuführen: Die Finanzmärkte hatten die weltweite Spekulation auf den amerikanischen IT-Sektor gebündelt.

Auf die Wirtschaftsleistung der Vereinigten Staaten wirkte sich dies positiv aus. Der Boom des Informationstechnologiesektors war sozusagen die letzte Zutat im ökonomischen Gemisch, das den großen Wohlstand der späten 1990er-Jahre erzeugte; die Arbeitslosigkeit betrug damals weniger als 4 Prozent, was uns drei glückliche Jahre bescherte. Die meisten erwerbstätigen Amerikaner, deren Lebenssituation nicht von den Bewertungen des NASDAQ abhing, sondern von den allgemeinen Beschäftigungsbedingungen, erlebten die späten 90er-Jahre als eine Zeit der zunehmenden sozialen Gleichheit, in der die Löhne am unteren Ende der sozialen Stufenleiter sich langsam denen des Mittelfeldes und der Spitze anglichen. Aber zur gleichen Zeit schuf das Geld, das in diesen Sektor floss, die wachsende Ungleichheit der Einkommen – eine Folge des Aufstiegs der neuen, unvorstellbar reichen Elite der amerikanischen Gesellschaft.

Von 1997 bis zum Höhepunkt des Booms im Jahr 2000 wuchsen die gewerblichen Anlageinvestitionen von Unternehmen um rund 300 Milliarden US-Dollar an, von 12,3 Prozent auf 14,4 Prozent des BIP, also ein Anstieg von rund 2 Prozent. Hauptsächlich waren dies Technologie-Investitionen. In den zwei Jahren nach dem Höhepunkt wurde ein Rückgang von etwa 150 Milliarden Dollar verzeichnet. Dieser Rückgang der Unternehmensinvestitionen wurde dann wettgemacht, als die Regierung Bush ihr Militärbudget nach den Terroranschlägen vom 11. September 2001 und nach der Invasion im Irak erhöhte. Dies hatte zur Folge, dass die amerikanische Wirtschaft bis Mitte 2006 beinahe zu ihrer vollen Stärke zurückfinden und der Aktienmarkt sich erholen konnte. Die Schere zwischen Arm und Reich, die 2001 und 2002 ein Stück weit geschlossen wurde, begann sich wieder zu öffnen. 2006 hatte die Ungleichheit der steuerbaren Einkommen wieder neue Höchststände erreicht, aber diesmal waren die Gewinner in anderen Wirtschaftssektoren tätig: Sie waren jetzt in der Umgebung von Washington D.C. zu finden – dort, wo über die Verteilung der Staatsausgaben entschieden wird und militärische Aufträge vergeben werden – und in Sektoren wie der Luft- und Raumfahrtindustrie und im Ölgeschäft.

In politischer Hinsicht ist die Ironie dieser Geschichte kaum zu übersehen. Der große Anstieg des Einkommensgefälles ergab sich (zumindest teilweise) aus der Wirtschaftspolitik eines demokratischen Präsidenten – Bill Clinton –, der damit einen technischen Aufschwung und einen Boom der Kapitalmärkte begünstigte und förderte. Der Anstieg war Ausdruck eines historisch neuartigen Kompromisses zwischen der Führerschaft der Demokraten und der Gesellschaftsschicht der reichen Amerikaner. Zwischen der Führung und der Basis der Demokraten hat sich seit damals eine Kluft aufgetan; beide Seiten liefern sich einen Kampf um die politische Richtung ihrer Partei, den sie in jeder Kampagne zur Nominierung der Präsidentschaftskandidaten austragen, meist mit vorhersehbarem Ergebnis.

Um es noch einmal zu sagen: In wirtschaftlicher Hinsicht war Clintons Spekulationsblase höchst erfolgreich, und ihre positiven Auswirkungen reichten bis in die untersten Schichten der Gesellschaft. Solange sie andauerte, stellte sie die erfolgreichste Wirtschaftsstrategie in fünfundzwanzig Jahren dar; der Boom förderte zur gleichen Zeit *sowohl* einen rasanten technischen Wandel und Vollbeschäftigung, ohne dabei Inflation zu verursachen, *als auch* einen Abbau der Lohnungleichheit und somit den erhöhten Lebensstandard, auf den es den meisten Menschen ankommt. Dies war eine beträchtliche Leistung, die einige Jahre lang das Bild der Vereinigten Staaten im Rest der Welt zu verändern vermochte: von der verwundeten und dahinschwindenden Industriemacht zurück zum globalen Zentrum der wirtschaftlichen Innovation – die USA überschatteten Europa, das damals keinen ähnlichen Boom erlebte und mit hoher Arbeitslosigkeit zu kämpfen hatte, und auch Japan, das in einer tiefen und hartnäckigen Rezession steckte. So konnte sich der starke Dollar halten, obwohl das bereits große Handelsdefizit in diesen Jahren weiter anstieg.

Aber diese Entwicklung war nicht von Dauer. Als die Regierung Clinton abtrat, hatte auch der Boom der Informationstechnologie sein Ende gefunden. Bush regierte zwar im Namen einer kleinen Gruppe von Plutokraten, aber diese Gruppe setzte sich anders zusammen: Bush hatte kein besonderes Interesse am Technologiesektor, der damals in einem steilen Sinkflug begriffen war. Praktisch über Nacht verlor Washington seine Faszination für das Internet. Als der Technologiesektor zusammensackte, schrumpfte zunächst auch das Einkommensgefälle drastisch. Dies war jedoch lediglich die Folge des sich auflösenden Booms; als Bushs wirtschaftlicher Aufschwung Fuß fasste, konnte auch eine neue Clique von Nutznießern ihren Aufstieg beginnen. Bushs Boom war vor allem in Washington D. C., spürbar, denn er verdankte sich der republikanischen Variante des starken Staates: Die für die wieder steigende Ungleichheit verantwortliche Elite bestand aus denjenigen, die ihr Geld mit Bodenschätzen, Pharma- und Medienmonopolen, Krankenversicherungen, Immobilienfinanzierung und dem globalen Krieg gegen den Terror verdienten.

Jetzt verstehen wir, was es mit der rätselhaften »Ungleichheit« auf sich hat: Der Begriff bezeichnet zwei völlig verschiedene Aspekte der Wirtschaft – und keiner der beiden lässt sich durch »Angebot und Nachfrage von Qualifikationen« angemessen erklären. Der eine Aspekt ist die Lohnungleichheit, die für die erwerbstätige Bevölkerung von entscheidender Bedeutung ist. Diese Form der Ungleichheit hängt in erster Linie vom Beschäftigungsgrad und der Arbeitslosenquote ab; in den 1970er- und frühen 1980er Jahren stieg sie dramatisch an, während sie in den 1990er-Jahren genauso dramatisch zurückging. Eine stärkere Nachfrage nach Arbeitskräften vermindert die Ungleichheit, während Lohnkompression, die von Gewerkschaften oder Mindestlohnbestimmungen unterstützt wird, zu einem Abbau der Arbeitslosigkeit beiträgt.

Der andere Aspekt der Ungleichheit hat überhaupt nichts mit der erwerbstätigen Bevölkerung zu tun: Hier geht es um Geldmittel, die vom Finanzmarkt über Banken und Broker in die Technologiebranche oder andere »heiße« Sektoren fließen. Der Technologieboom kam der erwerbstätigen Bevölkerung zugute, weil er mehr Arbeitsplätze schaffte. Aber die Ungleichheit nahm zu, weil die Einkommen, welche die Spekulationsblase produzierte, in die Hände einer winzigen Zahl von Leuten floss. Das Gleiche trifft auf die nächste Expansion zu, obwohl sie auf völlig andere wirtschaftspolitische Maßnahmen zurückzuführen war und eine ganz andere Gruppe von Leuten begünstigte.

Weshalb sollte uns das kümmern? Weil eine Wirtschaft, die sich von einer Spekulationsblase zur nächsten bewegt, nicht nachhaltig ist und weil solche Blasen eine bestimmte Art von Reichtum generieren – einen Reichtum, den es sonst nirgendwo in unserer Gesellschaft gibt. Sie schaffen jene Milliardäre, die die ersten 400 Plätze der Forbes-Liste der reichsten Menschen der Welt dominieren. Sie begünstigen die Konzentration der ökonomischen Macht auf bestimmte Unternehmen und ihre Banken. Wirtschaftliche Macht bedeutet immer auch politische Macht. Man muss sich also fragen: Sind die Individuen, die von einem aufgeblasenen Markt am meisten profitieren, gleichzeitig auch diejenigen, die sich am besten dazu eignen, das Land und im weiteren Sinn die Welt zu regieren? Natürlich sind sie selbst fest davon überzeugt. Und diese Überzeugung wird oft auch von den Medien verbreitet, die sich nicht selten im Besitz genau dieser Leute befinden. Dass die Auffassung tatsächlich korrekt ist, ist jedoch keineswegs offensichtlich. Im Grunde geht es also bei der Ungleichheit der Einkommen wie immer um die Verteilung der *politischen Macht*. In anderen Ländern gibt es einen Fachterminus für Leute, die politische Macht auf diese Weise ausüben: *Oligarchen*. Dieser wenig schmeichelhafte Begriff gibt die allgemeine Auffassung wieder, dass man von Privatpersonen mit einem solchen Reichtum nichts anderes erwarten kann, als dass sie ihren eigenen Interessen dienen.

Der IT-Boom und Bushs sogenannter Beltway-Boom (benannt nach der Ringstraße, die sich um Washington zieht) haben gezeigt, dass Maßnahmen der öffentlichen Politik die Verteilung von Reichtum in entscheidender Weise zu beeinflussen vermögen. Sie können Oligarchen schaffen, und sie können ihnen die Macht wieder entziehen. Angesichts dieser Tatsache ist zu erwarten, dass die tatsächlichen und potenziellen Nutznießer der öffentlichen Politik das Verhalten des Staates genaustens im Auge behalten. Sie werden sogar ihre gesamte Energie darauf verwenden, den Staat für ihre Zwecke zu missbrauchen, indem sie seine Instrumente so gut wie möglich zu ihrem eigenen Nutzen einsetzen. Wenn der Staat genügend groß und genügend mächtig ist, kann eine solche Steuerung der Politik zum Zweck der Vermehrung und Festigung von Reichtum durchaus verlockender sein (und eine bessere Investition darstellen) als die komplexe, oft auch ermüdende und eintönige Arbeit, Produkte für den öffentlichen Verbrauch zur Verfügung zu stellen, ganz zu schweigen von der Entwicklung neuer Technologien für den Weltmarkt.

Wir sollten deshalb genau untersuchen, was für eine Macht unsere modernen Oligarchen tatsächlich ausüben und und über welche Art von Staat und Wirtschaftssystem sie herrschen.

8   Wie der New Deal überlebt hat

Während ich diese Zeilen schreibe, sehen wir uns in Amerika einem scheinbaren Paradoxon gegenüber: Die soziale Ungleichheit in unserer Gesellschaft ist markant – vielleicht so groß wie noch nie zuvor; Plutokraten und ihre Lobbys dominieren eine korrupte Politiklandschaft; überall wird die Aushöhlung und »Transnationalisierung« unserer verarbeitenden Industrie beklagt; Haushalt und der Außenhandel werden von chronischen Defiziten geplagt (oder sollte ich »geschmückt« sagen?) und unsere Geldpolitik wird scheinbar von keinen Prinzipien mehr geleitet.

Und dennoch geht es unserer Wirtschaft prächtig, oder zumindest ging es ihr noch prächtig, als ich dieses Buch schrieb. Es gab genügend Arbeitsplätze, die Inflation war niedrig und die Reallöhne zählten weltweit zu den höchsten. Wie wir bereits gesehen haben, herrschte noch Ende der 90er-Jahre Vollbeschäftigung, ohne dass dies Inflation verursacht hätte; nichts hält uns davon ab, dies erneut zu erreichen. In dieser Hinsicht blieb die amerikanische Wirtschaft der europäischen klar überlegen, denn dort herrscht weiterhin chronische Massenarbeitslosigkeit. Sogar unter George W. Bush stieg die Arbeitslosenquote im desaströsen Jahr 2006 nicht über 4,4 Prozent, und die Inflation blieb auf einem tiefen Niveau. Gleichzeitig begannen die Reallöhne zum ersten Mal seit einer Generation zu steigen.

Wie ist das möglich? Was macht das amerikanische Wirtschafts-modell so widerstandsfähig? Wie konnte und kann das Modell so einwandfrei und so lange funktionieren, und wie war es imstande, die Misshandlung durch Monetaristen, Angebotsökonomen und Anhänger der freien Marktwirtschaft zu überleben? Der Grund, so werde ich im Folgenden ausführen, sind die überaus robusten Insti-tutionen, die vor mehr als einem halben Jahrhundert im Rahmen von Roosevelts sozialpolitischen Programmen, dem sogenannten New Deal, geschaffen wurden. Diese Institutionen haben sich bis heute gehalten. Damit wir unsere Wirtschaftsordnung und unsere Politik begreifen, ist ein Verständnis dieser Institutionen – und die symbiotische Beziehung, die die heutigen Konservativen mit ihnen pflegen – von entscheidender Bedeutung.

Die Institutionen, um die es hier geht, sind weder rein private noch gänzlich öffentliche Einrichtungen. Sie unterscheiden sich demnach von den sozialdemokratischen öffentlichen Wohlfahrts-einrichtungen vieler europäischer Länder, aber genauso wenig stel-len sie private Unternehmen dar. Am trefflichsten können sie als Hybride bezeichnet werden, oder vielleicht als Chamäleons: private wirtschaftliche Aktivitäten, welche von der staatlichen Macht nicht nur gewährleistet, sondern auch unterstützt und reguliert werden; öffentliche Institutionen, denen mit privaten Geldern unter die Arme gegriffen wird. Es handelt sich bei diesen Einrichtungen um Elemente des amerikanischen Wohlfahrtsstaats, die jedoch in cha-rakteristisch amerikanischer Manier als Marktsystem verkleidet sind. Gerade die Tatsache, dass in den Vereinigten Staaten *kein* »freies Marktsystem« herrscht, lässt die Befürworter des freien Marktes mit einer solchen Hartnäckigkeit darauf bestehen, dass wir eben doch eins hätten. Wäre diese Wahrheit allgemein bekannt, hätte die konservative Ökonomie schon vor Jahren ihren Laden dichtmachen können.

Wir können auf unser System sinnvollerweise – und mit einem gewissen Zynismus – ein Konzept anwenden, das einem Studenten der spätkommunistischen Wirtschaftsordnung Zentral- und Osteuropas bestens bekannt sein wird. Es ist die Theorie der »weichen Budgetbeschränkung«, die dem ungarischen Ökonomen und Anhänger des freien Marktes János Kornai zugeschrieben wird.* Kornai benutzte dieses Konzept, um die staatliche Unterstützung der Schwerindustrie unter den kommunistischen Regimen Osteuropas zu beschreiben. Im Ostblock gab es damals eine Vielzahl von staatlichen Unternehmen, die keinen Profit erzielten und auf dem internationalen Markt kaum wettbewerbsfähig waren. Doch diese völlig unwirtschaftlichen und hoffnungslos ineffizienten Unternehmen waren von solch zentraler Bedeutung für das Gesellschaftssystem, in dem sie eingebettet waren – etwa aufgrund ihrer Sozialleistungen –, dass sie nicht pleitegehen durften. Viele Leute beklagten sich über sie und in vielen Fällen gingen sie gemeinsam mit den Regimen unter, die sie errichtet hatten. Rückblickend jedoch werden sie schwer vermisst: Ihr Niedergang wird weithin bedauert, denn für Millionen von Menschen hatten diese Unternehmen für die Grundlagen eines angenehmen und sicheren Lebens gesorgt – Grundlagen, die den Menschen in der postsozialistischen Gesellschaftsordnung, die sich seither herausgebildet hat, noch weitgehend fehlen. In den Vereinigten Staaten haben wir heute unsere eigene Version solcher staatlich geförderter Institutionen, die durch öffentliche Leistungen unterstützt werden – ein Teil der Beiträge sind rechtliche Ansprüche auf öffentliche Gelder, teilweise werden aber auch Darlehen von Banken zur Verfügung gestellt sowie Kreditbürgschaften und implizite Bürgschaften (die Erwartung, dass der Staat zu Hilfe eilen wird,

* János Kornai, »The Soft Budget Constraint«, in: *Kyklos* 39:1 (1986), S. 3–30.

sollte eine Firma in Schwierigkeiten geraten). Unsere vom Staat bevorzugten Einrichtungen sind riesig und weisen oft die gleichen Schwächen auf wie ihre früheren sozialistischen Gegenstücke. Doch es gibt auch Unterschiede, insbesondere in Bezug auf *was* und *wie* wir subventionieren und wem die Unterstützung zugutekommt. Diese Unterschiede können weitgehend als Erklärung dazu dienen, weshalb die amerikanische Wirtschaft so erfolgreich geblieben ist, insbesondere in den späten 90er-Jahren.

Das Militär ist eine dieser Institutionen – ein traditionell staatlicher Sektor, der seine Geldmittel direkt aus dem öffentlichen Haushalt bezieht. Wie sich der Militärbereich nach dem 11. September 2001 den Zwängen der Haushaltskontrolle weitgehend zu entziehen vermochte, ist eine der wichtigsten Entwicklungen der zeitgenössischen amerikanischen Wirtschaftspolitik. Die Landwirtschaft ist eine weitere staatlich geförderte Institution: An diesen kleinen Teil der erwerbstätigen Bevölkerung fließen massive Subventionen, was damit zu tun hat, dass die heutige ländliche Provinz Amerikas im 19. Jahrhundert mit erheblicher politischer Macht ausgestattet wurde, als diese Gebiete zu Bundesstaaten gemacht wurden. Es gibt zahlreiche weitere solcher Institutionen, alle in jenen Wirtschaftsbereichen, die das soziale Wohlergehen der Mittelschicht sichern: in erster Linie Gesundheitsfürsorge, höhere Bildung, Wohnungswesen und Rentenversicherung. All diese Sektoren haben ihren Ursprung in den Sozialprogrammen des letzten Jahrhunderts: Roosevelts New Deal, Trumans Fair Deal (Festigung von Roosevelts Politik), Kennedys New-Frontier-Programm und Johnsons Great Society. In den folgenden Jahrzehnten wurden sie mehr oder weniger bewusst weder in Haushaltsdebatten infrage gestellt noch einem Markttest unterzogen. Heute sind dies wichtige Zentren ökonomischer Macht, stark genug, um auf ihrem Anteil an wirtschaftlichen Ressourcen zu bestehen – aber auch verwundbar durch Aushöhlung von innen.

Das amerikanische Gesundheitswesen produziert und konsumiert 16 bis 17 Prozent des BIP. In Europa liegt der Anteil zwischen 8 und 11 Prozent.* Die direkten öffentlichen Ausgaben für das Gesundheitssystem machen 6,8 Prozent des BIP aus; gemessen in Dollar sind die staatlichen Pro-Kopf-Ausgaben für das Gesundheitswesen in den USA im Durchschnitt höher als in Großbritannien.** In den USA können jedoch nur Betagte, Behinderte, arme Familien und Kriegsveteranen direkte Leistungen vom Staat beziehen. Dem Rest der versicherten Bevölkerung wird die medizinische Versorgung von privaten Versicherungen bezahlt, deren Prämien steuerbegünstigt sind. Insgesamt liegt der Anteil, der über die Steuern finanziert wird, bei knapp 60 Prozent der gesamten Gesundheitsausgaben, also 9 Prozent des BIP.*** Dies entspricht rund dem Zweifachen des Militäretats – selbst wenn die Kosten des Irakkrieges einberechnet werden.

Das amerikanische Gesundheitssystem ist in einem desolaten Zustand. Das Problem besteht jedoch nicht darin, dass die medizinische Behandlung unzureichend ist (ganz im Gegenteil!), vielmehr sind zwei Sachverhalte für die skandalösen Bedingungen verantwortlich. Erstens besitzen rund 47 Millionen Amerikanerinnen und Amerikaner keine Krankenversicherung; einerseits sind dies viele Immigranten aus Lateinamerika, die oft dazu neigen, den Institutionen des Wohlfahrtsstaates aus dem Weg zu gehen, und andererseits junge Erwerbstätige, darunter viele junge Frauen (was ein Problem für die Pränatal- und Perinatal-Pflege darstellt). Der zweite

*   World Health Organization, *WHO Statistical Information System: Core Health Indicators,* Genf 2006.
** Organization for Economic Cooperation and Development, *OECD Health Data 2006,* Paris 2006 (dt.: Organisation für wirtschaftliche Zusammenarbeit und Entwicklung (OECD), *OECD Gesundheitsdaten 2006,* Paris 2006).
*** S. Woolhandler, D. U. Himmelstein, »Paying for National Health Insurance – and Not Getting It«, in: *Health Affairs* 21:4 (2002), S. 88–96.

Skandal ist die Habgier der privaten Akteure im System – vornehmlich der Pharmakonzerne und der Versicherungen. Es steht außer Frage, dass eine ähnlich effektive medizinische Versorgung für viel weniger Geld zur Verfügung gestellt werden könnte. Ebenso unbestritten ist, dass viele Menschen mittleren Alters, die nicht versichert sind, an chronischen Erkrankungen leiden; dies hat zur Folge, dass sie sich in einem erheblich schlechteren Gesundheitszustand befinden und ihre Behandlung wesentlich mehr kostet, wenn sie erst einmal das Alter erreichen, in dem sie zu Leistungen von Medicare (öffentliche Krankenversicherung für Menschen ab 65) berechtigt sind. (10 Prozent der amerikanischen Gesundheitsausgaben werden allein auf Diabetes und die begleitenden Komplikationen verwendet.) Nichtsdestotrotz ist gerade die politische Macht der wichtigsten Akteure in diesem System dafür verantwortlich, dass sich die amerikanische Gesundheitsfürsorge zu einem politischen Kraftwerk entwickelt hat; daraus ergibt sich seine Größe und die damit verbundene ökonomische Hebelwirkung. Zudem ist das Gesundheitswesen arbeitsintensiv, und sein Ausbau wirkt sich demnach positiv auf die Beschäftigungsquote aus.

Das Gesundheitswesen ist ideales (und deshalb vielleicht auch unbequemes) Beispiel eines »weichen« Haushaltspostens: Es wird von den Herstellern gesteuert, ihre Grundlage sind die Naturwissenschaften und sie ist stark von Technologie abhängig, zudem haben Käufer und Verkäufer ungleichen Zugang zu relevanten Informationen. Die Entscheidung darüber, welche Leistungen der Verbraucher in Anspruch nimmt (oder nehmen soll), liegt fast ausschließlich in den Händen von Spezialisten; der Verbraucher hat nichts mitzureden – zudem sind die Verbraucher nicht nur krank, besorgt und unsicher, sondern in vielen Fällen auch alt und gebrechlich. Die einzige Möglichkeit, sich in der Gesundheitsfürsorge den »Markt« zunutze zu machen, besteht darin, sich eine zweite Expertenmeinung einzuholen – und vielen fehlt dazu die nötige Einsicht und der erforderliche Spielraum. Im relativ häufig auftretenden Fall eines medizinischen Notfalls hat der »Gesundheitspflege-Konsument« überhaupt keine Möglichkeit, irgendeine Wahl zu treffen. Die Einzigen, die also die Kosten begrenzen könnten, sind die Versicherungsunternehmen selbst und die verschiedenen Regulierungsbehörden, deren Aufsicht sie unterworfen sind. Das Problem besteht darin, dass das Regulierungssystem schlecht funktioniert.

Der Anteil der höheren Bildung am BIP beträgt in den USA etwa 2,75 Prozent, während europäische Länder im Durchschnitt etwa halb so viel ausgeben. Die amerikanischen Ausgaben für die öffentliche Hochschulbildung allein sind fast so hoch wie die Gesamtausgaben für höhere Bildung in europäischen Ländern: 1,22 Prozent des BIP, verglichen mit 1,14 Prozent in Deutschland und 1,37 Prozent in Frankreich. Dazu kommen private Gelder, die sich auf weitere 1,63 Prozent des BIP belaufen; dieser Anteil konzentriert sich vor allem auf Institutionen, deren Schenkungen in Höhe von mehreren Milliarden Dollar vom Steuersystem stark gefördert werden.[*] Der Anteil der 18- bis 21-Jährigen, die ein College besuchen, ist in den Vereinigten Staaten weit höher als in anderen Ländern der OECD, und bei den 22- bis 25-Jährigen werden die USA nur von Skandinavien übertroffen.[**] Fast überall im Land überwiegen in der Bildungslandschaft die öffentlichen Institutionen; in Texas beispielsweise besuchen fast 90 Prozent der Studenten, die nach der Sekundarstufe eine höhere Ausbildung absolvieren (unter Ein-

[*]   Organization for Economic Cooperation and Development, *Education at a Glance*, OECD, Paris 2006 (dt.: OECD Organisation für wirtschaftliche Zusammenarbeit und Entwicklung, *Bildung auf einen Blick: OECD-Indikatoren 2006*, Paris 2006).
[**]   Bei der Altersgruppe der 22- bis 25-Jährigen und darüber sollte darauf hingewiesen werden, dass der Mangel an Arbeitsplätzen die Einschulungsquote in Europa anschwellen lässt. Dieses Problem ist in den Vereinigten Staaten viel weniger verbreitet.

schluss der sogenannten Community Colleges), eine staatliche Institution. Sowohl öffentliche wie private Bildungseinrichtungen erhalten staatliche Forschungsstipendien, Forschungsverträge und Studiendarlehen.

Anders als das Gesundheitswesen unterliegt die höhere Bildung theoretisch den Marktkräften, das heißt, im Prinzip können angehende Studenten aus einer Reihe von konkurrierenden Institutionen auswählen. In Wirklichkeit sind jedoch die angebotenen Produkte recht einheitlich, und obwohl in der Qualität des Unterrichts zweifellos Unterschiede bestehen, sind sie äußerst schwierig auszumachen. Der Konsument ersetzt deshalb inhaltliche Qualität durch Ansehen beziehungsweise Stellenwert: Er bewertet die Universitäten nicht nach dem unbekannten und schwer zu ermittelnden Wert des Unterrichts, sondern nach einem ausgeklügelten und allseits bekannten landesweiten Ranking-System. Dieses Ranking schafft ein System von sogenannten *positional goods;* das heißt, der Wert der Ausbildung hängt nicht vom erlernten Wissen ab, sondern vom relativen Stellenwert der Institution, die ein Student besucht hat. Deshalb liegt die Kontrolle hier nicht beim Markt, sondern bei den Bildungseinrichtungen selbst. Vornehmlich die ranghohen Universitäten setzen ihre Preise so fest, dass sie einen Nachfrageüberhang aufrechterhalten können: Dies erlaubt es ihnen, aus den verschiedenen Bewerbern auszuwählen. Ihren guten Ruf können sie aufrechterhalten, indem sie diejenigen Studenten auswählen, denen sie einen erfolgreichen Abschluss am ehesten zutrauen. Der Preis, den sie für die Ausbildung verlangen, wird dann wiederum von ihrer öffentlichen Wahrnehmung beeinflusst – eine Anordnung, die bekannterweise effizienter ist als der Markt.* Umgekehrt gilt: Wenn

---

* Joseph E. Stiglitz, »The Causes and Consequences of Dependence of Quality on Price«, in: *Journal of Economic Literature* (März 1987), S. 1–48.

eine Universität gewungen ist, weniger begehrte Bewerber zuzulassen, um die Vorlesungsräume zu füllen, so ist dies meist ein klares Zeichen, dass es mit der Uni bergab geht.

Indem sich die Bildung so zu einer Frage des Ansehens entwickelt, gleicht sich die Marktposition der Universität derjenigen des Spitals an: Die Dienstleistungen, die sie den Konsumenten anbietet, unterliegen voll und ganz ihrer eigenen Kontrolle. Und wie das Spital kann sie ihre Budgetbeschränkung »abschwächen«, indem sie Geldmittel aus verschiedenen Quellen bezieht. Weil die Colleges ihren Preis nicht in der Höhe festsetzen, die ihnen die hohe Nachfrage erlauben würde – obwohl es die Eltern, die die Rechnung bezahlen, kaum glauben werden, sind die Preise angesichts der enormen Kosten eines Colleges relativ gering –, müssen sie den Unterschied wettmachen, indem sie steuererleichterte Schenkungen und Hinterlassenschaften aus den Händen dankbarer und sentimentaler ehemaliger Studenten fördern, die ihren Erfolg im Leben – zu Recht oder zu Unrecht – der Tatsache zuschreiben, dass sie vor Jahrzehnten an diese Universitäten zugelassen wurden.

Das ökonomische Genie Thorstein Veblen, der zu Beginn des letzten Jahrhunderts lebte, beschrieb drei zentrale Strategien, mit denen die amerikanischen Plutokraten – er nannte sie die »höheren Barbaren« – ihren Status in der Klasse der Müssiggänger aufrechterhielten: demonstrativen Konsum, demonstratives Nichtstun und demonstrative Verschwendung. Das späte 20. Jahrhundert hat dem die demonstrative Philanthropie zugefügt. Gegenüber den anderen drei Formen der Zurschaustellung zum Zweck der Statussicherung hat sie drei Vorteile. Erstens ist sie institutionalisiert und langlebig: Die Universitäten meißeln die Namen ihrer wichtigsten Mäzene in Universitätsgebäude, wo sie so lange zu sehen sind, bis die Bauten niedergerissen werden. Zweitens ist die Philanthropie ein reines Zahlenspiel, während dem Konsum und der Freizeit durch Zeit und

Fantasie Grenzen gesetzt sind; um die Konkurrenz zu übertrumpfen, bedarf es lediglich einer zusätzlichen Null auf dem Scheck. Und drittens genießt die Philanthropie Steuervorteile: Durch sie können Wohlhabende ihr Vermögen der Einkommens-, Schenkungs- und Erbschaftssteuer entziehen. Der Wettlauf um Anerkennung ist unter den reichsten Amerikanern so erbittert, dass viele von ihnen bereit sind, über die Ansprüche ihrer eigenen Nachkommen hinwegzusehen. Sie ziehen den Ruhm der Wohltätigkeitsarbeit – die zu 100 Prozent steuerlich absetzbar ist – der weniger glorreichen Variante vor, das Vermögen zwischen Kindern und Staat aufzuteilen, die beide nicht dieselbe Dankbarkeit zum Ausdruck bringen wie die ehemalige Uni.

Schließlich kommen Universitäten, weil sie verschiedene öffentliche Funktionen ausüben (die größten unter ihnen sind tatsächlich öffentliche Institutionen), in den Genuss von direkten staatlichen Subventionen, die unterschiedliche Formen annehmen können: Öffentliche Einrichtungen etwa erhalten Geldmittel direkt aus dem Staatshaushalt, außerdem gibt es Stipendien und Verträge zur Unterstützung des Lehrbetriebs, der Verwaltung und der Forschung. Die Bundesregierung, die Regierung der einzelnen Staaten und die Kommunalregierungen beteiligen sich alle in unterschiedlichem Maß an diesen Subventionen.

Die Möglichkeit verschiedener Finanzierungsquellen hat zur Folge, dass der Verwalter einer amerikanischen Universität, insbesondere einer gut dotierten privaten oder großen öffentlichen Institution, in einer besonderen Lage ist, die sich grundlegend von der eines Rektors einer öffentlichen Universität anderswo in der Welt unterscheidet. Viele dieser öffentlichen Institutionen, die keine Studiengebühren erheben und vom Staat unterstützt werden, sind völlig abhängig von Geldern aus dem öffentlichen Haushalt. Wenn ihnen weniger Mittel zugeteilt werden, müssen sie zwangsläufig auch ihre Aktivitäten zurückschrauben. Nicht so die amerikanische Universität: Wenn hier eine Geldquelle weniger Mittel zur Verfügung stellt, so schaut sich der Verwalter nach einer Erhöhung aus einer anderen Quelle um. Er kann die Studiengebühren heraufsetzen, er kann sich verstärkt darum bemühen, die ehemaligen Studenten für Schenkungen zu gewinnen, oder er kann sich um neue Stipendien bewerben. Die Essenz eines »weichen« Budgets besteht darin, dass die Programme und Entscheidungen über Ausgaben prioritär behandelt werden: Die Universitätsleitung bestimmt zuerst, was bezahlt werden muss, und sucht dann nach entsprechenden Geldquellen. Ein Programm einzuschränken oder aufzugeben wird nur als letzter Ausweg erwogen, denn damit gesteht die Universität eine Niederlage ein. Außerdem wird damit signalisiert, dass sie in Schwierigkeiten steckt, was sich auf die Öffentlichkeitsarbeit sehr ungünstig auswirkt.

Der Beitrag amerikanischer Universitäten an die Volkswirtschaft wird vielfach missverstanden, denn er beschränkt sich nicht auf die direkten Auswirkungen der Bildungsausgaben auf das BIP. Wie immer sind die Ökonomen fasziniert von der Metapher des Marktprozesses und neigen deshalb dazu, die zusätzlichen Ausbildungsjahre als »Aneignung von Fähigkeiten« zu betrachten (Fähigkeiten, die auf dem Arbeitsmarkt gebraucht werden). (Viele Europäer verspüren eine tiefe Abneigung gegen diese Faszination; sie verabscheuen den Einfluss der Industrie auf das universitäre Leben und glauben deshalb schnell einmal, dass dieser Einfluss in den Vereinigten Staaten besonders stark ist.) Natürlich erwerben einige Studenten Fähigkeiten im College, zumindest ist das zu hoffen, doch die Vermittlung von Fähigkeiten ist nur im weitesten Sinn das Ziel der amerikanischen Hochschulbildung. Nur oberflächlich betrachtet hat ein Professor die Aufgabe, aus dem Rohmaterial, das ihm die High School zur Verfügung stellt, einen leistungsfähigen Bürger zu »produzieren«.

Worin besteht also die Aufgabe der Universitäten? Zunächst einmal hat das Hochschulwesen eine kaum gewürdigte Auswirkung auf die Beschäftigungsquote und die Erwerbsbeteiligung. Genau wie das Gesundheitswesen ist die höhere Bildung in den Vereinigten Staaten sehr arbeitsintensiv: Sie beschäftigt eine große Zahl von Erwerbstätigen, darunter einen Großteil der Intellektuellen, die auf diese Weise ausgelastet und zufrieden bleiben. Wichtiger ist der Effekt auf die Studenten einzustufen: Viele junge Menschen wären – wenn sie in Europa leben würden – in ihren späten Teenager-Jahren arbeitslos; das College bietet ihnen die Möglichkeit, ihre Zeit sinnvoll zu verbringen. So machen junge Amerikanerinnen und Amerikaner am College die psychologisch wertvolle Erfahrung einer »legitimen Faulheit« und des Gefühls, etwas erreicht zu haben, wodurch sie sich in der Regel bestätigt sehen und weniger zu Depressionen neigen. Das amerikanische College-System bietet also zu einem gewissen Grad eine Lösung der Jugendarbeitslosigkeit, und als solches muss es als ein großer Triumph der menschlichen Fantasie angesehen werden – oder vielleicht war es auch einfach Glück.

Noch wichtiger ist die Breitenwirkung des Hochschulwesens: Wer in Amerika eine College-Ausbildung vorweisen kann, dem steht der Weg in die Mittelschicht offen. Knapp 28 Prozent der erwachsenen Bevölkerung absolvierten eine Universitätsausbildung von mindestens vier Jahren. Ein Diplom qualifiziert sie dazu, an unserer Kreditwirtschaft teilzunehmen. Aufgrund der Tatsache, dass College-Absolventen ein Bildungskredit zugesprochen wurde, sind sie nach der Ausbildung in der Lage, Hypotheken aufzunehmen und sich am ganzen Spektrum von Privatdarlehen zu beteiligen. Sie gelten als kompetent im Umgang mit dem Steuer- und Subventionssystem; das heißt, es darf davon ausgegangen werden, dass sie sich mit Darlehen, Steuerabzügen und Bürgschaften auskennen und sie sich zunutze machen können. College-Abgänger gelten auch als kompetent beim Kauf und Konsum von dauerhaften Gebrauchsgütern – von Privathäusern über Autos zu Computern und Telekommunikationsgeräten. Zugang zu diesem System kann man sich auch auf anderem Weg verschaffen, aber ein College-Abschluss ist eine sichere Eintrittskarte. Die Colleges sind also eine Stütze des Kreditsystems, das die weiche Budgetbeschränkung auf die Privathaushalte ausdehnt.

In den USA gibt es noch zwei weitere öffentliche Institutionen, die sonst schwer einzustellende junge Menschen von der Arbeitslosigkeit fernhalten. Die eine ist die Armee, die mehrere Millionen Menschen beschäftigt, 4,5 Prozent des BIP ausmacht und ihren Mitgliedern eine fachkundige mechanische Ausbildung bietet (zum Beispiel den Berufspiloten in der zivilen Luftfahrt). Die andere Einrichtung ist das Gefängnissystem, dessen Funktion in gewisser Hinsicht derjenigen des Colleges ähnelt: Es sorgt dafür, dass junge Menschen nicht auf der Straße enden. Ein zentraler Unterschied besteht darin, dass sich diese drei Institutionen bezüglich des späteren Zugangs zu Darlehen und anderen solchen Mechanismen sehr unterschiedlich auswirken: Wer in der Armee dient, profitiert von einer Vielzahl von Programmen, die sie oder ihn auf eine Stufe mit den College-Absolventen bringen soll; wer im Gefängnis war, muss sich hingegen selbst durchschlagen. Es geht hier nicht um die Frage, ob diese Institutionen nützlich oder schädlich sind. Es geht darum, dass diese Institutionen, genau wie das Gesundheitswesen, einen Beitrag zur Wirtschaftsaktivität leisten. Der Staat unterstützt sie alle und garantiert so ihr bemerkenswertes Wachstum.

Auch ältere Amerikanerinnen und Amerikaner profitieren von staatlichen Institutionen. Der Konsum von Dienstleistungen im Wohnungswesen macht rund 10 Prozent des BIP aus, während der Häuserbau zusätzliche 6 Prozent beiträgt. Der Grund für das Ausmaß des Wohnungsmarktes ist das riesige Netz daran beteiligter Finanzinstitutionen (die der staatlichen Einlagensicherung unterliegen), der sekundäre Hypothekenmarkt, in dem sich halbstaatliche Unternehmen betätigen (Fannie Mae, Ginnie Mae, Freddie Mac), und die steuerliche Absetzbarkeit von Hypothekenzinsen. Seit die steuerliche Absetzbarkeit anderer Arten von Zinsen 1986 aufgehoben wurde, ist die Wohneigentumsquote gestiegen – eine Entwicklung, die dem Staat zu verdanken ist und nicht dem Markt. Zu Beginn des 21. Jahrhunderts waren sogenannte »Home Equity Loans«, also auf dem Buchwert eines Hauses basierende Kredite, zu den wichtigsten Darlehen avanciert, mit denen sich Amerikaner ihren Konsum finanzierten. Dies wiederum führte dazu, dass sich die durch langsam wachsende Einkommen bedingte Budgetbeschränkungen der Mittelschicht abschwächten.*

Schließlich bleiben noch die Rentenversicherung und die anderen Programme zur Einkommenssicherheit zu erwähnen, die etwa 8 Prozent des amerikanischen BIP ausmachen (die Rentenversicherung macht 4 bis 5 Prozent aus), wenn man vernünftigerweise davon ausgeht, dass die Empfänger dieser Leistungen das Geld größtenteils ausgegeben und nicht auf die hohe Kante legen. 90 Prozent der betagten Amerikanerinnen und Amerikaner beziehen Sozial-

---

*   Die ganze Geschichte hatte einen Haken, und zwar im Privatsektor. Im finanziellen Klima nach »9/11« bemerkten Hypothekargläubiger, dass tiefe kurzfristige Zinssätze als Marketinginstrument benutzt werden konnten; mit zinsvariablen Darlehen war es möglich, die tiefen Zinssätze der ersten Jahre zurückzugewinnen, wenn die Zinssätze wieder auf das normale Niveau stiegen. So konnten Kunden mit tiefem Einkommen Millionen von billigen Hypotheken aufnehmen, und nur wenige bemerkten, wie markant sich ihre Schulden gemäß dem Vertrag nach zwei oder drei Jahren vergrößern konnten. So zogen Familien in ihre neuen Häuser ein, dann passten sich nach einer gewissen Zeit die Zinssätze an und die Zwangsenteignungen begannen. Die Konsequenzen bekommen jetzt nicht nur Millionen von Haushalten zu spüren, sondern auch Zehntausende Investoren, welche die faulen Wertpapiere kauften, und das Bankensystem selbst. Dies führt klar vor Augen, wie verwundbar das System ist – nicht gegenüber einem direkten politischen Angriff, sondern gegenüber der Plünderung. Wir werden im übernächsten Kapitel zu diesem Problem zurückkehren.

hilfe; für 65 Prozent stellt sie die wichtigste Quelle des verfügbaren Einkommens dar, für 20 Prozent sogar die *einzige* Einkommensquelle.* Die durchschnittliche Sozialhilfeleistung für ein betagtes Paar von mäßiger Gesundheit sorgt zusammen mit den Leistungen von Medicare in weiten Teilen des Landes für bescheidenen Komfort. Die meisten betagten Amerikaner leben in abbezahlten Häusern und müssen nur einen Bruchteil ihrer medizinischen Ausgaben (im Unterschied zu Arzneimitteln) aus ihrer eigenen Tasche bezahlen. Die Sozialhilfe kommt für einen Großteil ihres Normalverbrauchs auf. Es gibt noch immer einige Gebiete, in denen Armut unter Betagten verbreitet ist – alleinstehende Frauen, die früher nicht viel arbeiteten, sind oftmals in Schwierigkeiten –, aber dies sind tatsächlich nur einzelne Gebiete, das Phänomen ist nicht weit verbreitet. Armut unter Betagten hat seit den frühen 1970er-Jahren dramatisch abgenommen und liegt heute unter dem Niveau der Armut der Bevölkerung insgesamt.

Auch noch zu erwähnen ist der Earned Income Tax Credit (EITC). Ziel dieses ausgefeilten Systems ist es, die verfügbaren Einkommen gering verdienender Haushalte zu erhöhen; im Prinzip versichert es die Empfänger gegen das Auf und Ab der geleisteten Arbeitsstunden und damit des jährlichen Reallohns. Das EITC wurde unter Präsident Ford eingeführt und unter Reagan in großem Stil erweitert; es kann als Reagans wichtigster Beitrag zum amerikanischen Wohlfahrtsstaat bezeichnet werden; weil das System über eine republikanische Legitimation verfügte, konnte es unter Clinton und George W. Bush nochmals ausgebaut werden. Die Auswirkungen des EITC auf die ärmsten erwerbstätigen Amerikaner – der unterste Zehntel

---

* Social Security Administration, *Fast Facts and Figures About Social Security,* Social Security Administration Office of Research, Evaluation, and Statistics, Washington D. C. 2005.

der Lohnpyramide – scheinen bemerkenswert zu sein, umso mehr, als sie bisher fast keine Beachtung gefunden haben.

Diese Elemente – Gesundheitsfürsorge, höhere Bildung, Wohnungswesen und Sozialversicherungen – machen zusammen fast 40 Prozent des gesamten Verbrauchs an Gütern und Dienstleistungen in den Vereinigten Staaten aus. Dabei wurden nicht einmal die öffentlichen nicht militärischen Ausgaben auf allen staatlichen Ebenen mitgerechnet, die zusätzlich 14 Prozent des BIP betragen (2 Prozent vom Bund, 12 Prozent von den Bundesstaaten und den Kommunen), von denen ein großer Teil in die öffentliche Primar- und Sekundarschulbildung fließt. (Über 88 Prozent der amerikanischen Schulkinder besuchen öffentliche Schulen, und dieser Anteil hat sich in den vergangenen Jahren nicht wesentlich verändert.) Insgesamt kommen wir zu dem Schluss, dass die Vereinigten Staaten keine »freie Marktwirtschaft« mit einem unterentwickelten oder gar verkümmerten öffentlichen Sektor sind: Sie sind vielmehr ein fortschrittliches postindustrielles Land wie jedes andere, dessen öffentlicher Sektor für weit über die Hälfte der Wirtschaftsaktivität aufkommt. Das System ist lediglich in mancher Hinsicht etwas weniger straff organisiert und weniger effizient als in Europa, in anderen Bereichen hingegen deutlich verschwenderischer. Besonders effizient sind die Vereinigten Staaten jedoch darin, diese Tatsache zu verschleiern und die halböffentlichen Institutionen vom System profitieren zu lassen.

Die Errichtung eines großen, stabilen und konstant wachsenden halböffentlichen Wohlfahrtssektors, staatlich gesichert und durch Schulden finanziert, hat sich auf die gesamte Volkswirtschaft stabilisierend ausgewirkt. Er hat die Folgen der Investitions- und Lagerzyklen abgeschwächt und so das Ausmaß der Arbeitslosigkeit unter Kontrolle gehalten; dadurch vermied der Wohlfahrtssektor, dass sich eine Konjunkturschwäche in der Industriewirtschaft zu einer zweiten Großen Depression ausweiten konnte. Der Staat ist in entscheidenden Momenten für seine Bürger da – um die Ausbildung junger Menschen zu unterstützen, um den Betagten Hilfe zu leisten, um beim Kauf eines Eigenheims zu helfen und um einen sorglosen Ruhestand sicherzustellen. Dieses System schafft eine Gesellschaft, die im Allgemeinen diszipliniert und fleißig ist, in der politische Zufriedenheit herrscht und die aus der Sicht von Gläubigern ein geringes Risiko darstellt. Die Fähigkeit und die Bereitschaft privater Haushalte, Schulden zu machen (meist gegen den Wertzuwachs ihrer Häuser), ermöglichte es im Gegenzug dem öffentlichen Sektor, sein Defizit gering zu halten. Hier haben wir es nicht mit dem im Nachkriegseuropa entstandenen Wohlfahrtsstaat zu tun, der sich sozusagen von der Wiege bis zum Grab um seine Bürger kümmert. Der amerikanische Wohlfahrtsstaat ist nicht allumfassend, und vom System ausgeschlossen oder benachteiligt sind meist – wie in der Vergangenheit – die ethnischen Minderheiten. Aber die amerikanische Variante des Wohlfahrtstaats ermöglichte jene Entwicklung, die ich zuvor als keynesianische Devolution bezeichnet habe: der Übergang des Privilegs, Geld auszuleihen und so das Wirtschaftswachstum anzukurbeln, vom öffentlichen auf den privaten Sektor. Durch die keynesianische Devolution wurde der Privathaushalt zur treibenden Kraft des amerikanischen Wirtschaftswachstums.

Dies ist ein Novum: Eine Volkswirtschaft, die durch Institutionen der Humandienstleistung gestützt wird und die hauptsächlich von der Verschuldung privater Haushalte und dem damit verbundenen Anstieg der Vermögenswerte angetrieben wird. Dieses System kann nur aufrechterhalten werden, wenn das betreffende Land sich einer uralten Verpflichtung aller Staaten entledigt, nämlich ihre Konsumgüter mit Gütern zu finanzieren, die es selbst produziert. Denn in diesem System werden die Importe immer stärker anwachsen als die Exporte – es sei denn, es können neue Rohstoffquellen erschlossen werden. Dieses Land muss sich – wohl oder übel – Geld aus anderen Ländern leihen, es muss sich also im Ausland verschulden. Die Vereinigten Staaten sind ein solches Land – ein Umstand, auf den wir zurückkommen müssen. Damit dieses System aufrechterhalten werden kann, sind zwei Voraussetzungen unabdinglich: Erstens müssen sich Gläubiger für die entsprechende Auslandsverschuldung finden, und zweitens darf dieses System nicht von innen ausgehölt werden. Versuche bestimmter Akteure, sich auf dem einfachsten Weg zu bereichern, indem sie den öffentlichen Sektor ausplündern, dürfen nicht außer Kontrolle geraten.

Die Geschichte der letzten drei Jahrzehnte wird oft als Kampf zwischen den Ideen Milton Friedmans und den Geistern Keynes' und Roosevelts beschrieben – zwischen dem Markt und dem Staat. Reagans Revolution hat in erster Linie bewirkt, dass sie den Menschen bestimmte neue Denkweisen auferlegte: Sie ließ Adam Smith und Friedrich von Hayek wiederauferstehen und schuf einen neuen Glauben an den freien Markt, der den rechten Ökonomen erlaubte, ihre radikalsten Ideen zu verbreiten. Und die Folgen sind nicht zu übersehen: Wohlfahrtsprogramme, die sich an die verwundbarsten Bürger richteten (etwa Sozialwohnungen), wurden drastisch gekürzt, genauso wie die staatlichen Initiativen in der Energiewirtschaft; Bemühungen, eine Industriepolitik einzuführen, wurden im Keim erstickt.

Aber hinsichtlich der wichtigsten New-Deal-Institutionen, die der Mittelklasse den Wohlfahrtsstaat bescherten, konnte Reagan kaum wesentliche Veränderungen durchsetzen. Die Sozialversicherungen überlebten diese Zeit weitgehend intakt: Medicare und Medicaid wurden weiter ausgebaut; die Spar- und Leihkassen brachen zwar zusammen und mussten gerettet werden, aber das umfassendere System der öffentlichen Unterstützung für den Wohnungsbau blieb bestehen. Das Wohnungswesen erholte sich und erlebte einen langen Boom, der erst mit der Subprime-Hypothekenkrise sein Ende fand. Die Universitäten, die öffentlichen Schulen und natürlich das Militär hielten der Reagan-Revolution stand. Insgesamt überstand der New Deal die Reagan-Jahre weitgehend unbeschädigt, und die Wirtschaft erholte sich – teils durch das Immobilienwesen, teils durch den Technologiesektor und teils durch die Militärausgaben. Der Grund dafür war nicht, dass Reagans Konservative Erfolg hatten, sondern dass sie versagten.

Jene, die sich selbst als politisch konservativ bezeichnen, die aber vor allem an Macht interessiert sind und nicht so sehr an Theorien, lernten ihre Lektion. Sie passten sich an und lösten sich stillschweigend von ihren alten Ideen. Wenn sie das System nicht besiegen konnten, würden sie sich ihm anschließen – und es ganz im Stillen so zurechtbiegen, dass es ihren Zwecken dient.

9 Die Krise der Konzerne

Eine beliebte Schauergeschichte, die man sich rund um das Lagerfeuer der Liberalen erzählt, ist jene von der Zerstörung des New Deal und der Great Society durch Ronald Reagan und George W. Bush. Diese Monster seien ihrerseits bloß Instrumente in den Händen düsterer Kräfte im Hintergrund gewesen, denn die wirkliche Macht liege bei den Konzernen.

In Wirklichkeit trifft wohl fast das Gegenteil zu. Wie wir im letzten Kapitel gesehen haben, schafften es weder Reagan noch Bush, den amerikanischen Sozialstaat entscheidend zu schwächen, obwohl sie hier und da einigen Schaden anrichteten. Die Wohlfahrtseinrichtungen – Gesundheitsfürsorge, höhere Bildung, Wohnungswesen und Rentenversicherung – haben weitgehend überlebt, genau wie die Mittelschicht, die durch diese Einrichtungen entstand. Doch das amerikanische Industrieunternehmen, das in den 1960er-Jahren noch eine weltbeherrschende Stellung einnahm, befindet sich in einer weit schlechteren Verfassung. Der Verfall und die Korrumpierung der Industrie vollzogen sich zu einem wichtigen Teil während der Regierungszeiten der beiden ultrakonservativen Präsidenten.

Als mein Vater 1967 sein Buch *The New Industrial State* (dt. *Die moderne Industriegesellschaft*[*]) veröffentlichte, schien es, als sei das

---

[*]   John Kenneth Galbraith, *Die moderne Industriegesellschaft*, München 1974.

große Industrieunternehmen ein stabiler und dauerhafter Bestandteil der amerikanischen Nachkriegswirtschaft, das die Fähigkeit zur Selbststabilisierung besaß. Mein Vater versuchte, dieser Bedeutung gerecht zu werden und eine Wirtschaftslehre für eine Welt zu entwickeln, in der diese Organisationen eine beherrschende Stellung einnahmen. Er ging davon aus, dass der Konzern den Markt weitgehend ersetzen könnte: der Konzern als ein Gebilde, das zukünftige Technologien plant, die Produktion bereits bestehender Technologien bewerkstelligt, die Unsicherheit in der Angebotskette abbaut und versucht, die Nachfrage nach ihren Produkten sicherzustellen. Diese Wirtschaftslehre leitete sich aus den damals herrschenden Bedingungen ab: Um die Mitte des letzten Jahrhunderts bestimmten tatsächlich solch große Organisationen die Wirtschaftsordnung und benutzten das System zu ihren eigenen Zwecken.

Doch das System der großen Konzerne, das mein Vater beschrieb, war weit instabiler, als es damals den Anschein machte. Bereits in den 1970er-Jahren mussten diese Unternehmen Rückschläge hinnehmen, als ein konkurrierendes System auf den heimischen Markt drängte: Der aufstrebende Industriekoloss Japan. Zwei wichtige Industriebereiche, die eng miteinander verflochten waren und um die Jahrhundertmitte eine Festung in der amerikanischen Industrielandschaft bildeten, waren besonders stark davon betroffen: Die Stahl- und Automobilindustrie, die beide über mächtige Gewerkschaften verfügten. Die aufstrebenden Konkurrenten konnten mit neuen Designs, niedrigeren Kosten und innovativen Produktionsmethoden trumpfen – damals entstand etwa die berühmte Just-in-time-Methode, auch Toyota-System genannt, mit der überflüssige Lagerbestände in der Automobilherstellung vermieden werden. Die Japaner (und die Deutschen) machten auch Fortschritte in der Produktion von Industriemaschinen, Baugeräten und Landwirtschaftsmaschinen – alles tragende Säulen der Industrieproduktion des oberen Mittleren Westens der USA und deshalb von entscheidender Bedeutung für die Arbeiter und die Industriegewerkschaften in dieser Region.

So waren die großen amerikanischen Industriefirmen, die in der glücklichen Zeit der 40er-, 50er- und 60er-Jahre geschaffen worden waren, bereits geschwächt, als Reagan 1981 das Präsidentenamt übernahm und Paul Volcker zu seinem Schlag gegen die Inflation ansetzte. Der Monetarismus würde den Konzernen schließlich das Genick brechen, denn die zweistelligen Zinsraten, die Volcker und Reagan 1981 einführten, hatten in dreifacher Weise katastrophale Auswirkungen auf die Industriefirmen. Erstens zerstörten sie deren Exportmärkte und setzten in der Dritten Welt eine wirtschaftliche Abwärtsspirale in Gang – Lateinamerika, Afrika und Teile Asiens würden sich von diesem Fiasko mancherorts erst zwanzig Jahre später erholen. Zweitens zerstörte die Rezession den Binnenmarkt der Industriekonzerne (wenn auch nur für kurze Zeit). Und drittens trieben die Zinsraten den Wert des Dollars in die Höhe, der sich gegenüber den Handelspartnern der Vereinigten Staaten um rund 60 Prozent steigerte. Plötzlich kaufte jeder, der es sich noch leisten konnte, sein Material viel billiger in Japan oder Deutschland ein, von Unternehmen wie Komatsu oder Siemens, und nicht mehr von Caterpillar, International Harvester oder Allis-Chalmers. Nachdem die großen amerikanischen Industriefirmen und ihre Gewerkschaften bereits am Boden lagen, wurden sie so vollends zertrümmert.

Nach der Hälfte von Reagans Regierungszeit steckte die Wirtschaft des »modernen Industriestaats« in einer tiefen Krise. Viele der großen Firmen, die das Kernstück dieser Wirtschaftsordnung bildeten, befanden sich in Schwierigkeiten. Mehrere waren aufgrund der hohen Zinsraten, der nachfolgenden Rezession 1981 und 1982 und des Wettbewerbsvorteils, welcher der starke Dollar den Industrien Japans und Europas verschaffte, bankrottgegangen. Und dies waren lediglich die unmittelbaren Auswirkungen, andere würden später folgen. Insbesondere die modernsten Technologiesektoren würden in den 1980er-Jahren neu organisiert werden: Viele Technikgenies verließen die großen, vertikal integrierten Unternehmen und gründeten ihre eigenen Firmen im Silicon Valley oder in Seattle. In den 90er-Jahren schließlich wurden die einst dominanten Industrie- und Technologiekonzerne zu Opfern einer neuen Welle des Finanzbetrugs. Der große Konzern war offensichtlich weder ein dauerhaftes noch ein unbesiegbares Element der Wirtschaftsordnung; insbesondere die makroökonomische Wirtschaftspolitik konnte Kräfte entfesseln, gegen die diese Unternehmen machtlos waren.

Diese Entwicklung zog eine intellektuelle Reaktion nach sich. Wenig überraschend, verschwand die Vision einer auf großen Organisationen basierenden Wirtschaft. In der Soziologie kam der Begriff »postindustriell« in Mode, der einen Übergang in eine neue Gesellschaftsordnung suggerierte. Die Ökonomen hingegen machten einen Schritt zurück: Zu Beginn der 8oer-Jahre lehnten es viele Volkswirtschaftler ab, den Niedergang der großen Konzerne zu analysieren; stattdessen entschieden sie sich für die Theorie, dass deren Aufstieg gar nie stattgefunden habe. Sie behaupteten einfach, das Vorhandensein einer japanischen und einer deutschen Industrie bedeute, dass es eben doch eine »Konkurrenz« für die amerikanischen Unternehmen gab. Dies erlaubte es ihnen unter anderem, meinen Vater vollends aus der Bruderschaft der Wirtschaftswissenschaftler auszuschließen. *Die moderne Industriegesellschaft,* nach seinem Erscheinen ein riesiger Bestseller, wurde nicht mehr gedruckt.

Die Ökonomen, die ab diesem Zeitpunkt die Welt für uns interpretierten, verbreiteten eine andere Lehre: Die Welt der instabilen und sich ständig verändernden Konzerne sei von der Welt des freien und wettbewerbsgesteuerten Marktes nicht zu unterscheiden; sie hielten sich an die Lehrbuchmeinung einer großen Zahl von kleinen Unternehmen, die mit standardisierten Methoden Serienprodukte herstellten und den Preis gemäß dem Markt festsetzten. Die wohlgeformten, stilisierten und vollkommen irrelevanten Prinzipien des Marktes sollten auf die Produktionsbedingungen übertragen werden, egal, wie sehr dies den realen Umständen zuwiderlief. So war der Weg offen für die Wiederauferstehung des konservativen Mythos; eine Reihe von akademischen Konzepten wurde auf eine Welt angewandt, die sich dazu nicht im Geringsten eignete.

Dennoch kann die Vision meines Vaters – eine Wirtschaft, in der große nationale Konzerne dominieren – nicht einfach als ein Irrtum abgetan werden, wenn man sie auf die Situation von 1967 bezieht. Um die Jahrhundertmitte stellten sich die Verhältnisse so dar, wie sie mein Vater beschrieb. Sie waren nicht einfach ein Zwischenspiel, ein Intermezzo zwischen zwei langen Epochen des freien Marktes. Mein Vater beschrieb einen Abschnitt eines Kontinuums, eine Stufe in der Entwicklung des globalen Wirtschaftssystems. Die beherrschende Stellung des großen amerikanischen Industriekonzerns, dem die Macht des Staates und der Gewerkschaften als ausgleichende Kraft entgegenstand, war eine Tatsache – genau wie die Sowjetunion eine Tatsache war, deren Zerfall man damals noch nicht voraussehen konnte. Aber die Situation war nicht von Dauer; viel schneller, als mein Vater es vorausgesehen hatte, folgte die Destabilisierung, der Zerfall und die Neuorganisation dieses Systems. So sollte die Entwicklung, die von vielen als ein Beweis für die Mängel des Buches herangezogen wurde, vielmehr als ein Prozess des fundamentalen Wandels angesehen werden: als Prozess der Evolution und des Zerfalls und insbesondere der Neuverteilung der Macht im industriellen System.

Das Machtzentrum des Konzerns, den mein Vater in *Die moderne Industriegesellschaft* beschrieb, lag innerhalb der Organisation, genauer gesagt bei der sogenannten »Technostruktur«, also jener Gruppe von Frauen und Männern, die über besondere Fähigkeiten und spezielles Fachwissen verfügten und deshalb unerlässlich waren, damit das Unternehmen funktionieren konnte. Der Niedergang der großen Konzerne ergab sich zu einem gewissen Grad aus der Tatsache, dass sich diese Macht der Technostruktur verschob. Verschiedene Faktoren trugen zu dieser Machtverschiebung bei: die wachsende globale Konkurrenz, das Wiedererstarken der internationalen Finanzwelt, Veränderungen in der globalen Organisation der technischen Entwicklung und der Aufstieg einer neuen Klasse von Oligarchen – des parasitären Typs von Vorstandsvorsitzenden. So verteilte sich die Macht in verschiedene Richtungen. Ein Teil verließ die Konzerne zusammen mit den Technikern, die in Kalifornien und Washington ihre eigenen Firmen aufbauten – hatten zuvor die Konzerne selbst die wissenschaftliche und technische Forschung betrieben, wurden sie nun zu deren Konsumenten. Ein Teil der Macht ging an die Kapitalgeber in Manhattan über, die den Konzernen ihre eigenen Kriterien für finanzielle Performance aufzwangen und sie so dem Risiko von Umstrukturierung und feindlicher Übernahme aussetzten. Ein Teil verlagerte sich auch nach Übersee, zu den europäischen und japanischen Unternehmen, die sich immer stärker in den Markt drängten. Und ein Teil ging schließlich an Vertreter der CEO-Klasse, die früher der Technostruktur untergeordnet waren, jetzt jedoch wieder zu einer eigenständigen Kraft in den von ihnen geleiteten Unternehmen aufstiegen.

Diese vier Phänomene – der wachsende internationale Handel, die neue Macht der Kapitalgeber, die Verlagerung der technischen Entwicklung und der Aufstieg einer Oligarchie von Vorstandsvorsitzenden – hatten über die Jahre hinweg dramatische Folgen für die amerikanischen Industriekonzerne. Sie beeinflussten die Art und Weise, wie die Unternehmen geführt wurden und trugen zu ihrem langsamen Abstieg in der globalen Wirtschaft bei. Jedes dieser vier Phänomene verdient eine genauere Betrachtung.

Von Ökonomen wird der Handel überaus geschätzt, doch die breitere Öffentlichkeit bringt ihm tiefes Misstrauen entgegen. Weshalb? Wenn Ökonomen vom internationalen Handel sprechen, dann sehen sie nur den positiven Aspekt: die Effizienz, die sich aus Größenvorteilen und Spezialisierung ergibt. Doch wenn es diese Phänomene überhaupt gibt, so basieren sie auf Lehrbuchmodellen, also auf purer Einbildung. In der realen Welt sind sie kaum sichtbar. Der Handel hat jedoch in erster Linie eine viel direktere Folge, die jeder sehen kann oder zumindest zu sehen glaubt: Er beeinträchtigt die Eigenständigkeit und die Sicherheit der Unternehmen, für die die Menschen arbeiten, ebenso wie die Gegenmacht ihrer Gewerkschaften. Die Gewinner des zunehmenden internationalen Handels sind nur schwer fassbar, doch die Verlierer sind für jedermann sichtbar. Obwohl die Stahlkonzerne und die Automobilhersteller in Japan in den 8oer-Jahren relativ hohe Löhne zahlten, hatten sie eine destabilisierende Wirkung auf die amerikanischen Konzerne und ihre Arbeiterschaft. Die Konkurrenz durch niedrige Löhne in aufsteigenden Industriemächten der Dritten Welt sollte die Krise noch verschärfen.

Die Gegenmacht (countervailing power) besteht in der Fähigkeit der Arbeiterschaft, über ihre Gewerkschaften höhere Löhne durchzusetzen, basierend auf der Marktposition ihres Unternehmens. Dies ist nur dann möglich, wenn den Arbeitern ein Druckmittel zur Verfügung steht, nämlich der Schaden für die Firma, sollten die Forderungen der Gewerkschaft nicht erfüllt werden. Und dieses Druckmittel hängt von der Widerstandsfähigkeit, Autonomie und soliden Stellung der Firma ab. Einfach ausgedrückt: Wenn aus Japan, China oder Mexiko Konkurrenz droht, ist das Unternehmen in Gefahr und deshalb auch die Gewerkschaften. Auslagerung der

Produktion ist in dieser Situation ein Abwehrmechanismus – man entledigt sich damit der Gewerkschaft, um die Firma zu retten.

Die Gewerkschaften waren schon immer einer Gefahr durch technischen Wandel, also Automatisierung, ausgesetzt. Doch Automatisierung ist mit Aufwand verbunden, mit Einfallsreichtum und zusätzlichen Ausgaben; zudem schafft die Entwicklung neuer Technologien Arbeitsplätze (oftmals innerhalb derselben Firma), die dann ihrerseits gewerkschaftlich organisiert werden können. Aus diesem Grund stellt technischer Wandel für Gewerkschaften kein gravierendes Problem dar. Doch um eine normale Fabrik von den Vereinigten Staaten nach Juárez in Mexiko auszulagern, bedarf es oftmals nicht mehr als eines Lastwagens; die Androhung seitens des Arbeitgebers, dies tatsächlich zu tun, ist glaubwürdig und stellt einen endgültigen Bruch mit den Arbeitnehmern dar. Als Waffe gegen die Widerstandsfähigkeit der Arbeiterschaft ist der Anstieg des Welthandels deshalb äußerst effizient. Aber der Handel stellt deswegen eine solche Bedrohung dar (in den 80er-Jahren war sie ganz besonders akut), weil er sowohl das Unternehmen als auch die damit verbundenen Arbeitsplätze gefährdet.

In den frühen 80er-Jahren, gerade als sich der Welthandel zu einer so sichtbaren (und deshalb auch stark übertriebenen) Gefahr für die Wettbewerbsfähigkeit der Industrie und daher des Lohnniveaus entwickelte, vollzog sich noch ein anderer Wandel in den wirtschaftlichen Mächteverhältnissen: die Rückkehr der Banken – Investmentbanken und Geschäftsbanken – an die Hebel der Macht, von wo sie nach dem Crash von 1929 verdrängt worden waren.

Im Buch *Die moderne Industriegesellschaft,* das in einem Zeitalter der tiefen Zinssätze und einfachen Kredite für große Konzerne entstand, wurde die Bank als eine dem Unternehmen untergeordnete Institution beschrieben. Meinem Vater zufolge waren die Banker nicht ausreichend informiert über die detaillierten Abläufe in einem

Unternehmen, als dass sie sie wirksam hätten kontrollieren können;
die Kontrolle lag allein bei der Technostruktur, und so bestimmte die
Industriefirma selbst über den Zugang zum Kreditmarkt – und nicht
ihre Banker. Dies war eine wichtige Voraussetzung für das Funktionieren eines Konzerns, denn nur die Technostruktur war imstande,
technische Entscheidungen zu treffen; und die Komplexität der Technologie war schließlich der Grund, weshalb das Unternehmen überhaupt existierte. All dies änderte sich mit den hohen Zinssätzen der
80er-Jahre. Mit einem Mal wurden die Finanzierungskosten zu einer
entscheidenden Größe und mussten berücksichtigt werden, während
sie zuvor jahrzehntelang von zweitrangiger Bedeutung gewesen waren. So machte der Monetarismus die Industriefirmen von ihrer Finanzierungsquelle abhängig, und die ökonomische Macht in den
Vereinigten Staaten wurde wieder den Finanzinstituten übertragen.
Wie schon eine Generation zuvor war nun die Wall Street wieder am
Drücker. Die viel diskutierte und in der Wirtschaftsliteratur oft beklagte Folge war, dass die Konzernführung bei ihren Entscheidungen
zunehmend die kurzfristige Perspektive im Auge hatte, ein Phänomen, das als »short-termism« bezeichnet wird: Finanzielle Ziele wurden erst abgesteckt und mussten dann erfüllt werden, ungeachtet ihrer Auswirkungen auf die langfristige Wirtschaftlichkeit eines
Unternehmens. Wenn eine Firma diese Ziele verpasste, konnte sie bestraft werden: zuerst mit sinkenden Aktienkursen und letztendlich
mit der »Disziplinierungsmaßnahme« der feindlichen Übernahme,
der ein radikaler Umbau der Technostruktur folgen würde. In einer
Welt, in der ein globaler Konkurrenzkampf gegen aufstrebende Technologiemächte stattfand, war dies ein sicheres Rezept für den weiteren Zerfall – ein Rezept, die amerikanischen Teilnehmer an diesem
Wettlauf in kürzester Zeit zu eliminieren.

Welche Unternehmen konnten sich behaupten? Die besten
Überlebenschancen hatten ganz klar jene Firmen, die so weit an

der Spitze der Technologieentwicklung standen, dass sie unentbehrlich und unersetzlich geworden waren und trotz einem starken Dollar und hohen Zinssätzen wettbewerbsfähig blieben. So wurde die Entstehung von Firmen begünstigt, die sich anders als die integrierten Industriekolosse der 50er- und 60er-Jahre ausschließlich auf Spitzentechnologie konzentrierten. Es erstaunt daher nicht, dass sich die High-Tech-Abteilungen von den großen Konzernen lösten und in den 90er-Jahren ein separater Technologiesektor entstand.

Jene, die eine außergewöhnliche Fantasie, wissenschaftliches Talent oder besondere mechanische Fähigkeiten besaßen – oder die Risikokapitalgesellschaften davon überzeugen konnten, dass sie über diese Gaben verfügten –, hatten glänzende Aussichten auf Erfolg. Sie konnten riesige Geldsummen auftreiben, sich selbst hohe Gehälter auszahlen und in Rekordzeit neue Firmen gründen. Plötzlich hatte sich eine neue Geschäftselite hervorgetan: jung, bewandert, unabhängig und sagenhaft reich.

Den meisten Menschen erschienen diese Geschäftsleute meilenweit von der Vision meines Vaters entfernt: Dies waren keine Angestellten im herkömmlichen Sinn, sie waren nicht Teil einer bürokratischen Organisation. Auf den ersten Blick erschienen sie vielmehr als ein Typ aus einer vergangenen Zeit, der damals in hoher Achtung stand: Hatten wir es hier nicht mit einer neuen Spezies jenes ältesten aller ökonomischen Archetypen zu tun, des Entrepreneurs? Viele glaubten dies tatsächlich. Die Gleichsetzung der neuen Klasse von Wirtschaftsführern mit dem alten unternehmerischen Archetyp war unwiderstehlich in einer Zeit, in der die Ideen Friedmans und Hayeks lautstark und aggressiv verbreitet wurden, um den Triumph der freien Marktwirtschaft zu rechtfertigen. Aber in Wirklichkeit hatten diese beiden Unternehmertypen nur wenig Gemeinsamkeiten. Viele der neuen High-Tech-Unternehmer waren genau die gleichen Leute, die zuvor in den Forschungslabors der großen Konzerne gearbeitet hatten.

Auch in ihren Tätigkeiten unterschieden sie sich beträchtlich. Der »verwegene Unternehmer« der alten Tage erzielte seinen Erfolg, indem er intelligenter und billiger produzierte, indem er hart arbeitete und so Kunden und Marktanteile für sich gewann. Zu all dem benötigte er Zeit, und Zeit war etwas, für das der Hightech-Boom gerade keine Zeit hatte. Deshalb gab es im neuen Zeitalter einen kürzeren Weg: Reich werden hieß jetzt schlicht und einfach, die Zustimmung des Kapitalmarktes zu gewinnen. Die richtigen persönlichen Beziehungen, ein Patent, ein Betriebsgeheimnis, ein Geschäftsplan: Dies waren die Voraussetzungen, um an Kapital zu kommen. Der wirkliche Geschäftserfolg würde sich dann später einstellen, wenn überhaupt; erst im Nachhinein würde sich zeigen, wer tatsächlich eine brillante Innovation hatte und sie verwirklichen konnte und wer nicht. Doch zumindest eine Zeit lang waren alle Manager reich, sobald sie die Geldmittel aufgetrieben hatten.

Es waren zwei aufstrebende soziale Typen geboren – der Investmentbanker und der Technologe –, die eng zusammenarbeiteten. Innovation in einem Bereich – etwa Michael Milkens Geschäft mit Schrottanleihen – trug zum Wachstum im anderen bei. Die Allianz zwischen den beiden vermochte die bestehende institutionelle Struktur des »modernen Industriestaats« in ihren Grundfesten zu erschüttern. Außerdem führte sie zu neuen politischen Formationen, insbesondere in der Demokratischen Partei. Jeder, der die 90er-Jahre erlebte, konnte mitverfolgen, wie die Kapitalgeber sich mit den High-Tech-Unternehmern verbündeten, um die Vision der New Economy zu verwirklichen – das »neue Paradigma«, wie es auch genannt wurde –, die in jenen kurzen Jahren die Weltbühne dominierte.

Die Geschäftsführer im High-Tech-Sektor häuften einen immensen Reichtum an, dessen Marktwert den aller anderen übertraf;

dieser Aufstieg verwandelte die High-Tech-CEOs in Symbole der technischen Versiertheit. Diese Phänomene hatten eine nachteilige Auswirkung auf andere amerikanische Konzerne: Sie heizten die allgemeine Explosion der Managergehälter an, denn die Aktienbezugsrechte der New Economy wurden auch zum Maßstab für größere Firmen, die sich in traditionelleren Branchen betätigten. Doch wenn überhaupt, waren diese Unternehmen nur selten imstande, auf dem Aktienmarkt oder sonstwo Erträge in der Größenordnung zu erzielen, die solche Lohnpakete für ihre Manager gerechtfertigt hätten. Der Versuch, die Regeln der flinken High-Tech-Unternehmen mit den Erfordernissen eines großen traditionellen Industrieunternehmens unter einen Hut zu bringen, musste ins Unglück führen. Das Musterbeispiel hierfür ist Enron, ein Energie- und Pipelinekonzern, der sich auf den Kapitalmärkten als eine Hightech-Energieversorgungsfirma verkaufte: Enron gab vor, etwas zu sein, das es nicht sein konnte. Um die Illusion aufrechtzuerhalten, drängte sich die Firma selbst zu Betrug und kriminellen Machenschaften.

Die Explosion der Managergehälter wird meist als Symptom des Einkommensgefälles innerhalb der Gesamtwirtschaft dargestellt; dafür wird üblicherweise auf die Lücke zwischen den Einkünften der Geschäftsführer der »Fortune-500« (der 500 umsatzstärksten Unternehmen der Welt) und jenen ihrer einkommensschwächsten Angestellten aufmerksam gemacht. Aber dieser Zusammenhang ist irreführend. Der entscheidende Punkt ist nicht das Einkommen oder das gehortete Vermögen einer Handvoll Manager, sondern die Art der Unternehmensführung, die sogenannte Corporate Governance. Die Explosion der Managergehälter, besonders jener, die sich aus Aktienbezugsrechten ergibt, wirft eine wichtige Frage auf: Arbeitet der Geschäftsführer für das Unternehmen oder verhält es sich umgekehrt?

Das Heldenepos von Dennis Kozlowski, vormals CEO des Mischkonzerns Tyco International und nunmehr Gefängnisinsaße, ist ein typisches Beispiel. Nachdem er die Führung des eher unauffälligen Konglomerats übernommen hatte, sorgte Kozlowski in den Medien für Aufregung, als er eine 12-Millionen-Dollar-Geburtstagsparty für seine Frau inszenierte (immerhin war sie für seine Frau), an der eine Eisstatue zu bewundern war, die Stolichnaya-Wodka pinkelte.

Ein Autor des Wirtschaftsmagazins *Forbes* äußerte sich wie folgt zur Gerichtsverhandlung: »Es ist nicht übertrieben zu sagen, dass Kozlowski [...] nicht nur viele Manager-Privilegien missbrauchte, sondern auch neue dazuerfand, nur um sie zu missbrauchen. Wie so viele CEOs führte [er] sich wie ein Schwein auf. Trotzdem hing der Tatbestand des Diebstahls, um den es bei der Verhandlung ging, nicht davon ab, ob die Angeklagten das Geld tatsächlich in die Tasche gesteckt hatten – das hatten sie –, sondern ob sie dazu berechtigt gewesen waren.«[*]

Dies ist genau die Frage, die sich den politischen Entscheidungsträgern stellt. Soll es überhaupt *irgendeinem* CEO eines börsennotierten Unternehmens erlaubt sein, sich selbst ein Jahresgehalt von 100 Millionen Dollar auszuzahlen? Bei dieser Frage geht es nicht um Ästhetik oder Moral; der springende Punkt ist vielmehr, ob es möglich ist, dass ein CEO mit solchen Vergütungen im Interesse der Firma handelt, die ihn ja eigentlich eingestellt hat. Ist nicht eher davon auszugehen, dass der CEO die Firma als seine persönliche Dienerin betrachtet? Als Karen Kozlowski ihre Einladung zum Geburtstagsgelage auf Sardinien erhielt, sagte sie zu ihrem Gatten: »Bitte mach mir keine Geschenke, deine Firma ist mein größtes Geburtstagsgeschenk.«

---

[*] Dan Ackman, »Tyco Trial II: Verdict First, Law Second«, in: *Forbes,* 17. Juni 2005.

Solange die Vergütungen des Geschäftsführers innerhalb eines anständigen bürokratischen Rahmens lagen – also solange der Einkommensunterschied zwischen dem CEO und den führenden technischen Mitarbeitern nicht allzu groß war –, gehörten der CEO und die Technostruktur weitgehend zur selben Einheit. Außerdem hatten die besten technischen Experten auf dem Höhepunkt ihrer Karriere selbst Aussicht auf eine obere Führungsposition, da sie über die erforderlichen Qualifikationen verfügten. Doch mit dem Kult des Shareholder-Value, der Eskalation der Managerlöhne und der Entscheidung, diese Löhne gemäß den Entwicklungen auf dem Aktienmarkt festzulegen und nicht gemäß dem Cashflow des Unternehmens, begannen sich die oberen Führungsetagen an einer anderen Gruppe zu orientieren. Anstatt Teil ihres Unternehmens waren sie nun in erster Linie Mitglieder ihres eigenen auserlesenen Gesellschaftszirkels.

Daraus ergaben sich zwei Konsequenzen. Erstens fühlten sich die Unternehmensbosse in zunehmendem Maß auswechselbar; sie hatten keine Qualifikationen als Leiter eines bestimmten Unternehmens mehr, sondern waren einfach CEOs. Als Qualifikation für einen Posten als Geschäftsführer reichte es in zunehmendem Maß, bei irgendeiner anderen Firma bereits als CEO gearbeitet zu haben. Die Wall Street wollte Männer (und zeitweilig auch Frauen), die Erfahrung dabei hatten, Kosten zu kürzen und die Aktienkurse in die Höhe zu treiben. Die CEOs begannen deshalb, sich untereinander als Gruppe zu identifizieren und nicht mit ihren Unternehmen, für die sie arbeiteten. Anstatt die Interessen der Firma mittels kollektiver Erörterung innerhalb der Organisation zu bestimmen und entsprechend zu handeln – ein Prozess, von dem sie aufgrund ihrer oberflächlichen Sachkenntnisse zu einem gewissen Grad ausgeschlossen waren und den sie sowieso als Institution ablehnen würden –, konzentrierten sich viele auf das wesentliche Geschäft, nämlich im Lohnranking der CEOs aufzusteigen. Gleichzeitig sahen natürlich die Angestellten in der Technostruktur, dass das Unternehmensklima sich verändert hatte. Früher war die Firma ein kollektiver Betrieb gewesen, in dem ein gewisser Zusammenhalt herrschte, jetzt war vermehrt jeder auf sich allein gestellt.

Von hier ist es nur noch ein kleiner Schritt zur Plünderung. Plünderung ist nichts weiter als das Überschreiten einer Linie: Die nötige Macht steht bereits vorher zur Verfügung, nur werden jetzt Gesetze gebrochen. Der Anstieg des Firmenbetrugs – ein Betrug nicht nur seitens des Unternehmens gegen die Konsumenten, sondern seitens der Führung gegen das eigene Unternehmen – ging mit der Explosion der Managerlöhne einher. Dies traf insbesondere auf jene Fälle zu, in denen ein ganzes Unternehmen, wie zum Beispiel Enron, es schaffte, sich auf betrügerische Weise von einer gewöhnlichen Versorgungsfirma zu einem vermeintlich bahnbrechenden neuen Unternehmenstyp des Informationszeitalters zu wandeln – und die Finanzmärkte darauf hereinfielen.

Die großen Firmenskandale der 1990er- und 2000er-Jahre stellten im Wesentlichen einen Angriff der oberen Führungsetagen auf bereits geschwächte Unternehmensstrukturen dar – geschwächt von der Konkurrenz durch Importe, von der Abwanderung der Technologen in ihre eigenen Firmen und von der Aushöhlung der ausgleichenden Gegenmacht.[*] Doch in erster Linie offenbarten diese Skandale, dass die Finanzmärkte völlig unfähig waren, aus ihrer Außenposition die inneren Vorgänge einer komplexen Finanzstruktur zu überwachen. In jedem einzelnen Fall – Enron, Tyco, World-

---

[*] Die Theorie des »Control Fraud« entwickelte William K. Black in seinem Buch *The Best Way to Rob a Bank Is to Own One,* Austin 2005. Black war der Whistleblower im Keating-Five-Skandal und spielte eine ebenso zentrale Rolle in der Spar- und Leihkrise; die analytischen Beobachtungen, die in seinem Werk zum Tragen kommen, sind von großer Bedeutung für ein Verständnis dieses Problems.

Com und andere – war es der Druck der Finanzmärkte, der zum Betrug anspornte. Zum Teil und besonders am Anfang fälschten die Unternehmen ihre Bilanzen, um die Gewinne zu realisieren, die sie gegenüber Börsenbeobachtern vorausgesagt hatten. In jedem dieser Fälle hatte dies zur Folge, dass die Unternehmensführung gegen soziale und rechtliche Normen verstieß und die internen Disziplinierungs- und Kontrollmechanismen zusammenbrachen, ohne dass jemand eingegriffen hätte. Als dies erst einmal geschehen war, stellten der Anreiz und die Möglichkeit, das Unternehmen zur Selbstbereicherung auszurauben, eine praktisch unwiderstehliche Versuchung dar – und niemand konnte ihr widerstehen.

Der Zusammenbruch der Kontrolle wurde anfänglich von den Finanzmärkten nicht etwa sanktioniert, sondern belohnt. Sie bemerkten den Betrug nicht. Im Gegenteil: Die Finanzmärkte erhoben die betrügerischen Firmen zum Leistungsstandard, nach dem alle anderen Unternehmen der Branche bewertet werden sollten. Genauso wenig setzten die großen Revisions- und Wirtschaftsprüfungsfirmen den Betrügereien ein Ende; auch hier trifft das Gegenteil zu, denn bei allen größeren Betrugsfällen waren die Bilanzen von seriösen Wirtschaftsprüfern für gut befunden worden. Die Ratingagenturen waren ebenso wenig gewillt, die Notbremse zu ziehen. So waren die Finanzmärkte und die Institutionen, die eigentlich für ihren guten Ruf zuständig sind, dafür verantwortlich, dass sich der Zwang zur Bilanzfälschung – wenn auch nicht der Betrug selbst – von einer Firma zur nächsten ausbreitete. Die Verantwortung, die betrügerischen Vorgänge aufzudecken und zu entscheiden, wen die Schuld traf, würde bei internen Informanten, Journalisten und schließlich den Staatsanwälten liegen.

Die Ökonomen waren noch immer gefangen in ihrer Vision des Marktes als Quelle der Disziplin und interpretierten diese Phänomene völlig falsch. Genau wie seriöse Ökonomen die Spar- und

Leihkrise auf die Einlagensicherung zurückgeführt hatten (der Kunstbegriff hierfür ist »moral hazard«, im Deutschen meist als »subjektives Risiko« übersetzt), schoben sie die kalifornische Energiekrise den Mängeln des deregulierten Marktes in die Schuhe – sie machten nicht die Täter selbst verantwortlich, und schon gar nicht den Leistungsdruck seitens der Wall Street. Doch das Problem war nicht die Art und Weise, wie der Energiemarkt aufgebaut war. Das Versagen lag in der Idee selbst begründet, dass man sich auf den Markt verlassen könne, um die Unternehmen in diesen Situationen einer wirksamen Kontrolle zu unterwerfen. Der Einfluss und die Hegemonie der Finanzmärkte war eine maßgebliche Ursache des Problems.

Das gleiche Problem offenbarte sich gegen Ende des Internetbooms, als die Aktienkurse über Nacht einbrachen. Die Fantasien, denen sich die Investoren in den Jahren des starken Aufschwungs hingegeben hatten, ließen sich am zurückgebliebenen Trümmerhaufen ablesen. So wurde beispielsweise bekannt, dass die Menge an Glasfaserkabeln, die die Kapitalmärkte finanziert hatten, den tatsächlichen Bedarf um das Fünfzigfache überstieg – ein Rekord, der selbst einem ungarischen Zentralplaner der 1950er-Jahre zutiefst peinlich gewesen wäre. Doch die Firmenskandale führten das Problem noch unmissverständlicher vor Augen. Die Frage, die sie aufwarfen, traf das System in seinem Innersten: Können Finanzmärkte Konzerne regulieren? Sind sie dazu geeignet, eine solche Macht über die Entwicklung eines Unternehmens auszuüben, wie dies in unserem System der Fall ist?

Die Antwort muss Nein lauten, denn der Markt neigt dazu, das Gesetz zu untergraben. In jenen Fällen, in denen die Firmenskandale auf die Subversion von gesellschaftlichen und rechtlichen Normen zurückzuführen waren, hatte der Leistungsdruck seitens der Wall Street diese Richtlinien bereits verwischt: durch die Forderung nach hoher Rendite, kombiniert mit der Tendenz, bei unsauberen Geschäftspraktiken beide Augen zuzudrücken. Andererseits waren die Normen unter Beschuss geraten, nachdem die Spitzenmanager sich in eine Bande von Plünderern verwandelt hatten. Die zunehmende rechtliche und finanzielle Komplexität, die sich aus einer bestimmten Kultur von Anwälten, Rechnungsprüfern und Spekulanten ergab, begünstigte diese Entwicklung. Enron war eine komplexe Organisation, und diese Komplexität ermöglichte es der Firmenleitung, ihre Betrügereien zu verdecken oder zumindest zu verschleiern. Doch das bedeutet nicht, dass die Vergehen selbst zweideutig sind. Wenn die Tatsachen erst einmal auf dem Tisch liegen, haben die Staatsanwälte und Geschworenen keine Mühe, ihr Urteil zu fällen. Nach dem Sparkassenfiasko wurden mehr als tausend Angeklagte wegen schwerer Verbrechen verurteilt; und auch nach dem Fall Enron wurden letzten Endes alle Spitzenmanager angeklagt und verurteilt, trotz der engen persönlichen und politischen Beziehung zwischen dem CEO und dem Präsidenten der Vereinigten Staaten.

10 Der Weg zum Räuberstaat

Die neue Gesellschaftsschicht besitzt also ein immenses persönliches Einkommen, sie fühlt sich nicht mehr an die Wirtschaftskonzerne gebunden und kann sich vollumfänglich ihrer gesellschaftlichen Stellung widmen. Was für eine Politik verfolgt diese Gruppe? Die Erfahrungen der letzten zehn Jahre lassen eine sehr einfache zusammenfassende Antwort zu. Sie machte sich daran, den Staat zu übernehmen und zu kontrollieren – nicht für ein ideologisches Projekt, sondern um als Einzelpersonen oder als Gruppe folgende Ziele zu erreichen: so viel Geld wie möglich anzuhäufen, ihre Macht so wenig wie möglich einschränken zu müssen und sich die besten Chancen auf staatliche Rettung zu verschaffen, falls irgendetwas schiefgehen sollte. Mit anderen Worten, sie begannen die Institutionen des amerikanischen Wohlfahrtsstaats und Regulierungssystems zu plündern.

Als Beschreibung einer ökonomischen Beziehung ist dies keine neue Idee. Die Metapher des Raubzugs, der Plünderung (predation) stammt aus der Evolutionstheorie, und Thorstein Veblen führte sie in seinem Klassiker *Theory of the Leisure Class* (dt. *Theorie der feinen Leute*) aus dem Jahr 1899 in die Evolutionsökonomie ein. Veblen schrieb, die Gepflogenheit des Raubzugs sei eine Phase in der Entwicklung einer Kultur, die erst dann erreicht wird, »wenn der Kampf zum beherrschenden Thema in der allgemeinen Theorie des Lebens aufsteigt«[*]. Der Unterschied zwischen jenen, die arbeiten, und jenen, die kämpfen, ist ein entscheidendes Merkmal organisierter Gesellschaften – und eines, das in der Markttheorie völlig fehlt, denn dort steht die weit freundlicher anmutende Idee einer sich selbst organisierenden harmonischen Gesellschaft im Zentrum.

In der »Kultur der höheren Barbaren« gibt es nach Veblen zwei gesellschaftliche Schichten. Die »industrielle Klasse« umfasst die meisten Frauen, Diener, Sklaven und andere »bewegliche Güter« sowie Handwerker und einige Ingenieure. Dies seien die Untergebenen, und nur sie verrichteten die Tätigkeit, die man in modernen Gesellschaften als Arbeit bezeichnet. Deshalb könnten auch nur ihre Löhne und Gehälter als Vergütung für mühevolle Tätigkeiten angesehen werden. Für die höheren Gesellschaftsschichten gelte dies nicht. Einem außenstehenden Beobachter mag die Arbeit des Jägers und des Hirten ähnlich erscheinen, doch die Barbaren sähen dies ganz anders, so Veblen.

Die nicht industrielle Klasse umfasst die »Klasse der Müßiggänger« (leisure class): Krieger, Regierungsbeamte, Athleten und Geistliche; Großindustrielle sind aus der Kriegerkaste erwachsen, was die militärische Organisationsstruktur vieler Unternehmen erklärt. Die feinen Leute arbeiten nicht. Sie haben stattdessen ein Amt inne, sie vollziehen Rituale, sie vollbringen ehrenvolle oder mutige Taten. Für sie ist das Einkommen keine Vergütung für anstrengende Arbeit, und es wird nicht in erster Linie deswegen geschätzt, weil es einen Lebensunterhalt ermöglicht. Das Einkommen ist vielmehr ein Beweis für die Wertschätzung, die die Gesellschaft der Räuberklasse entgegenbringt, ein Zeichen des Prestiges. Es dient sozusa-

---

[*] Thorstein Veblen, *Theorie der feinen Leute. Eine ökonomische Untersuchung der Institutionen*, Frankfurt a.M. 2007, S. 37.

gen als Messinstrument, um den Spielstand im Wettbewerb unter den Wohlhabenden zu markieren.

Die Wohlsituierten sind von Natur aus räuberisch: Sie rauben, weil dies Teil ihres Wesens ist. Die Beziehung zwischen Herr und Untertan entspricht dem Verhältnis von Räuber und Opfer. Der abwesende Gutsherr und das erworbene Recht sind wichtige Kategorien in Veblens Ökonomie, denn die »feinen Leute« haben das Recht, von der Arbeit anderer Leute zu leben – nicht aufgrund ihres Beitrags zur Produktivität des Systems, sondern weil das Rechtssystem und die Tradition ihnen dieses Privileg zugesteht.

Die Beziehung zwischen dem Räuber und seinem Opfer basiert auf einer gegenseitigen Abhängigkeit. Die Räuber sind auf ihre Opfer angewiesen, um ihren Lebensunterhalt zu sichern, aber dazu müssen sie auch die Opfer zur Mithilfe motivieren. Normalerweise sollte der Herr oder Chef einer Sippe, eines Volksstamms, einer Familie oder eines Unternehmens sich nicht auf Kosten seiner eigenen Untergebenen bereichern, sondern auf Kosten anderer Sippen, Stämme, Familien oder Unternehmen. In diesem Wettkampf müssen die Untergebenen zu einem gewissen Grad von einem Raubzug profitieren, damit sie zur Zusammenarbeit angespornt werden und einsehen, dass das gemeinsame Unterfangen erfolgreich ist. Und der Erfolg des Unternehmens hängt seinerseits davon ab, dass die Räuber im Zaum gehalten werden, denn wenn sie aufgrund ihres kämpferischen Dranges die Umwelt zerstören, können weder sie selbst noch ihre Opfer überleben.

So wird in Veblens Theorie, anders als bei Marx, die industrielle Klasse nicht an den Rand ihrer Existenz gedrängt. Im Gegenteil: Der Erfolg der Räuberklasse hängt teilweise davon ab, dass das Opfer bei guter Gesundheit ist, und zu einem gewissen Grad hängt auch ihr Prestige davon ab. Ehefrauen und Diener werden ernährt und geschmückt, um den Status des Herren zur Schau zu tragen; die

Ingenieure werden mit Zulagen bei der Stange gehalten, damit die industrielle Maschinerie weiterhin reibungslos ablaufen kann. Meist akzeptieren dies die unteren Klassen, sie verstehen sich als Nutznießer dieser Systeme, und es ist ihnen bewusst, dass es ihnen auch schlechter gehen könnte. Aus diesem Grund fehlt ihnen jeglicher natürliche Trieb zum revolutionären Umsturz.

Veblens Wirtschafts- und Gesellschaftstheorie war einst allseits bekannt unter amerikanischen Intellektuellen und Ökonomen, doch während des Kalten Krieges geriet sie weitgehend in Vergessenheit. In dieser Ära hatten anscheinend nur zwei große Visionen Platz. Die eine war die marxistische Theorie, nach der die Klassenstruktur zwischen der Bourgeoise und dem Proletariat geteilt und deshalb antagonistisch und vorrevolutionär ist; gemäß der marxschen Dynamik muss das Proletariat früher oder später die Wahl treffen zwischen dem Aufstand und dem Hungertod. Die andere Vision war die von Hayek und Friedman, die besagt, dass jede Beschäftigung einen Beitrag zum Wohlstand der Gesamtheit leistet; der Markt teilt jedem Beitrag einen genauen Wert zu, sodass die bestehende Einkommensverteilung immer die Produktivität widerspiegelt. Veblens Vision einer im Grunde stabilen Gesellschaftsordnung, die jedoch von einer räuberischen und unproduktiven Klasse dominiert wird, war offensichtlich zu subversiv für die Anhänger des freien Marktes, und für die Marxisten war sie schlicht zu zynisch. Zwischen den beiden großen Narrativen war kein Platz für Veblens Theorie.

Die Marxisten hatten ihren Traum lange vor dem Ende des Kalten Krieges ausgeträumt. Der Kapitalismus hatte sich so eingerichtet, dass er das Proletariat nicht aushungern oder auf die Barrikaden treiben würde, und so sind uns nur die Glaubensgrundsätze Friedmans und Hayeks geblieben, nach denen wir jedes Resultat eines ökonomischen Vorgangs und jede Verschiebung in der Einkommensverteilung als ein Produkt der besten aller Welten erachten müssen. Halten wir dennoch an der Auffassung fest, dass unsere Gesellschaftsordnung (aus welchem Grund auch immer) besser sein könnte oder dass sie früher einmal besser gewesen sei, dann sind wir gemäß dieser Weltanschauung nichts als Nostalgiker, die einem vergangenen Zeitalter nachtrauern. Aufgrund der Technologie und der demografischen Entwicklung könne, so der Einwand, unsere vom Markt geschaffene Gesellschaftsordnung nicht verbessert werden. Der Superkapitalismus, wie der ehemalige Arbeitsminister Robert Reich diese Gesellschaftsform nennt, hat uns einfach eine neue Gruppe von Herren und Herrschern gegeben.[*]

Veblen selbst interessierte sich nur wenig für soziale Reform. Zwar spielte er mit der Idee einer Gesellschaft, die von einem »Sowjet der Ingenieure« regiert wird, doch er glaubte nie ernsthaft an eine Verwirklichung dieser Idee. Er sah keine Möglichkeit, dass tatsächlich Bedingungen eintreten würden, unter denen die Techniker die goldenen Fesseln abstreifen würden, die ihnen die Wohlhabenden angelegt hatten. Veblen starb 1929, noch bevor die Große Depression den Weg zur gesellschaftlichen Transformation des New Deal ebnen würde.

Mein Vater bewunderte Veblen. Doch er wurde auch von der Großen Depression, dem New Deal und der Massenmobilisierung des Zweiten Weltkriegs geprägt. In gewisser Hinsicht war der Sowjet der Ingenieure für seine Generation nicht bloß eine Illusion; sie hatten diese Welt in ihrer Jungendzeit tatsächlich erlebt. Als erwachsener Ökonom machte er dann die Erfahrung einer Geschäftswelt, die von großen, ineinandergreifenden Organisationen beherrscht wurde – die Analyse dieser Welt war seine große wirtschaftswissen-

---

[*] Robert B. Reich, *Superkapitalismus. Wie die Wirtschaft unsere Demokratie untergräbt*, Frankfurt a.M. 2008.

schaftliche Leistung. Diese Wirtschaftsordnung hatte ihre positiven Seiten, etwa die staatliche und gewerkschaftliche Gegenmacht oder die Entwicklung moderner Technologie. Ihre negativen Seiten – privater Überfluss und öffentliches Elend, Umweltschäden und Manipulation der Verbraucher – waren die Folgen eines Ungleichgewichts der Macht. In dieser Welt war Veblens Plünderung eine reale Möglichkeit, aber der räuberische Instinkt konnte durch institutionelle Kontrolle dauerhaft im Zaum gehalten werden. Wie wir jedoch gesehen haben, vermochten private Organisationen im weiteren Verlauf der Geschichte die persönliche Macht nicht zu beschneiden: Die Auffassung, dass die Technostruktur den Produktionsprozess kontrollieren sollte, konnte sich nicht durchsetzen, besonders im Zeitalter der globalisierten Weltwirtschaft. Das System ließ sich nicht aufrechterhalten, und so verteilte sich die Macht erneut: Sie ging vor allem an den Finanzsektor, die High-Tech-Firma und die CEOs.

Diese Verteilung führte dazu, dass die Macht wieder in den Händen von Einzelpersonen lag. Was daraus folgte, hätte Veblen kaum erstaunt: Plünderung, räuberisches Verhalten und krankhaft räuberisches Verhalten wurden erneut zu auffälligen Merkmalen des Geschäftslebens. Denn was werden Individuen mit ihrer Macht anstellen? Organisationen haben oft komplexe gesellschaftliche und technische Ziele, Individuen hingegen nicht. Wie Veblen sagte: Die Anhäufung von Reichtum dient den Wohlhabenden dazu, ihre Stellung in der Gesellschaft zur Schau zu stellen.

Für die Generation meines Vaters war die gesellschaftliche und politische Rolle des Konzerns ambivalent: Im Zeitalter der großen Organisationen trugen der Staat und der Konzern manchmal Konflikte aus, manchmal arbeiteten sie hingegen zusammen. Es gab Momente, da standen sich Staat und führende Konzerne als Antagonisten gegenüber – ein berühmtes Beispiel ist die US-Steel-Krise von 1962, als John F. Kennedy sich gegen Roger Blough, den skrupellosen CEO des Konzerns, stellte. Aber es gab auch andere Momente, insbesondere im langen Kampf gegen die Inflation in den 1970er-Jahren (noch vor dem Monetarismus), als öffentliche und private Akteure zusammenspannten, wobei die Führungsrolle der Regierung zukam, nicht den Konzernen. Von dieser Zusammenarbeit hing der Erfolg des Regulierungsmodells ab, das in den 70er-Jahren geschaffen wurde: Die unabhängige öffentliche Macht gab die Richtung vor, war jedoch darauf angewiesen, dass private Kräfte ihre Politik mittrugen und unterstützten. Was bezüglich des Umweltschutzes, des Arbeitsschutzes und der Sicherheit der Konsumgüter erreicht werden kann, hängt meist davon ab, was für die progressivsten Firmen technisch machbar ist. Im Regulierungsprozess besteht also immer eine Spannung zwischen den Interessen des Staates, der mit dem oder den führenden Unternehmen zusammenarbeitet, und den Interessen jener Unternehmen, die durch neue Regulierungsbestimmungen einen Wettbewerbsnachteil erleiden würden.

Hinter dieser Entwicklung steckt eine zuweilen vernachlässigte Tatsache bezüglich der Art und Weise, wie die Regulierung in der amerikanischen Wirtschaft im vergangenen Jahrhundert zustande kam. Der Arbeitsschutz, die Sicherheit der Konsumgüter, der faire Wettbewerb, die existenzsichernden Löhne und der Umweltschutz wurden und werden von tapferen und oft auch effektiven öffentlichen Interessengruppen vorangetrieben; doch es ist nicht diesen Gruppen allein zu verdanken, dass sich im späten 20. Jahrhundert ein so umfassendes Regulierungssystem herausbildete. Die Regulierung, die unter Nixon ihren Höhepunkt erreichte und seither ein fester Bestandteil unserer Volkswirtschaft ist, war nur möglich, weil ein großer Teil der Geschäftswelt sich hinter sie stellte. Denn obwohl Regulierungen für einige Unternehmen zur Last werden können, bedeuten sie für viele Firmen einen enormen Wettbewerbsvorteil. Eine funktionierende Regulierungsstruktur ist ein Wettbewerbsinstrument für den technisch versierteren Teil der Unternehmen, denn diese Firmen wünschen sich – zu ihrem eigenen Vorteil –, dass jeder gezwungen wird, nach bestimmten Regeln zu spielen.

Insbesondere verbessert Regulierung die Wettbewerbsposition der modernsten Unternehmen, indem sie die Konkurrenz rückständiger Firmen, die ihre höheren Produktionkosten durch tiefere Lohnkosten und mangelhafte Sicherheitsstandards in Fabriken und Produkten kompensieren, abschwächt oder ganz ausschaltet. So können die »besseren« Unternehmen die »schlechteren« nach und nach verdrängen. Auch kann keine Regulierung durchgesetzt oder aufrechterhalten werden, wenn es kein Unternehmen gibt, das die geforderten Standards zu erfüllen vermag. Die Bestimmungen der Corporate Average Fuel Economy (CAFE) sind ein gutes Beispiel. Solche Standards können nur mithilfe von Unternehmen durchgesetzt werden, welche die Ziele auch erreichen können, in diesem Fall eine bestimmte Energieeffizienz von Kraftfahrzeugen. Eine strenge Regulierung nützt jenen Unternehmen, die die Normen am besten umsetzen können, während lockere Bestimmungen das Gleichgewicht zugunsten der hinterherhinkenden Firmen verschieben. Im genannten konkreten Fall stellen die politische Identität der technisch fortschrittlicheren (japanischen) Autofirmen und die politische Bedeutung der rückständigen (amerikanischen) Firmen größere Hindernisse für eine Verschärfung der Standards dar: Das Bündnis zwischen der Regierung Bush und den amerikanischen Herstellern hatte eine verheerende Auswirkung auf die Umweltschutzbestimmungen im Automobilsektor.

Wie wir im letzten Kapitel gesehen haben, ging die Macht in den späten 1970er- und 1980er-Jahren vom Konzern zurück an das freie Individuum. In der Folge begann die Grundlage für die Zusammenarbeit zwischen den vergleichbar progressiven Akteuren der Geschäftswelt und dem weitgehend progressiven Staat zusammenzubrechen. Die Geschäftselite hatte stattdessen die Möglichkeit, etwas weit Befriedigerendes zu tun, zumindest aus ihrer Sicht: den Staatsapparat vollständig zu kontrollieren. Besonders die reaktionären Geschäftsführer in jenen Sektoren, die bis dahin am stärksten reguliert wurden, erkannten diese Möglichkeit und setzten ihre Lobbys darauf an. Die Republikanische Partei – besonders das Repräsentantenhaus unter Newt Gingrich und später Tom DeLay – entwickelte sich zu einem Werkzeug in den Händen dieser Geschäftselite. Nachdem George W. Bush das Präsidentenamt übernommen hatte, wurde die Regierung im Prinzip zu einer Allianz aus Vertretern der regulierten Sektoren – Bergbau- und Ölfirmen, Medien, Pharmaunternehmen und großen Landwirtschaftskonzernen –, die beabsichtigten, das staatliche Regulierungssystem gefügig zu machen. Zu dieser Clique gesellte sich noch eine andere Gruppe von ebensolcher Bedeutung, die sich teilweise mit der ersten überschnitt: jene Akteure, die die Wirtschaftsaktivität des Staates nicht als eine ideologische Angelegenheit betrachteten, sondern lediglich als eine Möglichkeit zur gigantischen privaten Selbstbereicherung. Jack Abramoff wurde eine Zeit lang zum Aushängeschild dieser Gesellschaftsschicht.

Hier haben wir den Räuberstaat. Er ist eine Koalition zwischen unermüdlichen Gegnern jenes Regulierungsgerüsts, von dem der öffentliche Nutzen der Wirtschaftstätigkeit oder einer Einrichtung abhängt, und Unternehmen, deren Geschäftsbereiche zu den wichtigsten öffentlichen Aufgaben des amerikanischen Wohlfahrtsstaats in Konkurrenz stehen oder in den Aufgabenbereich dieser staatlichen Institutionen hineindrängen. Anders ausgedrückt: Die Koalition will den Staat kontrollieren, um einerseits zu verhindern, dass die Öffentlichkeit von seiner Tätigkeit profitiert, und andererseits, um die Geschäftszweige zu plündern, die zum Zweck des Gemeinwohls errichtet worden sind. Diese Unternehmen fühlen keine Loyalität gegenüber einem bestimmten Land. Sie operieren in der Regel in mehreren Staaten und betrachten die Gesellschaften, in denen sie tätig sind, lediglich als Systeme von Geschäftsbedingungen. Die Ziele und Ambitionen dieser Gesellschaften stellen für die plündernden Unternehmen ein Hindernis für ihr Streben nach Profit dar. Ganz gewiss übernehmen diese Firmen nie die Absichten und Ziele einer Gesellschaft als ihre eigenen. Es ist nicht übertrieben zu sagen, dass den Anführern und Beauftragten dieser Koalition das ideologische Konzept des Gemeinwohls fremd ist, dass sie es ablehnen.

Der Räuberstaat unterscheidet sich zwar von der »modernen Industriegesellschaft«, aber er ist direkt aus dem Zusammenbruch jenes Systems erwachsen, das mein Vater 1967 analysierte. Auch der Räuberstaat kann sinnvollerweise nur als Wirtschaftssystem der Organisationen charakterisiert werden und nicht als Marktsystem. Während die Organisation in der »modernen Industriegesellschaft« vor allem die Aufgabe hatte, neue Technologien zu entwickeln und komplexe Herstellungsprozesse zu bewältigen, dient die Organisation im Räuberstaat hauptsächlich dem Zweck, die Strukturen des Staates unter ihre Kontrolle zu bringen.

Diese Unternehmen sind nicht an einem kleineren oder schlankeren Staat interessiert, und darin unterscheiden sie sich von den prinzipientreuen Konservativen. Denn ohne den Staat und seine Eingriffe in die Wirtschaft würden sie gar nicht existieren, sie könnten von ihrer Marktmacht gar keinen Gebrauch machen. Ihre Daseinsberechtigung besteht vielmehr darin, mit dem Staat Geld zu machen – solange sie ihn kontrollieren. Und dazu bedarf es eines Bundes zwischen wirtschaftlichen und politischen Organisationen – eines Bundes, dem wir in jedem einzelnen Beispiel von räuberischem Verhalten begegnen.

Wenn wir das Wesen des Räuberstaates erst einmal erkannt haben, kommen die größeren Konfliktschauplätze der amerikanischen Innenpolitik klar zum Vorschein. Es sind nicht die bipolaren Kontroversen, um die sich so viele Diskussionen und Analysen drehen – der Streit zwischen »Staat« und »Markt«; es sind nicht die ewigen Auseinandersetzungen um die Frage, ob der Staat sich ausdehnen oder zusammenziehen soll, wie dies die akademische Ökonomie vielfach nahelegt. Vielmehr herrscht weitgehende Übereinstimmung, dass der Staat langsam an Gewicht gewinnen wird. Jeder, der in der politischen Diskussion eine bedeutende Rolle spielt, stimmt dieser Tatsache grundsätzlich zu. Der wirkliche politische Kampf wird darüber ausgefochten, wer von dieser Ausdehnung des Staates profitiert – und wer ausmanövriert wird (und wie), denn jemanden von einem Geschäft auszuschließen kann genauso lukrativ sein wie sich selbst an diesem Geschäft zu beteiligen.

Nehmen wir zum Beispiel das Gesundheitswesen. Die politische Diskussion dreht sich nicht um einen konservativen Plan, die medizinische Versorgung vollständig zu privatisieren; es ist offensichtlich, dass ohne Staatsgelder nicht nur der medizinische Sektor, sondern die gesamte Volkswirtschaft zusammenbrechen würde. (Ohne Medicare wären die Ersparnisse vieler alter Menschen schnell aufgebraucht und ihre Lebenserwartung würde sinken.) Genauso wenig schlagen Politiker ernsthaft vor, amerikanische Ärzte zu rekrutieren und die amerikanischen Spitäler nach dem Vorbild des britischen National Health Service (NHS) umzugestalten. Würden im Zuge dieser Politik die Kosten auf das britische Niveau gesenkt, so würden sich die gesamten amerikanischen Gesundheitskosten um fast die Hälfte reduzieren. Wie die vollständige Privatisierung würde auch eine vollständige Verstaatlichung einen Kollaps des Gesundheitssektors und einen Zusammenbruch der Wirtschaft nach sich ziehen.

Beim Zwist um das Gesundheitswesen geht es vielmehr um eine Erweiterung des Systems; die Frage ist, unter welchen Bedingungen sich diese Erweiterung vollzieht und welche Konzessionen die Räuber für sich herausschlagen können. Ein Hauptziel der Liberalen ist die Ausweitung der staatlichen Krankenversicherung, insbesondere auf Kinder. Die privaten Versicherer stellen sich dagegen. Weshalb? Weil sie dadurch einen Teil ihrer Kundschaft verlieren: gut verdienende Familien mit kleinen Kindern. Denn ihre Funktion im Wirtschaftssystem ist einfach: Sie besteht darin, ihre Dienste jenen Kunden zu verkaufen, die voraussichtlich keine medizinische Versorgung benötigen werden, und andererseits jenen Kunden aus dem Weg zu gehen, die mit großer Wahrscheinlichkeit krank werden. Eine Reform würde zu weniger Profit für die Privatversicherer führen; ihren Gewinn müssen sie jedoch verteidigen, wofür ihnen erhebliche Ressourcen zur Verfügung stehen (genau diese Gewinne). Darum geht es.

Hat unsere Gesellschaft irgendeinen Nutzen davon, dass solche Familien privat versichert sind? Hat sie überhaupt einen Nutzen davon, dass irgendwelche Familien privat versichert sind? Nein. In ökonomischer Hinsicht wäre es effizient, die gesamte Bevölkerung ohne Prüfung der jeweiligen Risiken zu versichern. So würden die Kosten der Risikoprüfung eingespart, was sowohl vom ökonomischen als auch vom administrativen Standpunkt her billiger wäre. Unter anderem könnten mehr Ressourcen in die tatsächliche Gesundheitsfürsorge fließen. Die beiden Harvard-Ökonomen David Himmelstein und Steffie Woolhandler schätzen die bürokratische Verschwendung privater Krankenversicherungen in den USA auf rund 350 Milliarden Dollar pro Jahr – knapp 2 Prozent des BIP und mehr als die Hälfte der Verteidigungsausgaben.[*] Sie machen auch

---

[*] David U. Himmelstein, Steffie Woolhandler, »I am NOT a Health Reform«, in: *New York Times*, 15. Dezember 2007.

darauf aufmerksam, dass der beliebte »liberale« Lösungsansatz, nach dem die Arbeitgeber zu einer Privatversicherung für ihre Beschäftigten verpflichtet werden sollen, ineffizient ist; das Modell sei in verschiedenen Bundesstaaten ohne sichtbare Auswirkungen angewandt worden: »Das Modell der Arbeitgeber-Mandate basiert auf einer unfehlbaren politischen Logik: einem Konflikt mit den Privatversicherern, die das Gesundheitssystem im Würgegriff halten, aus dem Weg zu gehen. Aber es ist ökonomischer Unsinn. Wenn man sich auf die privaten Versicherer verlässt, dann wird die allgemeine Krankenversicherung unbezahlbar.«

Gerade weil es ein Nullsummenspiel ist, nimmt der Kampf solch epische Dimensionen an. Die gewaltige Macht des legitimierenden Mythos offenbart sich hier in aller Schärfe: Indem man vorgibt, es gehe um Markteffizienz und die freie Wahl der Konsumenten, lässt sich eine sinnlose Gewinnmaximierung als legitime politische Position verkaufen.

Wie dieses System funktioniert, wenn staatliche und private Akteure einen Kompromiss schließen, zeigt die Erweiterung des Versicherungssystems Medicare um den sogenannten Drug Benefit, der Arzneimittel in die Medicare-Versorgung einbezieht; die Gesundheitspflege hatte sich über die Jahre immer mehr zugunsten von Therapien mittels Arzneimitteln entwickelt, und die Gesundheitsreform sollte dieser Entwicklung Rechnung tragen. Doch das Programm wurde so aufgezogen, dass so viel Geld wie möglich in die Taschen der Pharmaunternehmen fließt. Der Regierung wurde es per Gesetz verboten, Mengenrabatte für die gekauften Medikamente auszuhandeln – obwohl solche Rabatte bei anderen Behörden, etwa der Veterans Administration, Routine sind. (Bevor der Drug Benefit eingeführt wurde, hatte sich in diesem Sektor eine kleinere Export-Import-Industrie entwickelt: In den USA hergestellte Medikamente wurden nach Kanada geliefert, dort zu dem tieferen Preis verkauft, den die kanadischen Behörden ausgehandelt hatten, und dann zurück in die Vereinigten Staaten importiert. Obwohl diese Form der Arbitrage als eine der positiveren Leistungen des Freihandels angesehen werden muss, waren die vermeintlichen »Freihändler« in der Regierung überhaupt nicht begeistert.) Der Medicare Drug Benefit hat mit dazu beigetragen, dass die Medikamente zu einem Monopolpreis gekauft werden müssen und die Kosten dafür teilweise auf die Steuerzahler abgewälzt werden.

Schulen stehen seit bald zweihundert Jahren im Zentrum der öffentlichen Politik und sind heute dem Räuberstaat ganz besonders stark ausgeliefert. Zu Beginn von Bushs Amtszeit wurde das System der Bildungsgutscheine vorangetrieben, in dem Eltern, die ihre Kinder auf eine alternative (das heißt nicht staatliche) Schule schicken, vom Staat dafür Subventionen erhalten; dadurch sollte die Mittelschicht dazu ermutigt werden, ihre Kinder in privaten Einrichtungen auszubilden. (Ein solches System existiert bereits in Chile, wo es das Militärregime unter Augusto Pinochet einführte.) Der tatsächliche Zweck wurde nur dürftig getarnt: Profitorientierte und religiöse Organisationen sollten an öffentliche Gelder kommen, um dann Schulen zu errichten, in denen Eltern diese Gutscheine einlösen können. Zur Kundschaft dieser neuen Einrichtungen hätten vornehmlich Eltern aus der Mittelschicht gezählt, die mit den öffentlichen Schulen unzufrieden sind und die bereit sind, für die Ausbildung ihrer Kinder einen gewissen Betrag aus der eigenen Tasche zu bezahlen, ohne die gesamten Gebühren für eine Privatschule übernehmen zu müssen; schließlich unterstützen sie ja bereits die örtliche Schulbehörde über ihre Steuern. Mit Bildungsgutscheinen würden diesen Eltern im Prinzip ihre Grundsteuern zurückerstattet.

Die Idee der Gutscheine, die auf Milton Friedman zurückgeht, basierte einmal mehr auf der Rhetorik von Markt, Wettbewerb, Freiheit und »freier Schulwahl«. Insgesamt war die Öffentlichkeit jedoch nicht überzeugt: Das Gutschein-System genießt nur wenig Rückhalt in der Bevölkerung, und der Anteil der amerikanischen Kinder, die staatliche Schulen besuchen, ist nicht wesentlich zurückgegangen.* Es stellte sich heraus, dass die Unzufriedenheit der meisten mittelständischen Amerikaner hinsichtlich der Schulen ihrer Kinder doch nicht so tief gehend war, dass sie ihre Kinder in Schulen schicken wollten, die noch gar nicht existierten – ob sie nun von profitorientierten Bildungsunternehmen oder von Kirchen organisiert wurden. Genauso wenig waren sie bereit, ihre sozialen Bindungen aufzugeben, die in vielen amerikanischen Gemeinschaften um das öffentliche Schulsystem organisiert sind.

Nachdem Bushs Leute dies eingesehen hatten, verlagerten sie den Schwerpunkt ihrer Bildungspolitik auf die Kampagne No Child Left Behind (NCLB, »Kein Kind soll zurückgelassen werden«); dieses Programm *erhöhte* die Bundesausgaben für öffentliche Schulen und unterwarf sie einer Reihe von intensiven Leistungstests. Es dauerte nicht lange, bis Formen des räuberischen freien Unternehmertums zum Vorschein kamen, bei denen auch gewisse Mitglieder der Familie Bush ihre Finger im Spiel hatten (sie verkauften den öffentlichen Schulen Vorbereitungsprogramme für die Prüfungen). Folgenschwerer war jedoch, dass das NCLB-Programm die Unzufriedenheit der Mittelschicht mit den staatlichen Schulen nährte, und zwar aus drei Gründen. Erstens hatten die Leistungstests negative Auswirkungen auf die Flexibilität und Kreativität im Klassenzimmer, was viele kreative Fachkräfte demoralisierte und andere

---

* Eine Phi Delta Kappa/Gallup-Umfrage hielt 2006 fest: »Der Prozentsatz jener Bürger, die Bildungsgutscheine gutheißen, ist seit dem letzten Jahr von 38 % auf 36 % gefallen; der Anteil der Gegner stieg von 57 % auf 60 %. Die Zustimmung der Gutscheine lag 1993 bei 24 % und war über die Jahre starken Schwankungen ausgesetzt; der Höhepunkt wurde 2002 erreicht, als der Zustimmungsanteil 46 % betrug. Jetzt befindet er sich auf dem gleichen Niveau wie Mitte der 90er-Jahre.«

vom Lehrerberuf abschreckte. Zweitens schnitten die Schulen ihren Unterricht auf die Leistungstests zu, wodurch nicht testbare Fächer, darunter Kunst, Musik und Turnen, vernachlässigt wurden und mit weniger Ressourcen auskommen mussten. Und drittens bewirkte das strenge Bewertungssystem, dass viele Schulen als ungenügend eingestuft und somit stigmatisiert wurden. Eltern und Lehrer hingegen bewerteten diese als »ungenügend« eingestuften Schulen manchmal völlig anders. Doch darum ging es nicht: Ein schlechtes Testresultat konnte ernsthafte, manchmal sogar katastrophale Auswirkungen auf den Ruf und die zur Verfügung stehenden Finanzmittel einer Schule haben und damit einer Abkehr der Mittelschicht vom öffentlichen Schulsystem Vorschub leisten. So sollte NCLB die Nachfrage nach Bildungsgutscheinen schüren.

Im Universitätsbereich können wir uns ein kleines, aber aussagekräftiges Beispiel anschauen. Hier wurde das ehemals billige, staatlich organisierte System der Studentenkredite an private Unternehmen übertragen, deren Marketing-Strategien bald schon mit einfallsreichen Elementen von Bestechung arbeiteten. Die Produkte, die diese Unternehmen im Wettbewerb untereinander anboten, waren weitgehend einheitlich. Es hätte also nicht viel genützt, direkt Studenten anzuwerben, weil die Pläne der verschiedenen Unternehmen kaum voneinander zu unterschieden waren; das hätte bloß zusätzliche Kosten verursacht. Stattdessen entschieden sich diese Firmen für eine Geschäftsstrategie, die angesichts der erzielbaren Gewinne, der Marktsituation und des ethischen Klimas nur als rational bezeichnet werden kann: Sie mussten lediglich die Universitätsverantwortlichen dazu ermutigen, ihre Programme gutzuheißen und entsprechend zu klassifizieren – für ein erfolgreiches Geschäft reichte dies voll und ganz. Den betreffenden Angestellten der Universitäten ihre Ferien zu finanzieren war eine billige, effiziente und sicherlich auch angenehme Art, sich einen Marktanteil zu verschaffen.

Brauchten wir diese Unternehmen? Machten sie den Ablauf effizienter? Hatte die Übertragung des Studentenkreditprogramms vom öffentlichen auf den privaten Sektor irgendeinen Nutzen, abgesehen von privatem Gewinn? Natürlich nicht.

Das Rentensystem (social security) bietet eine weit größere und lukrativere Angriffsfläche für Plünderung, und zwar aus einem einfachen Grund: Scharfsinnige private Finanzunternehmen mit guten politischen Verbindungen sind sich seit Langem der Möglichkeiten bewusst, die sich durch eine Umleitung der Sozialversicherungssteuer – der Mississippi unter den Geldströmen – in private Anlagekonten eröffnen. Solche Konten würden über Nacht Millionen von unerfahrenen Anlegern schaffen, die alle ein Bedürfnis nach Finanzberatung und anderen Dienstleistungen hätten; private Finanzdienstleister könnten ihnen diesen Service gegen eine Gebühr anbieten, und so würde eine neue Gruppe von Akteuren – teure private Anbieter eines ehemals billigen öffentlichen Dienstes – von einem privaten Rentensystem profitieren.

Entsprechend würde eine andere, gegenwärtig geschützte Gruppe ihr relativ stabiles Renteneinkommen verlieren – insbesondere jene Senioren, die »falsche« Anlageentscheidungen getroffen oder einfach das Pech hatten, ihr Pensionsalter in einer Zeit der Baisse zu erreichen; denn durch die Privatisierung der Rentenversicherung würde die Verbindung zwischen dem Arbeitseinkommen und der entsprechenden Rente gebrochen: Die Leistungen würden stattdessen weitgehend von den Schwankungen der Kapitalmärkte bestimmt. Zu den Verlierern zählten auch die Bezüger von Hinterbliebenen- und Invalidenrenten, die rund einen Drittel der Sozialleistungen ausmachen und zum Unterhalt vieler Kinder beitragen; denn Beschäftigte, die früh sterben oder erwerbsunfähig werden, haben normalerweise nicht genügend Vermögen zusammengespart (selbst bei günstigen Börsenkursen), um ihre Kinder bis zum Erwachsenenalter zu unterstützen. Die allseitige Unvorhersehbarkeit und Zufälligkeit, die dies zur Folge hätte – selbstverständlich im Namen des freien Marktes und der freien Wahl des Anlegers –, würde die Sicherheit, für die das Sozialversicherungssystem sorgen sollte, zunichte machen.

Die moderne Kampagne gegen das Rentensystem geht zurück auf das Jahr 1981, als das Weiße Haus unter der Federführung des Haushaltsdirektors David Stockman versuchte, das System für bankrott zu erklären. Die Kampagne endete in einem politischen Desaster für die Republikaner, weil sie nicht mit dem Widerstand gerechnet hatten, der ihnen in den Midterm-Elections von 1982 entgegenschlug: Die Demokraten unter der Führung des Sprechers des Repräsentantenhauses, Thomas P. O'Neill, stellten damals eine entschlossene und geschickte Verteidigung des Rentensystems auf die Beine. Doch die Greenspan-Kommission, die ihren Bericht 1983 veröffentlichte, sollte diese Schlappe der Republikaner vergessen machen. Greenspan erreichte dies, indem er eine signifikante Erhöhung der Sozialversicherungssteuer anstelle einer Kürzung der Sozialleistungen durchsetzen konnte. Damit sollte die Rentenversicherung mindestens eine Generation lang auf eine selbst finanzierte Basis gestellt werden, das heißt, ein Großteil des Überschusses aus den Steuereinnahmen (der nicht für Sozialleistungen ausgegeben wurde) würde in Form von Staatsanleihen angelegt. Diese Staatsanleihen sollten dann mit Zins (vermutlich aus der Staatskasse) zurückgezahlt werden, wenn die Babyboom-Generation in den Ruhestand treten würde.

Der Bericht der Greenspan-Kommission hatte zwei äußerst reaktionäre Folgen. Die eine war, dass die Regierung mit der Sozialversicherungssteuer Hunderte Milliarden von Dollar einnahm und so den Rückgang an Einnahmen verschleiern konnte, die sie durch Reagans Senkung der Einkommensteuer erlitt. Dies war der teilweise verdeckte Teil eines groß angelegten Plans, die Steuerlast vom Kapital auf die Arbeit zu verlagern; verdeckt deshalb, weil er als ein Plan verkauft wurde, die Rentensicherheit der Babyboom-Generation dreißig Jahre später zu garantieren. Zweitens schuf die Greenspan-Kommission die List des Trust-Fund-Überschusses. In einem geschickten finanziellen Manöver wurden die Überschüsse aus den Rentenbeiträgen in US-Staatsanleihen verwandelt, die von da an von einem Treuhandfonds (Social Security Trust Fund) verwaltet wurden und Zinsen zum Regierungszinssatz einbrachten. Jetzt hatte die Rentenversicherung auf einmal ein »Anlagevermögen« – und aufgrund des Zinssatzes für Anleihen würde es den Anschein machen, als sei diese Anlage nicht besonders rentabel. Obwohl es keine direkte oder indirekte Verbindung zwischen dem Ertrag des Treuhandvermögens und den Sozialleistungen an Pensionäre gibt, konnte man so zum ersten Mal argumentieren, dass die finanzielle Performance der Rentenversicherung einer Investitionsanalyse unterworfen werden sollte – einem Markttest.

Als der Aktienmarkt in den 90er-Jahren zu seinem Höhenflug ansetzte, nahm die Kampagne zur Privatisierung der Rentenversicherung Fahrt auf, was gut nachvollziehbar ist (in einer Spekulationsblase erscheint alles mehr schlecht als recht, was nicht Teil des Boomsektors ist). In den späten 90er-Jahren, besonders nach der Sozialstaatsreform, schien es, als könnte sogar die demokratische Regierung unter Bill Clinton dieser Manie zum Opfer fallen. Der Widerstand einiger Demokraten im Kongress und vielleicht auch Clintons persönliche Impeachment-Krise konnten dies zum Glück verhindern. Im Jahr 2000 brach der Aktienmarkt schließlich zusammen und mit ihm das Argument, dass das Rentenvermögen im Aktienmarkt angelegt werden soll. Dies war mitunter ein Grund, weshalb Bushs Renten-»Reform«-Kommission aus dem Jahr 2002, die der Privatisierung den Weg bereiten sollte, spurlos verschwand.

Tatsächlich waren die Erschütterungen des Crashs so stark, dass der Privatisierungskampagne vollständig die Luft ausging. In den Wahlen von 2004 war von dem Thema praktisch nichts mehr zu hören. Nach seinem Sieg holte Bush die Angelegenheit 2005 noch einmal aus der Schublade, doch infolge des entschlossenen Widerstands der Demokraten scheiterte seine Initiative im eigentlich republikanisch dominierten Kongress.

Viele Beobachter werten diesen Sieg der Rentenversicherung über die Privatisierungskräfte als Wendepunkt in den politischen Grabenkämpfen der Regierungszeit Bushs. Er zeigte, dass die meisten Amerikaner die Sozialversicherung insgesamt für eine gute Sache halten. Eine direkte Attacke auf das System wird wohl eine Zeit lang politisch nicht durchzusetzen sein, und zudem hat die »marktfreundliche Lösung« des Sozialversicherungs-»Problems« seine romantische Anziehungskraft vollends eingebüßt; mit der Rhetorik von freier Wahl und freiem Wettbewerb lässt sich niemand gegen ein staatliches Programm mobilisieren, dessen Nutzen so offensichtlich ist wie in diesem Fall.

Die Bevölkerung kann sich also nicht für eine Privatisierung der Sozialversicherung per se erwärmen. Deshalb sehen wir auch hier die politische Strategie, der wir bereits bei den Bildungsgutscheinen begegnet sind. In beiden Fällen werden öffentliche Einrichtungen schlechtgemacht, die ihren Zweck in den Augen vieler Beteiligter und Beobachter in angemessener Weise erfüllen. Um den Übergang zu einem privaten Marktsystem schmackhaft zu machen, muss die Öffentlichkeit also zuerst davon überzeugt werden, dass das gegenwärtige System versagt hat und nicht aufrechterhalten werden kann. Das ist der umfassendere Zweck von No Child Left Behind, und das ist der Zweck der endlosen Behauptungen, dass das Sozialversicherungssystem vor einer tief greifenden und langfristigen finanziellen Krise steht.

Grundlage dieser Argumentation ist die Tatsache, dass die große Zahl der Babyboomer irgendwann ihr Pensionsalter erreichen wird, was bedeutet, dass die Einnahmen aus der Sozialversicherungssteuer die nötigen Sozialleistungen nicht mehr finanzieren können und dass die Staatsanleihen im Trust Fund in nicht allzu ferner Zukunft getilgt werden müssen. Dabei war in Wirklichkeit genau dies die Situation, von der die Greenspan-Kommission 1983 ausging; das war der Deal, den sie damals machte. Als die Kommission zusammentrat, war der Babyboom allseits bekannt; die Kommission verstand damals, wie sich die Demografie entwickeln würde, und seither ist nichts passiert, das die Situation verschlimmert hätte. Im Gegenteil: Die erwerbstätige Bevölkerung ist seit 1983 schneller gewachsen, einerseits aufgrund der Einwanderung (die stärker ausfiel als damals erwartet) und andererseits aufgrund des Produktivitätswachstums Ende der 90er-Jahre; so ist die Volkswirtschaft, aus der die vorausgesagten Rentenleistungen bezahlt werden können, größer geworden. Wenn also die Greenspan-Kommission 1983 in angemessener Weise auf die Notwendigkeit reagiert hatte, die Einnahmen aus der Sozialversicherungssteuer auf die nötigen Sozialausgaben abzustimmen (lassen wir den reaktionären Aspekt des Deals einmal beiseite), dann steht folglich das System heute in finanzieller Hinsicht besser da, als man damals erwartete. Wenn die Greenspan-Kommission die Krise behoben hat, kann es heute keine Krise geben. Und es gibt auch keine.

So betrachtet bedeuten die Versuche, die Leistungen für die (bald) pensionierten Babyboomer zu kürzen, nichts anderes, als den Deal von 1983 rückgängig zu machen. Jene Leute, die damals eine höhere Sozialversicherungssteuer bezahlten, um ihre Renten »vorzufinanzieren«, müssten dann zum Schluss kommen, sie seien Opfer eines unredlichen Geschäfts geworden. Ein Leben lang hatten sie höhere Sozialversicherungssteuern bezahlt und damit die Senkungen der Einkommensteuern für die Investoren der 80er- und 90er-Jahre subventioniert, und nun würden sie am Ende des Regenbogens ankommen und die Goldkiste leer vorfinden. Eine Alternative dazu wäre, dass die *nächste* Generation von Erwerbstätigen eine höhere Sozialversicherungssteuer bezahlen muss – darunter auch die Einwanderer, die für die zahlenmäßige Stärke dieser Generation sorgen müssten –, während die *heutige* Generation der Wohlhabenden gar nichts dazu beitragen muss, den Trust Fund der Rentenversicherung zurückzuzahlen. Wenn das nicht fair erscheint, na ja – dann ist es das eben nicht.* Mit einer inhärenten Krise des Rentensystems hat dies jedoch nichts zu tun; lediglich mit den Versuchen der ewig wachsamen Einflussreichen im Land, ihre eigene Steuerlast so gering wie möglich zu halten.

Doch warum ist die Warnung von einer »bevorstehenden Krise der Rentenversicherung« immer wieder zu vernehmen? Weil sie einem bestimmten Zweck dient. Sie basiert nicht auf einer aufrichtigen Einschätzung von demografischen und ökonomischen Tatsachen, sondern ist lediglich ein Mittel zum Zweck, die Rentenversicherung zu privatisieren. Wenn drastische Leistungskürzungen erst einmal auf dem Tisch sind,** kann man getrost davon ausgehen, dass die »Alternative« der privaten Anlagekonten in irgendeiner Form wieder auftauchen wird, um die »Belastung zu mildern«, denen die Senioren durch die Anpassung ausgesetzt seien. Und vor den Türen

---

* Wenn irgendwelche Maßnahmen nötig wären (was nicht der Fall ist), dann würde ein neuer Social-Security-Steuersatz auf die Einkommensteuer – zum Beispiel 50 Prozent auf Einkommen über 2 Millionen Dollar – sehr viel mehr bringen als eine weitere Anhebung der Einkommensteuer. Noch besser wäre eine neue Erbschaftssteuer, sagen wir 80 Prozent für Vermögen über 50 Millionen Dollar, die dann der Rentenversicherung zugutekäme. Diese letzte Variante hätte zwei besonders positive Auswirkungen: Die erwarteten Einnahmen würden erwartete Deckungslücken der Social Security eliminieren, und die drohende Steuer würde die Reichen zu mehr Philanthropie anregen.

** Größere Erhöhungen der Sozialversicherungssteuer sind weniger wahrscheinlich, da die heutigen Sätze bereits auf einem hohen Niveau sind.

des »überparteilichen Ausschusses«, der die Interessen der Banker und Vermögensverwalter gegen die der Senioren abwägen soll, würden freizügig Krokodilstränen vergossen.

Leider ist dies kein rein republikanisches Anliegen, denn die Kräfte, die bezüglich der Rentenversicherung hinter den Interessen der Kapitalanleger stehen, haben auch die Demokratische Partei infiltriert und sind dort heute stark vertreten. Dies ist nicht nur eine geschickte, sondern auch eine unerlässliche politische Strategie, denn solange die Social Security eine parteipolitische Angelegenheit ist, bleibt der Weg zur Privatisierung versperrt. Deshalb muss der Widerstand der Demokraten von innen her gebrochen werden. Dies ist das Ziel einer Gruppe von Politikern, sie sich vor nicht allzu langer Zeit um den früheren Finanzminister Robert Rubin und sein Hamilton Project geschart hat und sich für eine gestutzte Rentenversicherung einsetzt. Die ausgemachten Privatisierer hingegen stellen sich hinter traditionelle »nicht parteiliche« Projekte wie die Concord Coalition und andere Projekte, die sich ebenfalls als nicht parteilich präsentieren, etwa die Fiscal Wake-Up Tour unter der Führung von David Walker, vormals US-Rechnungsprüfer.[*]

Die Rentenversicherung ist vielleicht das anschaulichste, einfachste und transparenteste Beispiel dafür, wie der Räuberstaat seine großen und langfristigen Ziele verfolgt. Doch das in jeder Hinsicht komplexeste und verheerendste Beispiel – eines, das wir bereits

---

[*] Das vom Brookings Institute initiierte Hamilton Project verbindet seine Bedenken hinsichtlich des »entitlement problem«, also des Ungleichgewichts von Einnahmen und Ausgaben für die Sozialversicherung, mit einem liberalen Ansatz zur sozialen Ungleichheit und öffentlichen Investitionen, kombiniert mit einem Engagement für den Freihandel. Die Concord Coalition mit ihrem Vorsitzenden Peter G. Peterson – seit langer Zeit die Nemesis der Social Security – setzt sich für einen ausgeglichenen Haushalt als weiter gefasstes Ziel ein. Die Concord Coalition unterhält enge Beziehungen zu David Walkers Fiscal Wake-Up Tour, einer Informationsgruppe für pessimistische langfristige Haushaltsprognosen. Joe Conason bietet eine ausgezeichnete Zusammenfassung der Kampagne gegen die Rentenversicherung in seinem Buch *The Raw Deal*, Sausalito 2005.

seit Jahrzehnten beobachten – entstand im Finanzsektor selbst, insbesondere im Wohnungswesen und bei der Vergabe von Konsumentenkrediten (Consumer Finance). Hier sehen wir heute in klarer und unverfälschter Form, was für Folgen Marktmacht, asymmetrische Informationslage und *regulatory capture* (Einflussnahme gewisser Interessengruppen auf eine Aufsichtsbehörde) haben, wie sie zu wildem Raubverhalten in gigantischem Ausmaß führen, sowohl gegen das öffentliche System als auch gegen die Öffentlichkeit selbst.

Seit den 1930er-Jahren war das System der Wohnbaufinanzierung ein geschützter Wirtschaftssektor, in dem die Mittelschicht niedrig verzinste, langfristige Hypotheken aufnahm und diese weitgehend mit ihren eigenen Ersparnissen finanzierte. Die Spar- und Leihkassen (Savings and Loan Institutions, S&L's) konnten ihren Kunden geringfügig höhere Zinsen bezahlen als Geschäftsbanken – das war in einer Zeit, in der die vielfältigen Anlageinstrumente, die der Mittelschicht direkten Zugang zum Aktien- und Anleihemarkt verschaffen, noch nicht existierten. Als Gegenleistung boten die S&L's standardisierte Hypotheken mit klaren Auswahlkriterien an, behielten die entsprechenden Hypotheken in ihren eigenen Büchern und konnten aufgrund der Differenz zwischen Auszahlungen und Einnahmen ein friedliches und erfolgreiches Dasein fristen; insgesamt beschränkte sich der Besitz von Eigentumswohnungen auf eine wohlhabendere Schicht als heute, und Zahlungsunfähigkeit und Zwangsenteignung kamen nur selten vor.

Die hohen Zinssätze der 1970er- und 1980er-Jahre zerstörten dieses stabile und einfache System. An seine Stelle trat ein weit komplexeres System, das darauf ausgerichtet war, die Risiken eines instabilen wirtschaftlichen Umfelds und hoher und sprunghafter Zinssätze zu begrenzen. Es entstanden Sekundärmärkte, die vollumfänglich oder teilweise über Staatsgarantien verfügten und es den Darlehensinstituten erlaubten, sich durch die Verbriefung ihrer Hypotheken abzusichern und die Wertpapiere an Investoren-Pools zu verkaufen. Die üblichen langfristigen und festverzinsten Hypotheken wurden verdrängt von Darlehen mit variablem Zinssatz, was dazu führte, dass das Risiko der instabilen Zinsen auf den Schuldner abgewälzt wurde. Unterdessen war die Komplexität und Unbeständigkeit des Hypothekarwesens zu einer Brutstätte von Korruption und Betrug geworden: Die S&L-Krise der 1980er-Jahre wurde unter anderem von einer mächtigen Bande von Kriminellen verursacht, die gute Verbindungen zur Politik unterhielten; sie plünderten die Spar- und Leihkassen, indem sie die Staatsgarantie ausnutzten, um den Fluss der Geldmittel aufrechtzuerhalten, während sie mit kompliziertem Immobilien-»Flipping« (dem sofortigen Weiterverkauf einer Immobilie für schnellen Profit) und anderen Transaktionen ihre Verluste kaschierten.* Letztlich erforderte das S&L-Desaster eine groß angelegte Rettungsaktion durch den Kongress; über tausend Beteiligte wurden wegen ihrer kriminellen Machenschaften verurteilt und die Aufsicht über den Sektor verschärft. Doch die Versuchung und die Möglichkeit, das System auszunutzen, blieben bestehen.

Indem der Tax Reform Act von 1986 die steuerliche Absetzbarkeit aller Zinsen mit Ausnahme der Hypothekarzinsen aufhob, schuf er einen starken Anreiz für Haushalte, Eigenheime zu besitzen. Ab jetzt diente meist der Buchwert der Häuser als Sicherheit für die Kredite privater Haushalte. Dies hatte zur Folge, dass die Nachfrage nach Eigenheimen und entsprechend die Preise stiegen und dass Privathaushalte gegen den Wert ihrer Häuser Kredite aufnahmen, um damit ihren täglichen Konsum, Bildungsausgaben, Fe-

---

* Die beste Darstellung hierzu liefert William K. Black in seinem bereits zitierten Buch.

rien und anderes zu finanzieren. Ab Mitte der 90er-Jahre musste ein Kreditnehmer kein bestimmtes Einkommen mehr aufweisen, um an ein Darlehen zu kommen. Wie wir bereits gesehen haben, wurde die Bereitschaft der amerikanischen Haushalte, ihren Normalverbrauch über Schulden zu finanzieren, zu einer wichtigen Triebkraft des Wirtschaftswachstums. Das System der Eigenheimfinanzierung sollte schließlich Charakteristika eines Schneeballsystems annehmen, denn um die Schulden zu bedienen, die sich aus dem früheren Wertzuwachs der Immobilien ergeben hatten, mussten die Immobilienpreise weiter ansteigen. Dass der Zusammenbruch dieses Systems gravierende Folgen haben würde, war offensichtlich.

Doch der Zusammenbruch ließ lange auf sich warten. Der Immobiliensektor überstand sowohl die geplatzte High-Tech-Blase im Jahr 2000 als auch den Schock des 11. September 2001. Zum Teil war dies den gesenkten Zinssätzen zu verdanken, die der Mittelschicht erlaubten, ihre Schulden billig zu refinanzieren. Doch zu Beginn des 21. Jahrhunderts fasste eine neue Art des Immobilienkredits Fuß, die sich so schnell verbreitete, dass sie bis Mitte des Jahrzehnts rund einen Drittel aller ausgegebenen Hypotheken ausmachte. Dies war der sogenannte Subprime-Sektor: Hypotheken mit variablem Zinssatz, die an Kunden vergeben wurden, die zuvor niemals an einen Kredit gekommen wären. Dass die Subprime-Darlehen einen Missbrauch darstellten, wenn nicht sogar einen Betrug, steht außer Frage; denn normalerweise wurden sie zu einem tiefen Zinssatz vergeben, um Kunden anzulocken, der sich dann nach zwei oder drei Jahren an die vorherrschenden kurzfristigen Zinssätze angleichen würde. Was die Kreditnehmer nicht wussten (die Kreditgeber jedoch sehr wohl): Nach »9/11« waren die kurzfristigen Zinssätze so tief wie selten zuvor, sodass sie irgendwann wieder steigen mussten. Aus diesem Grund tauschten Kreditgeber die festen Zinssätze gegen die variablen ein – eine Anpassung, die der damalige Fed-Vorsitzende Alan Greenspan absegnete, um die naive Öffentlichkeit zu beruhigen. Als die Zinssätze anzogen, passten sich die Hypothekarzinsen an, und Hunderttausende von Kreditnehmern konnten ihre Schulden nicht mehr bezahlen. Es standen ihnen auch keine Möglichkeiten offen, ihr Einkommen in kurzer Zeit zu vergrößern, um so ihre schnell wachsenden Rechnungen zu begleichen. Im Spätsommer 2007 war die Zahl der monatlichen Zwangsenteignungen annähernd so groß wie die Gesamtzahl von Menschen, die vom Hurrikan Katrina permanent aus New Orleans vertrieben wurden.

Diese Hypotheken (im Finanzjargon werden sie als Gift- oder Schrottpapiere bezeichnet) waren zu diesem Zeitpunkt längst nicht mehr in den Händen der Banken oder Finanzunternehmen, die sie herausgegeben hatten. Diese hatten sich den Sekundärmarkt zunutze gemacht und die Hypotheken als gebündelte Pakete an Pensionsfonds, Investmentfonds, ausländische Investoren und »spezielle Investitionsvehikel« der großen Banken verkauft. Die riskantesten Elemente konzentrierten sich in den größten und aggressivsten Investmentgesellschaften, etwa Bear Stearns in New York oder der UBS in Zürich. Hier sollte sich zeigen, wie wenig der Markt tatsächlich ausrichten konnte, denn diese Schuldpapiere waren so komplex und instabil, dass für sie kein Preis festgesetzt werden konnte; sie wurden einfach von Freund zu Freund zu irgendeinem Fantasiepreis gehandelt. Schließlich verursachten die zunehmenden Zwangsenteignungen eine Panik, die Fantasiebewertungen brachen ein und die Wertpapiere waren mit einem Mal wertlos. Im Herbst 2007 musste der Staat in den Vereinigten Staaten und in Europa eine massive Rettungsaktion starten; eine weitere folgte im Frühling 2008, als die Originalausgabe dieses Buchs in den Druck ging. Die Verluste und Zwangsenteignungen führten dazu, dass die Immobilienpreise sanken; viele Kunden mit herkömmlichen Hypotheken werden von dieser Entwicklung ebenfalls betroffen sein, vielleicht für längere Zeit. Zu diesem Thema werden wir zurückkehren, denn es hat weitreichende Konsequenzen für die Stabilität des Finanzsystems als Ganzes und deshalb auch auf die Stellung der Vereinigten Staaten als führender Finanzplatz der Weltwirtschaft.

Interessanterweise ist die Regulierung zum Zweck des Gemeinwohls – in den Bereichen Gesundheit, Sicherheit, Konsumenten- und Umweltschutz – nicht Teil der großen politischen Auseinandersetzungen im heutigen Räuberstaat. Aber warum nicht? Die Antwort ist deprimierend: Die organisierten Kräfte, die für den Regulierungsprozess einstehen und ihn vorantreiben müssten, sind entscheidend – beinahe tödlich – geschwächt worden. Zu diesen Kräften gehören in erster Linie die öffentlichen Interessengruppen und die Gewerkschaften. Ihre finanzielle und politische Basis wurde ausgehöhlt, als die Industriezweige, in denen sie vormals so stark organisiert waren, ihre Wettbewerbsfähigkeit einbüßten. Schwerer wiegt wohl die Tatsache, dass die ausländische Konkurrenz in vielen Industriesektoren technisch weiter entwickelt ist als die amerikanischen Unternehmen; sie haben folglich die amerikanische Industrie in die hinteren Ränge der Technologieentwicklung verdrängt – dorthin, wo die Unternehmen durch eine Regulierung am meisten zu verlieren haben. So fehlt die wichtigste Voraussetzung für ein erfolgreiches Regulierungssystem: Die Möglichkeit einer Allianz zwischen den öffentlichen Interessengruppen, die Entscheidungen über die erforderlichen Regulierungen treffen, und den Unternehmen, deren Zustimmung für eine erfolgreiche Implementierung unerlässlich ist. Wenn sich die potenziell progressiven Elemente eines Industriesektors hauptsächlich auf Unternehmen im Ausland konzentrieren, dann wird es umso schwieriger, jene politische Koalition zustande zu bringen, die von einer Regulierung wirkungsvoll Gebrauch machen würde, nämlich um die zugrundeliegenden sozialen Probleme durch eine Forcierung der technischen Entwicklung zu lösen. (In der Diskussion um den Klimawandel ist dies besonders augenfällig: Der politische Druck zu Klimaschutzmaßnahmen kommt fast immer von nicht amerikanischen Interessengruppen und wird durch internationale Verhandlungen vorangetrieben.) Stattdessen verwenden die Unternehmen ihr gesamtes politisches Gewicht darauf, einer effektiven Regulierung Steine in den Weg zu legen.

Die Regierung von George W. Bush nominierte für jede Regulierungsbehörde, die zu besetzen sie sich gezwungen sah, in systematischer Weise die aggressivsten Gegner des Umweltschutzes, der Arbeitssicherheit und des Konsumentenschutzes – in den meisten Fällen Interessenvertreter aus der Geschäftswelt. Die Regierung wollte gar nicht erst den Schein erwecken, sie sei auf Neutralität und eine objektive Kosten-Nutzen-Analyse bedacht, und um die eigentliche Aufgabe der Regulierung kümmerte sie sich schon gar nicht. Die Folge war, dass nicht der Wirtschaft im Allgemeinen die Macht übertragen wurde, sondern dem reaktionären – räuberischen – Flügel innerhalb jedes Wirtschaftssektors. Dass die Regierung Bush schließlich in der politischen Isolation endete, wiederspiegelt die Tatsache, dass ein erheblicher Teil der Geschäftswelt sich noch immer gegen eine transparente Regierungspolitik wehrt, selbst wenn ihr eigener reaktionärer Flügel an den Schalthebeln der Macht sitzt.

Damit kommen wir nun zum Verhältnis zwischen der korrupten und plündernden Wirtschaftselite und dem amerikanischen Staat, insbesondere seinen wohlfahrtsstaatlichen Institutionen. Während der Regierungszeit George W. Bushs lag die Macht bei einer kleinen Koalition von Wohlhabenden: einer Plutokratie, bestehend aus Vertretern der Rohstoffindustrie (Öl, Bergbau und Landwirtschaft) und traditionellen Industriekonzernen (insbesondere die Automobil-, Stahl- und Verteidigungsindustrie), ergänzt durch große Medien-, Versicherungs- und Pharmakonzerne. Um sich die Unterstützung der Bevölkerung zu sichern, war diese Allianz auf Themen angewiesen, die nichts mit Wirtschaft zu tun hatten: nationale Sicherheit und jene Fragen des gesellschaftlichen Zusammenlebens, mit denen sich die meisten gering verdienenden Amerikaner im Rahmen ihrer Kirchen auseinandersetzen – denn dies ist die eine Institution, die einen Großteil dieser Gesellschaftsschicht erreicht. Die nationale Sicherheit dominierte die Wahlen in den Jahren 2002 und 2004, doch nachdem die Angelegenheit 2006 an Relevanz eingebüßt hatte, wurde klar, dass die ideologische Basis der Republikanischen Partei geschrumpft war und sich nunmehr auf die Bastionen des christlichen Fundamentalismus im Deep South (Staaten im Südosten der USA) und in Teilen des Mountain West (Staaten der Rocky Mountains) beschränkt – vielleicht für immer.

Diese zwei Entwicklungen – die Übertragung der Verfügungsgewalt über den Staat auf Wirtschaftsführer und der abnehmende gesellschaftliche Rückhalt ebendieser Elite – haben folgenschwere Auswirkungen auf den Charakter des Staates selbst, denn sie führen zu einer Neigung, den Staat wie einen Wirtschaftskonzern zu verwalten: Die Richtlinien, nach denen eine Republik geführt wird, werden sukzessive ersetzt durch die Regeln der Unternehmensführung. So leben wir heute in einer »Corporate Republic«, also in einer Art Unternehmensrepublik, in der die Regierung die gleichen Methoden und Normen, die gleiche Kultur und die gleiche Korruption an den Tag legt wie die Wirtschaftskonzerne. Dieser Wesenszug der amerikanischen Regierung zeigt sich auf verschiedene Weise: in Prozessen der Entscheidungsfindung, in der Beeinflussung der öffentlichen Meinung, in der Rechenschaftspflicht, in den Besitzverhältnissen und im Charakter und in den erforderlichen Eigenschaften des idealen CEO.

Eine republikanische Staatsform soll den Missbrauch der Macht beschränken – das System der Gewaltenteilung dient diesem Zweck. Entscheidungen werden mittels Verhandlung und Kompromiss getroffen; Themen werden in der Öffentlichkeit diskutiert und abweichende Meinungen privater Akteure werden berücksichtigt. Im Gegensatz dazu hat der Prozess der Entscheidungsfindung im modernen Unternehmen einzig und allein den Zweck, der Unternehmensleitung einen Freibrief zu erteilen: Sie soll tun und lassen können, was sie will. Dies ist die Philosophie, die Richard Cheney vom Ölkonzern Halliburton (als deren Vorstandsvorsitzender er von 1995 bis 2000 fungierte) in die Regierung mitbrachte und die George W. Bush im Vorstand der Harken Energy Corporation und als Manager des Baseballteams Texas Rangers gelernt hatte. Das Resultat ist eine Regierung von Cliquen, die im Geheimen arbeiten und deren Zusammensetzung weitgehend unbekannt ist. Verschiedene Beispiele illustrieren dies: Cheneys Energie-Arbeitsgruppe aus dem Jahr 2001; die Beschlagnahmung der Außenpolitik durch die Neokonservativen in Bushs Regierungsteam; der Versuch des Bush-Beraters Karl Rove, die Bundesanwälte zu politisch motivierten Entscheidungen zu drängen; die Rechtfertigung von Folter als Verhörmethode in CIA-Geheimgefängnissen; das Abhörprogramm, das der National Security Agency einen Blankoscheck zur Überwachung der Internetkommunikation gab. Die Liste kann beliebig erweitert werden, doch das Muster ist immer dasselbe: Die Regierung macht aus Prinzip, was sie will.

In einem System der Gewaltenteilung, in dem die Exekutive einer wirksamen Kontrolle unterliegt, wäre dies nicht möglich. Aber in der Corporate Republic wird die unabhängige Überprüfung unterdrückt. Der Regierung steht ein ganzer PR-Apparat zur Verfügung, dessen Aufgabe nicht darin besteht, die Öffentlichkeit von bestimmten politischen Programmen zu überzeugen; er soll vielmehr von der tatsächlichen Politik ablenken und jeglicher wirksamen Überprüfung der Regierungstätigkeit Sand ins Getriebe streuen. Dies ist exakt das Merkmal der Propagandamaschine, mit der ein Konzern arbeitet. Man erkennt sie leicht an ihrer Unfähigkeit (oder an ihrem wohldurchdachten Unwillen), wahrheitsgetreue Aussagen zu machen, die sich nicht von einem Tag zum nächsten widersprechen. Ein täglicher Beweis während der Regierungszeit George W. Bushs waren die Pressekonferenzen des Weißen Hauses, bei denen die wohl glücklosesten Pressesprecher der Welt sich abmühten, die Themen des Tages mit den Lügen und Täuschungen des Vortages in Übereinstimmung zu bringen. Viele Zeitungen befinden sich im Besitz von Konzernen, für die diese Art der Informationsverteilung Routine ist; doch die Zeitungen haben ihre Mühe damit. Außenstehende Beobachter (deren Ansichten und Überzeugungen mittlerweile dank der Internetblogs der ganzen Welt zur Verfügung stehen) verfolgen ein solches Geschehen mit Ungläubigkeit und Erstaunen. Doch eigentlich gibt es nichts zu staunen: Die Presseerklärungen großer Konzerne sind für den Businessteil einer Zeitung bestimmt, wo sie normalerweise mit viel Ehrfurcht und Respekt behandelt werden. Die Blogger hingegen richten sich nach einem Standard, der mittlerweile veraltet ist: die Regeln der unabhängigen Presse.

In einer Republik unterliegt die Exekutive zwei ausgleichenden Gewalten: einerseits dem Kongress, der die Autorität besitzt, Gesetze zu beschließen und Untersuchungen einzuleiten, und andererseits der Verfügungsgewalt der Justiz. Die Corporate Democracy höhlt beide Gewalten aus. Sie entzieht dem Kongress jegliche Kontrollgewalt, indem sie ihn unabhängiger Mitarbeiter beraubt und der Autorität, heikle Informationen über die Entscheidungen der Exekutive zu erhalten. Sie füllt die Gerichtssäle mit Funktionären, die dem Willen der Regierung den Weg bereiten. Dies ist genau die

Aufgabe des Aufsichtsrats eines modernen Unternehmens, wie er in *Die moderne Industriegesellschaft* beschrieben wird: ein dekoratives Gremium, dem es an relevanter Sachkenntnis mangelt und dem lediglich die Aufgabe zukommt, die Entscheide des Managements abzusegnen. Mit der gleichen Haltung behandeln große Wirtschaftsprüfungsunternehmen die Geschäftsbücher komplexer Konzerne (meist in der Hoffnung auf Folgegeschäfte). Dies erklärt die Tatsache, dass kein größerer Firmenbetrug jemals von einem unabhängigen Wirtschaftsprüfer aufgedeckt worden ist.

In der Corporate Republic gleicht auch der Wahlprozess seinem Gegenstück in der Unternehmenswelt. Die Aktionäre sind zwar dem Namen nach die Eigentümer einer Aktiengesellschaft, und sie können auch tatsächlich an den Wahlen teilnehmen; doch der Ausgang ist immer schon im Voraus klar: Das Management wird gewinnen. In einer Aktiengesellschaft wird dieser Ausgang durch das sogenannte Proxy-Verfahren sichergestellt (»Stellvertreter-Verfahren«): Das Management tritt mit einer überwältigenden Mehrheit an Stimmen an, die von vornherein für sein Programm stimmen werden. In der Corporate Republic ist der Ablauf etwas komplizierter, doch die Strategien der Wahlbeeinflussung – Wählereinschüchterung, Rationierung von Wahlmaschinen, erfundene Wahlbetrugsuntersuchungen, die Säuberung von Wählerlisten, das sogenannte Caging von afroamerikanischen Wählern*, der Entzug des Wahlrechts für ehemalige Häftlinge und die erschwerte Geltendmachung der politischen Rechte von Immigranten – haben ein gemeinsames Ziel: die Republikanische Partei so lange wie möglich an der Macht zu halten, um so der demografischen Entwicklung

---

* Der Begriff *caging* bezeichnet die Methode, aufgrund von retournierten Postsendungen das Wahlrecht einer Person infrage zu stellen. Diese Methode wurde von der Republikanischen Partei im Wahlkampf 2004 angewandt, um Wähler in afroamerikanischen Quartieren in Florida und anderswo von der Wahl abzuhalten.

entgegenzuwirken, die das Land langsam aber sicher der Kontrolle der Grand Old Party entzieht. Ohne diese Strategien wäre Al Gore 2000 Präsident geworden, oder John Kerry 2004.

Schließlich begegnet uns in der Corporate Republic noch die merkwürdige Figur des CEO als Symbol beziehungsweise Frontman. Der Geschäftsführer ist von den inneren Vorgängen seiner Firma so losgelöst, dass er die Organisation, der er vorsteht, gar nicht wirklich kontrollieren kann. Was ist also seine Funktion? Er soll gar nichts tun, sondern seine Zeit untätig verbringen, um so den Anschein zu erwecken, alles sei unter Kontrolle – oder vielmehr um die Tatsache zu verschleiern, dass eben nicht alles unter Kontrolle ist. Die Vorgänge in Bushs Weißem Haus illustrieren diese Methode: Alle relevanten Informationen, die dem Präsidenten zukamen, wurden von loyalen Mitarbeitern des Vizepräsidenten Cheney kontrolliert. In den frühen Tagen der Bush-Regierung beschrieb David Broder von der *Washington Post* Richard Cheney, den früheren CEO von Halliburton, als »corporate cool«, also als Inbegriff des unterkühlten Unternehmers – eine Beschreibung, die nicht treffender sein könnte. Diese Regierung wurde nach dem Vorbild einer Firma umgeformt und legte all jene administrativen und organisatorischen Krankheitsbilder an den Tag, mit denen sich die großen Privatunternehmen herumschlagen müssen. Diese Regierung übernahm jede neue Form der fehlgeleiteten Unternehmensführung, Täuschung, Marktmanipulation und des Betrugs, die in den letzten vierzig Jahren erfunden worden ist.

Der Räuberstaat ist ein Wirtschaftssystem, in dem ganze Sektoren errichtet wurden, um öffentliche Systeme auszuplündern, die ursprünglich zum Zweck des Allgemeinwohls eingeführt wurden und vor allem der Mittelschicht zugutekommen. Die Corporate Republic ist nichts anderes als die »Staatsform«, die den Filz verwaltet, in den Vereinigten Staaten *spoils system* genannt: Tag für Tag ging die Regierung dem Geschäft nach, ihre Unterstützer mit Gefällig-keiten zu belohnen. Die betreffenden Kunden reichten von Kohle-konzernen über Sweatshop-Betreiber zu Unternehmern im Militär-sektor; dazu gehörten auch jene Misanthropen, welche die Kampagne zur Abschaffung der Erbschaftssteuer anführen: etwa Charles Schwab, der die vorgeschlagene Senkung der Kapitalertrag-steuer von 2003 anregte, oder die Unternehmen, die ihr steuerbares Einkommen in die Steueroasen der Bermuda-Inseln oder der Isle of Jersey schaffen. Zu den Kunden gehörten auch die Privatisierer der Rentenversicherung und jene, die dafür sorgen, dass die Pharmaun-ternehmen vom Medicare-Programm profitieren. Wo immer man hinschaute, wurde die Aufgabe der Regulierung Lobbyisten über-tragen; wo immer man hinschaute, profitierten bestimmte Privat-personen von Entscheidungen der öffentlichen Politik; wo immer man hinschaute, wurde diese Entscheidung von Vertretern privater Akteure zum Zweck der privaten Bereicherung getroffen. All dies geschah nicht einfach zufälligerweise; es war ein System.

In der Corporate Republic, die den Räuberstaat verwaltet, ge-schieht nichts zum Zweck des Gemeinwohls. Die Entscheidungsträ-ger kennen das Konzept des öffentlichen Zwecks überhaupt nicht. Aus diesem Grund hat auch das Konzept der Kompetenz, der Sach-kenntnis, nicht die geringste Relevanz: Damit man jemanden als inkompetent bezeichnen kann, muss der oder die Betreffende zu-mindest versuchen, den Job anständig zu erledigen. Doch die Ent-scheidungsträger in der Corporate Republic versuchen gar nichts: Sie entscheiden zwischen Freund und Feind, und für den Rest der Bevölkerung heißt es: Wir sind die Beute. Der Hurrikan Katrina zeigte dies in aller Deutlichkeit, als Bush lukrative Aufträge an Hal-liburton und andere Kontrakte zum Wiederaufbau der Stadt vergab. Es ging überhaupt nicht um die Bewohner von New Orleans – bes-tenfalls stellten sie eine zweitrangige Erwägung dar. Als sie erst einmal aus der Stadt geflohen waren, waren sie schnell vergessen. Mehrere Hunderttausend demokratische Wähler leben nun verstreut in Texas und Georgia, wo sie ihre Rolle als wahlentscheidende Wechselwähler nicht mehr ausüben können.

Haben wir es hier mit einem Klassenkampf zu tun? Nein. Im engeren Sinn trifft diese Bezeichnung nicht zu, denn nicht jeder, der im kapitalistischen System erfolgreich ist, ist ein Fan des Räuberstaats. Tatsächlich hilft uns das Modell des Räuberstaats zu verstehen, weshalb so viele reiche und erfolgreiche Amerikaner einen solch tiefen Hass auf die Bush-Regierung entwickelt haben und weshalb wichtige Teile der Geschäftswelt sich schließlich auf die Seite der Opposition schlugen.

Raubverhalten in der Wirtschaft ist der Feind einer aufrichtigen, unabhängigen und insbesondere nachhaltigen Unternehmenskultur; es ist der Feind von Unternehmen, die ihren Kunden lediglich Güter und Dienstleistungen verkaufen und langfristig einen angemessenen Lebensunterhalt verdienen wollen. In einer Welt, in der alle Gewinner aufs Engste miteinander verknüpft sind, zählen nicht nur die Raubopfer (die normalerweise nur geringe politische Einflussmöglichkeiten haben) zu den Verlierern. Jeder, der sich nicht bei den richtigen Leuten angebiedert hat, gehört ebenfalls dazu. Das Regime des Räuberstaats gleicht dem Schutzgelderpresser: Es ist mächtig und allseits gefürchtet, aber es wird weder geliebt noch respektiert. Nicht jeder kann in den Genuss seiner Gefälligkeiten kommen, und deshalb erfreut sich das Regime keiner breiten politischen Basis. Zudem ist es in seinem Wesen instabil, was für die Plünderer kein Problem ist, den normalen Unternehmen jedoch das Leben schwer macht. Ein Klima der wirtschaftlichen Unsicherheit hat für kleine Unternehmen viel verheerendere Auswirkungen als für große, und für die Armen sind instabile Verhältnisse weit gravierender als für die Reichen.

Es dürfte offensichtlich sein, dass der Räuberstaat und seine tief greifenden langfristigen Folgen zum Zusammenbruch einer Volkswirtschaft führt. Er sorgt dafür, dass mit der Zeit die fortschrittlichen, innovativen und nützlichen Unternehmen in jedem Sektor von ihren reaktionären und rückständigen Konkurrenten verdrängt werden. Wenn die reaktionären Unternehmen – die größten Umweltverschmutzer, die augenfälligsten Monopolisten und jene Firmen, die in technischer Hinsicht am weitesten hinterherhinken – das Wirtschaftssystem kontrollieren können und die Kapitalmärkte dies auch noch belohnen, dann werden die progressiven Unternehmen letztlich aufgeben und entweder wegziehen oder ganz verschwinden. Schlechte Unternehmensführung wird die gute verdrängen. Letzten Endes wird das Land zu einem Auffangbecken für die verwerflichsten Gepflogenheiten in der Unternehmenswelt, und die Vereinigten Staaten werden nicht mehr imstande sein, ihre Führungsrolle in der Weltwirtschaft aufrechtzuerhalten. Dies ist die Umkehrung des skandinavischen Modells. Es ist der Abwärts-Wettlauf, der Race to the bottom.

Außerdem: Plünderer entziehen der Regierung ihre Leistungsfähigkeit und verunmöglichen es ihr, ihrer Regierungstätigkeit angemessen nachzugehen. Auf den ersten Blick mag dies wieder schlicht nach Inkompetenz aussehen, aber das ist eine Illusion. Räuberische Unternehmen kümmert es nicht, wenn sie den Anschein erwecken, sie seien inkompetent: Dies hilft ihnen dabei, ihre wahren Absichten zu verschleiern. Doch wenn die Regierung zu den Plünderern gehört, dann wird auch sie in jeder Hinsicht versagen. Der Staat wird sich nicht um die Erderwärmung kümmern, um Hurrikan Katrina, die Besetzung des Irak, das Wahlchaos, die Vogelgrippe oder die Verbreitung von Nuklearwaffen. Nichts wird geschehen, und nichts wird gegen diesen Zustand des Versagens unternommen werden. Dieses Versagen auf der ganzen Linie ist nicht auf Inkom-

petenz zurückzuführen. Dieses Versagen ist gewollt. Im Räuberstaat herrscht eine bewusste Gleichgültigkeit gegenüber dem Problem der Inkompetenz.

Der Räuberstaat wird sein Ende erst dann finden, wenn ein ver-
nünftiger, progressiverer Teil der Geschäftswelt dieses Ziel ins Auge
fasst und bereit ist, mit Gewerkschaften, Konsumenten, Umwelt-
schützern und anderen sozialen Interessengruppen zusammenzuarbeiten und die Räuber in die Knie zu zwingen. Die Frage ist freilich: Was braucht es, damit dies geschieht? Wird sich dieses
»vernünftigere Element« jemals Gehör verschaffen? Und vor allem:
Wird es sich Gehör verschaffen, wenn es sich noch lohnt? Oder wird
diese Entwicklung so lange verzögert und behindert werden, bis
eine wirksame und bedeutende Reform über keine Anhängerschaft
mehr verfügt?

Es ist ein Wettlauf gegen die Zeit.

Teil 3

Gegen den Räuberstaat

11 Marktversagen und Scheinmärkte

Einst war der Marxismus die kompromisslose Doktrin der linken Dissidenten, eine Überzeugung, die auf Klassenkampf und der romantisch angehauchten Idee der Arbeiterrevolution beruhte. Doch leider gab es Länder, die tatsächlich von marxistischen Regimen regiert wurden, und so sorgte der real existierende Sozialismus dafür, dass der Marxismus seine romantische Anziehungskraft verlor. Währenddessen entwickelten Keynes und seine Gesinnungsgenossen des Progressive Movement eine alternative Wirtschaftslehre: Ihr Ziel war es, den Konflikt zwischen Kapitalisten und Arbeitern zu entschärfen, um so die Revolution und die darauf folgenden Diktaturen zu verhindern; der Weg zu diesem Ziel führte über staatliche Regulierung und die Steuerung der gesamtwirtschaftlichen Nachfrage. Doch der Preis des progressiven Keynesianismus war ein starker Staat als ausgleichende Kraft zum privaten Unternehmertum. Als die Große Depression in den Vereinigten Staaten erst einmal überwunden war, neigten die konservativen Anhänger des freien Marktes dazu, diesen Lösungsansatz zu verwerfen: Sie ließen sich lieber auf den Klassenkampf ein; und als die Gefahr des Marxismus mehr oder weniger gebannt war, verlor der Keynesianismus an Einfluss.

Mittlerweile hat sich eine neue Theorie des linken Liberalismus herausgebildet, im angelsächsischen Raum oft als Third Way (»Dritter Weg«) bezeichnet. Grundsätzlich läuft sie darauf hinaus, so weit wie möglich an Marktlösungen festzuhalten. Die Überzeugung der modernen Konservativen ist einfach: Sie besagt, dass der Markt dann am besten funktioniert, wenn man sich nicht einmischt; die neue Spezies von Liberalen fügt dieser Behauptung lediglich eine kleine Anmerkung hinzu: Der Staat kann dabei helfen. Doch der wohlerzogene moderne Liberale beschwichtigt sogleich, dass dafür keine großen Umwälzungen erforderlich seien. Der Staat soll unauffällig in Aktion treten und den freien Markt weitgehend unbeaufsichtigt arbeiten lassen. Umfassende Programme zur Ankurbelung der Beschäftigung, zum Ausbau der Infrastruktur, zugunsten der Umverteilung oder mehr Umweltschutz kommen nicht infrage; nichts ist erlaubt, das die Autorität des Marktes auf grundlegende Weise untergräbt.

Wenn das Primat des Marktes aufrechterhalten wird, dann werden folgerichtig auch die sozialen Hierarchien, die der Markt hervorbringt, als legitim erachtet. Jedem einzelnen Akteur im System kommt eine gesellschaftliche Rolle zu; es gibt keine Klassenfeinde, keine Parasiten, keine »Klasse der Müßiggänger« – es gibt nicht einmal Leute, deren wirtschaftliche Rolle als überflüssig oder zwecklos bezeichnet werden kann. Das Marktsystem lässt sich auch nicht von Grund auf reformieren; die Machtbeziehungen gelten als permanent. Das System stellt bereits die bestmögliche gesellschaftliche Ordnung dar, und deshalb braucht es auch keine neuen Architekten und Planer. So sieht die Ausgangslage der politischen Diskussion aus. Der »Dritte Weg« ist lediglich für die Feineinstellungen verantwortlich: Er soll das System nicht verändern, sondern lediglich die Klempnerarbeit übernehmen.

Die angesehenen Liberalen im heutigen Amerika haben sich der konservativen Position so weit angenähert, dass ihnen nur wenig Spielraum zur Verfügung steht. Ihre Überzeugung unterscheidet sich von der konservativen lediglich durch eine grundlegende Annahme, denn beide Gruppen gehen davon aus, dass die Wirtschaftspolitik über den Markt arbeiten soll. Uneinigkeit herrscht lediglich darüber, was unternommen werden muss, damit der Markt funktioniert.

Im Unterschied zu den Konservativen gestehen die Liberalen ein, dass der Markt manchmal versagt: Die Preise und Löhne können zu starr sein, der Zugang zu relevanten Informationen ungleich verteilt und die Kosten eines Geschäfts zu hoch. Deshalb müsse die Politik dafür sorgen, dass der Markt effizient organisiert wird. Das mag zwar gut gemeint sein, ist jedoch meist sinnlos. Die Strategie läuft darauf hinaus, dass in einem Wirtschaftsbereich nach dem anderen nach einer »marktfreundlichen« Lösung gesucht wird, die zwar den Vorteil hat, dass die Maßnahmen in politischer Hinsicht harmlos und zu einem gewissen Grad auch nützlich sind; doch ihr Nachteil ist, dass sie nichts bringen. In den meisten Wirtschaftsbereichen, auf die dieses Konzept angewandt wird, ist der perfekt funktionierende Markt nichts weiter als ein Luftschloss – vielfach kann überhaupt kaum von einem Markt gesprochen werden. Und was nicht existiert, lässt sich freilich auch nicht durch geringfügige Anpassungen perfektionieren. Eine angemessene politische Strategie erfordert in vielen Fällen, dass der Markt begrenzt, reguliert, diszipliniert oder auch umgangen oder gar ausgehebelt wird. Das ist nicht dasselbe wie »den Markt funktionsfähig machen«.

Die Berufsausbildung (job training) ist ein Musterbeispiel für den Versuch des wohlerzogenen Liberalen, den Markt funktionsfähig zu machen. Dieser Politikansatz basiert auf einer bestimmten Theorie zur Enstehung von Arbeitslosigkeit und tiefen Löhnen; und wie bei allen Übungen dieser Art beginnt die Argumentation mit der Annahme, dass wir es hier mit einem Markt zu tun haben. In diesem Fall sei es der »Arbeitsmarkt«, der Angebot und Nachfrage von Arbeit koordiniere (Unternehmen brauchen Arbeitskraft, Individuen stellen diese zur Verfügung). Wenn aber Individuen nicht die erforderlichen Fähigkeiten besäßen, die ein Unternehmen voraussetzt, dann könnten sie sich auch nicht am Wettbewerb um Arbeitsplätze beteiligen. Dies führe zu Arbeitslosigkeit. Die Berufsausbildung solle deshalb dafür sorgen, dass Individuen in der Lage sind, sich für die verfügbaren Jobs zu bewerben – so die Theorie.

Jedes Detail in dieser Analyse ist korrekt: Unternehmen benötigen Arbeitskräfte; es gibt Individuen, die diese Jobs gerne haben möchten, aber nicht über die erforderlichen Qualifikationen verfügen. Es stimmt auch, dass ein Berufsausbildungsprogramm den Arbeitnehmern zu einem gewissen Grad helfen kann. Doch diese Details summieren sich nicht zu der allgemeinen Behauptung, dass durch die Berufsausbildung Arbeitslosigkeit oder Armut effektiv bekämpft werden können. Es lässt sich nicht einmal mit Sicherheit sagen, dass durch sie auch nur eine einzige neue Stelle geschaffen wird.

Das Problem liegt darin, dass die Qualitäten und Qualifikationen der Arbeitnehmer gar keinen großen Einfluss auf Armut und Arbeitslosigkeit haben. Diese werden vielmehr von der allgemeinen Nachfrage nach Arbeitskräften bestimmt: Sie hängen davon ab, ob Unternehmen jene Arbeitskräfte einstellen wollen, die verfügbar und bereit sind, zu den von den Unternehmen angebotenen Löhnen zu arbeiten, besonders auf der untersten Lohnstufe. Unternehmen, die sich eines wachsenden Absatzmarkts und glänzender Aussichten auf Profit erfreuen, haben normalerweise keine Mühe, die benötigten Arbeitskräfte zu finden. Sie können entweder arbeitslose Fachkräfte einstellen oder qualifizierte Fachkräfte von anderen Firmen (oder aus anderen Ländern) abwerben. Für solche Firmen sind die Kosten einer elementaren Ausbildung für Ungelernte oder Angelernte nebensächlich; wenn keine Fachkräfte mit den nötigen

Qualifikationen zur Verfügung stehen, lassen sie sich ohne großen Aufwand firmenintern ausbilden. Umgekehrt stellen Unternehmen mit stagnierender Nachfrage und trüben Geschäftsaussichten nicht einfach neue Arbeitskräfte ein, nur weil ausgebildete Kandidaten zur Verfügung stehen.

Die Ausbildung für einen bestimmten Job ist in den meisten Fällen extrem präzise auf eine Stelle zugeschnitten: auf die Systeme, mit denen gearbeitet wird, auf die Vorgesetzten, auf die Arbeitsroutine. Allgemeine Ausbildungsprogramme – und dies sind die einzigen, die der Staat anbieten kann – vermögen diese Funktion nicht zu ersetzen. Die zahlreichen Evaluationsstudien von Ausbildungsprogrammen untersuchen deshalb vornehmlich die Leistungsfähigkeit solcher Programme, ihren Absolventen tatsächlich zu einer Stelle zu verhelfen; bisweilen berücksichtigen sie zudem die spätere Karriere der Abgänger, das heißt, ob sie ihre Stelle behalten können und die Karriereleiter hinaufklettern. Doch solche Studien sehen sich mit einem klassischen Henne-Ei-Problem konfrontiert: Verdankt sich die erfolgreiche Laufbahn eines Individuums dem »Mehrwert«, den er oder sie sich durch das Ausbildungsprogramm angeeignet hat, oder hat das Programm einfach fähige Individuen zur Ausbildung zugelassen? Dies ist eine schwierige, vielleicht gar nicht zu beantwortende Frage, auf die die Urheber der Evaluationsstudien ihre gesamte Energie verwenden. Doch selbst wenn sie eine Antwort finden sollten, so ist die einzige Frage, die damit beantwortet ist: Hat das Programm den Absolventen tatsächlich einen Vorteil verschafft im Wettbewerb um die verfügbaren Arbeitsplätze? Dies hat nichts zu tun mit der Gesamtzahl der Beschäftigten, mit der Arbeitslosigkeit oder der Armutsquote.

Es gibt überhaupt nichts einzuwenden gegen Programme zur Berufsausbildung als Lösung eines sogenannten *skill mismatch*, also des Problems, dass die erforderlichen Fähigkeiten nicht mit den verfügbaren Qualifikationen übereinstimmen (wenn es dieses Problem denn wirklich gäbe). Auch gegen die Berufsausbildung als eine Form von Affirmative Action ist nichts einzuwenden: Es ist zu begrüßen, wenn sich physisch oder sozial benachteiligte Menschen durch gezielte Fördermaßnahmen einen Wettbewerbsvorteil verschaffen können. Aber wenn die Unternehmen niemanden einstellen, dann ist die Berufsausbildung irrelevant. Und wenn sie Leute einstellen, dann hat die Berufsausbildung keinen Einfluss darauf, wie viele neue Angestellte die Unternehmen beschäftigen. So oder so: Solche Programme können das Problem der Arbeitslosigkeit nicht lösen, und deshalb können sie auch keine wirklichen Arbeitsbeschaffungsprogramme ersetzen.

Die jüngste Geschichte hat uns gezeigt, dass der Abbau von Arbeitslosigkeit und Armut nicht das Geringste mit Berufsausbildung zu tun hat. In Clintons frühen Regierungsjahren wurde weder die Berufsausbildung dramatisch ausgebaut, noch war die sinkende Arbeitslosigkeit nach 1994 darauf zurückzuführen, dass die Arbeitnehmer kompetenter geworden waren. Diese Entwicklung war die Folge des großen Informationstechnologiebooms, unterstützt durch billigen Kredit, einen starken Aufschwung im Wohnungsmarkt und die allgemeine Ausgabenerhöhung der Bundesstaaten und Kommunen. Zu den hauptsächlichen Nutznießern des Booms gehörten die gefragtesten Technikexperten und Ingenieure des Landes, aber indirekt profitierte die gesamte Volkswirtschaft. Die Arbeitslosenquote sank auf 4 Prozent; bei den Afroamerikanern betrug der Prozentsatz 6,9, bei den Afroamerikanerinnen 6,2, und bei Teenagern 13,1: In allen drei Fällen waren die Zahlen die tiefsten, die je gemessen wurden.[*] Auch die Armutsquote innerhalb der afroamerikanischen Bevölke-

---

[*] Die Zahl für Afroamerikaner stammt aus dem Jahr 1999, die restlichen Angaben aus dem Jahr 2000.

rung verringerte sich und erreichte im Jahr 2000 einen historischen Tiefstand von 22,5 Prozent; der entsprechende Prozentsatz für die Hispanics lag 2001 bei 21,4 Prozent – ebenfalls ein historisches Tief. Keine dieser Entwicklungen verdankte sich der Berufsausbildung. Es zeigte sich lediglich, wie unwichtig die Berufsausbildung ist, wenn tatsächlich Jobs zur Verfügung stehen.

Diese Tatsachen lassen eine noch allgemeinere Aussage zu: Der »Arbeitsmarkt« – als Zusammenspiel von Angebot und Nachfrage – existiert gar nicht; oder, wie es Keynes 1936 formulierte: Es gibt keine Angebotskurve für die Arbeit.[*] Die Gesamtnachfrage nach Arbeitskräften bestimmt die Beschäftigungsquote – das ist im Grunde die ganze Wahrheit. Viele Ökonomen sind seit den 1980er-Jahren damit beschäftigt – sie haben eine regelrechte Obsession entwickelt –, die Angebotsseite in die ökonomischen Arbeitsmarktmodelle einzubeziehen (»Plugging in the Supply Side«); in der Arbeitswelt hat dies jedoch keine Bedeutung, denn es sind die Arbeitgeber und nicht die Arbeitnehmer, die die Größe des Arbeitsplatzes bestimmen. Arbeitgeber mögen die Berufsausbildung schätzen, weil sie ihnen geringfügige Kosten erspart oder weil sie von drastischeren Maßnahmen (Arbeitsbeschaffungsprogrammen) ablenkt. Doch sie machen sich keine Illusionen, dass solche Programme tatsächlich die Arbeitslosigkeit abbauen können – andernfalls würden sie sich vielfach sogar gegen die Berufsausbildung sperren.

Ein zweites Beispiel eines liberalen Anliegens, das in wirtschaftlicher Hinsicht ohne Wirkung bleibt, ist die allgemeine Vorschulerziehung. Kürzlich veröffentlichte Clintons früherer Wirtschaftsberater Gene Sperling ein Buch, in dem er leidenschaftlich dafür plädiert, ein solches Programm ins Zentrum der liberalen Politik

[**] Vgl. John Maynard Keynes, *Allgemeine Theorie der Beschäftigung, des Zinses und des Geldes*, Berlin 1974 (die englische Originalausgabe erschien 1936).

zu stellen. Er beschreibt im Detail die Errungenschaften jener kompensatorischen Bildungsprogramme, die unter dem Schlagwort »Operation Head Start« lanciert wurden (die Programme sollen Kindern benachteiligter oder armer Eltern bessere Bildungsmöglichkeiten eröffnen):

»Die Studie, die den Nutzen der Vorschulerziehung dokumentiert, begann vor 42 Jahren in Ypsilanti, Michigan. Dort startete eine Gruppe von Forschern und Erziehungsbeauftragten an der Perry Preschool ein bemerkenswertes Experiment: Sie teilten 123 afroamerikanische Kinder in zwei Gruppen ein. Die eine Gruppe absolvierte ein hochwertiges Vorschulprogramm, die andere nicht. Die Studie begleitete beide Gruppen auf ihrem Weg durch die High School und veröffentlichte vor Kurzem ihre Ergebnisse, als die Teilnehmer 40 Jahre alt waren. Die Resultate sind bemerkenswert: 65 Prozent der Vorschulabsolventen haben ein High-School-Diplom oder einen gleichwertigen Abschluss, aber nur 45 Prozent der Teilnehmer ohne Vorschulerfahrung. Das durchschnittliche Einkommen der ersten Gruppe betrug 20 800 Dollar, jenes der zweiten lediglich 5000 Dollar oder noch weniger.«[*]

Nehmen wir einmal an, dass all dies zutrifft, und dass jedes Vorschulprogramm zu einem solchen Ergebnis führt. Was bedeutet das? Bestenfalls lernen wir daraus, dass die Vorschule eine begrüßenswerte Institution ist: Die Fähigkeiten, die sich die Teilnehmer in diesem Fall aneigneten, erleichterten es ihnen, sich im trüben wirtschaftlichen Klima zurechtzufinden, das in Michigan in den 1980er- und 1990er-Jahren vorherrschte. Doch Sperlings

---

[*] Gene Sperling, *The Pro-Growth Progressive: An Economic Strategy for Shared Prosperity*, New York 2005, S. 150.

Schlussfolgerung – dass mit einer allgemeinen Vorschulerziehung jeder einzelne Bürger diese Vorzüge genießen wird – ist falsch. Ohne in irgendeiner Weise den Wert infrage zu stellen, den ein Vorschulprogramm für die Teilnehmer besitzt, ist schnell ersichtlich, weshalb Sperlings Folgerung ein Trugschluss ist.

Nehmen wir an, dass jedes Kind in Michigan vor 42 Jahren die gleiche Vorschulerziehung absolvieren konnte wie die glückliche Hälfte der Ypsilanti-Studie. Nehmen wir des Weiteren an, dass die Reihe von ökonomischen Katastrophen, die Michigan – und insbesondere den afroamerikanischen Bevölkerungsteil – heimsuchten, genau die gleichen waren: die wachsende Konkurrenz seitens der japanischen Automobilindustrie in den 1970er-Jahren, der Beinahe-Kollaps des Chrysler-Konzerns 1979, die verheerende Rezession im industriellen Nordosten in den frühen 1980er-Jahren. Inwiefern hätte die allgemeine Vorschule diese wirtschaftlichen Tatsachen beeinflussen können? Überhaupt nicht – außer insofern, als die Schulen in den betroffenen Gebieten neue, öffentlich finanzierte Stellen für Lehrer geschaffen hätten.

Was hätte dann die Ypsilanti-Studie unter diesen Umständen, wenn sie einen Großteil der Vorschulkinder begleitet hätte, gezeigt? Die Antwort ist offensichtlich: Die wirtschaftliche Lage der afroamerikanischen Bevölkerung hätte sich nicht im Geringsten verändert. Nur wäre jeder Erwerbstätige, jeder Arbeitslose – und jeder Gefängnisinsaße – in seiner Kindheit in den Genuss einer Vorschulausbildung gekommen. So hätten wir die perfekte Mischung aus liberalem Geschwätz und konservativen Tatsachen gehabt: Besser ausgebildete Leute, deren Zukunftsaussichten nicht im Geringsten besser sind, als sie ohne Ausbildung gewesen wären. Anders ausgedrückt: Sperlings Argumentation ist ein einfacher logischer Fehlschluss. Er basiert auf der irrigen Annahme, dass eine Maßnahme, die das Schicksal einer Einzelperson verändern kann, auch für die gesamte

Bevölkerung funktioniert. Zudem hat sich Sperling der Sünde des Wunschdenkens schuldig gemacht: Er *will* einfach glauben, dass die Vorschulerziehung die wirtschaftliche Lage der Bevölkerung zu verbessern vermag. Doch dies ist in gesamtwirtschaftlicher Hinsicht offensichtlich absurd. Denn wie sich das Leben eines Menschen entwickelt, hängt nicht davon ab, was er oder sie als vierjähriges Kind tat; auch die beste Vorschulerziehung schützt nicht gegen Rezession, Depression, Arbeitslosigkeit und Krieg.

Verstehen Sie mich nicht falsch: Ich *befürworte* allgemeine Vorschulerziehung. Besonders für Mütter ist sie ein enormer Vorteil, denn sie erleichtert es ihnen, Arbeit und Kindererziehung unter einen Hut zu bringen. Verglichen mit anderen Ländern gehören Leistungen zugunsten junger Mütter zu den wenig entwickelten Bereichen der amerikanischen Sozialpolitik.* Doch die Vorschule vermag das Problem der Arbeitslosigkeit oder Armut, denen die Kinder in ihrem späteren Leben ausgesetzt sein können, nicht zu lösen. Sperlings Buch listet eine ganze Reihe von Ideen auf, die zu einer sozialeren und gerechteren Gesellschaft führen, und viele dieser Ideen sind hilfreich und verdienen unsere Unterstützung: Programme für zukünftige Väter, Interventionen gegen kriminelle Gangs, Vorbereitung auf das College und Unterstützung beim College-Abschluss. Das sind alles begrüßenswerte Vorschläge, aber sie tragen nichts dazu bei, dass in Zukunft jene Fähigkeiten vorhanden sind, die unsere Wirtschaft braucht. Überhaupt gibt es kein Programm, das uns auf diesen zukünftigen Bedarf vorbereiten kann: Die Nachfrage nach den Fähigkeiten existiert noch nicht, und wir wissen nicht, wie sie aussehen wird.

---

* Teilweise ist dies darauf zurückzuführen, dass die Vereinigten Staaten in den beiden Weltkriegen keine massiven Bevölkerungsverluste erlitten. Solche Verluste führten in Frankreich und Deutschland dazu, dass bereits in den 1920er-Jahren eine höhere Geburtenrate gefördert und deshalb die Kinderfürsorge ausgeweitet wurde.

Weder die Berufsausbildung noch die Schulbildung können dafür sorgen, dass gute Jobs zu angemessener Bezahlung vorhanden sind, wenn sie einst benötigt werden; diese Programme können kein Ersatz sein für eine Politik, die dies über die Nachfrageseite sicherstellt. Doch genau das sind sie für viele Liberale: Sie sollen die Politik, die auf Vollbeschäftigung abzielt, nicht nur ergänzen, sondern vollständig ersetzen. Im Stichwortverzeichnis in Sperlings Buch kommt der Begriff »Vollbeschäftigung« nicht vor, und das ist schade. Denn es war die Vollbeschäftigung und nicht die neue Sozialpolitik, die zu den enormen Errungenschaften führte, auf die die Veteranen der Clinton-Regierung stolz sein sollten.

Ein Markt, auf dem Arbeit angeboten und gekauft werden kann und auf dem die jeweiligen Fähigkeiten über die Rekrutierungschancen entscheiden, existiert also nicht. Wie sieht es denn mit der Gesundheitsfürsorge aus? Was ist eigentlich Gesundheitsfürsorge genau? Kann sie auf einem Markt gekauft und verkauft werden? Selbstverständlich nicht: Der Begriff bezeichnet kein konkretes Konsumgut, sondern eine ganze Reihe von äußerst vielfältigen Gütern und Dienstleistungen, die auf die spezifischen gesundheitlichen Bedürfnisse jedes Patienten zugeschnitten sind. Es gibt keine bestimmte Einheit, in der die Gesundheitsfürsorge gemessen werden kann; wer ein Angebot-Nachfrage-Diagramm erstellen möchte, gerät in Schwierigkeiten, denn es fehlt sowohl die Quantität für die horizontale Achse als auch der Preis für die vertikale. Gesundheitsfürsorge ist also kein Verbrauchsgut, das zu einem bestimmten Preis auf einem offenen Markt angeboten und verkauft werden kann. Auch ein medizinisches Verfahren ist kein solches Verbrauchsgut. In den meisten Fällen werden medizinische Verfahren von einer medizinischen Fachkraft verordnet, die den Normen und Richtlinien ihrer Zunft folgt; der Patient hat eine extrem limitierte Fähigkeit, die ärztlichen Empfehlungen oder allfällige Alternativen zu beurteilen. Meist kann der Kunde lediglich abschätzen, ob ein bestimmter Arzt oder eine bestimmte Klinik jene grundsätzlichen Erfordernisse erfüllt, die man als Laie von ihnen erwartet. Entscheidungen bezüglich der Qualität und der genauen Beschaffenheit der Gesundheitsfürsorge sind deshalb organisatorischer Natur; der Preis einer Behandlung oder eines Arzneimittels wird nicht in einer Verhandlung zwischen Patient und Arzt festgelegt, sondern basiert auf Richtlinien, die Anbieter, Versicherungen und die Regierung untereinander ausgemacht haben. Nicht nur handelt es sich bei der Gesundheitsfürsorge insgesamt um keinen Markt, nicht einmal *innerhalb* des Gesundheitswesens kann man von Märkten sprechen. Wer dafür plädiert, die Steuerung der Preise und Mengen im Gesundheitswesen dem »Markt« zu überlassen, sieht sich deshalb mit der grundlegenden Schwierigkeit konfrontiert, dass solche Märkte entweder nicht existieren oder nicht existieren können.

Freilich geht es bei den meisten konkreten Vorschlägen, das Gesundheitswesen den Marktkräften zu unterwerfen, nicht um die medizinische Versorgung an sich, sondern um die Krankenversicherung. Grundsätzlich sind die Kosten, die die Bereitstellung einer Versicherung beinhalten, relativ gering. Es müssen weder teure Materialien oder sonstige kostspielige Inputs gekauft werden, noch braucht man sich um risikoreiche Designs oder Technologien zu kümmern. Die hauptsächlichen Inputs sind Personal und Computer. Innovation spielt ebenfalls keine große Rolle, denn anders als die enorm schnellen Veränderungen in der Medizin entwickelt sich die Versicherung von medizinischer Behandlung nur langsam. Ein erfolgreicher privater Krankenversicherer folgt lediglich einem uralten Rezept: Er teilt seine Kundschaft in Risikoklassen ein und setzt für jede Klasse eine bestimmte Prämie fest. Die erfolgreichsten Versicherer sind in der Regel diejenigen, die die riskantesten Kunden vermeiden können.

Öffentliche Krankenversicherungen wie Medicare haben eine solche Risikoabschätzung nicht nötig, denn sie sind für die gesamte Bevölkerung zuständig. Die größten Kosten, für die ein privater Versicherer aufkommen muss, können sie aus diesem Grund einsparen. Ihren Mitarbeitern bezahlen sie einen Beamtenlohn, und sie sind nicht verpflichtet, irgendwelchen Aktionären Dividenden auszuschütten oder eine bestimmte Rendite zu realisieren. Eine Versicherung ist deshalb eine Dienstleistung, die der öffentliche Sektor genauso kompetent wie der Privatsektor und in jedem Fall billiger zur Verfügung stellen kann; zudem ist aus Sicht der Gesamtbevölkerung eine selektive private Versicherung immer die schlechtere Lösung als ein allgemeines öffentliches Versicherungssystem. Private Krankenversicherer würden gar nicht existieren, wenn sie nicht ihr enormes politisches Gewicht darauf verwenden würden, die Schaffung umfassender öffentlicher Versicherungssysteme zu blockieren; dabei hilft ihnen ihre beinahe uneingeschränkte Fähigkeit, die Öffentlichkeit bezüglich der grundlegenden ökonomischen Tatsachen in die Irre zu führen. Es gibt also überhaupt keine Sachargumente gegen eine vollständig öffentliche Krankenversicherung. Wenn Liberale sich dennoch für ein zumindest teilweise privates Versicherungssystem aussprechen, dann beugen sie sich schlicht und einfach der Macht des Privatsektors.

Wie wir also sehen, basieren politische Strategien, die in den Bereichen Beschäftigung und Gesundheit »den Markt funktionsfähig machen« wollen, auf falschen Voraussetzungen: Sie wenden den Marktmechanismus von Angebot und Nachfrage künstlich auf eine Fülle von verschiedenen Phänomenen an, die nur durch eine gemeinsame Bezeichnung zusammengehalten werden. Wenn jemand von einem Markt spricht, so sollte unsere erste Frage lauten: Existiert hier wirklich ein richtiger Markt? Das heißt: Gibt es hier wirklich ein Verbrauchsgut und kann der Verbraucher zwischen konkurrierenden

Anbietern auswählen? Lautet die Antwort Nein, so wird eine Analyse, die auf Angebot und Nachfrage basiert, nicht funktionieren.

In den 1990er-Jahren erreichte der Wahn, überall Märkte zu sehen, wo sie eigentlich nichts zu suchen haben, einen absurden Höhepunkt in der Stromversorgung. Hier haben wir einen »Markt«, in dem es zwar um ein richtiges Verbrauchsgut geht – Elektrizität. Doch in diesem Markt besteht keine Möglichkeit, dass sich auf der Angebotsseite ein Wettbewerb entwickelt, zumindest nicht für Privathaushalte. Bis zu dem Tag, an dem vor jedem Haus eine Windmühle und ein Sonnenkollektor stehen, wird es nicht zu vermeiden sein, dass in der Stromversorgung Millionen von (politisch) machtlosen Verbrauchern einer kleinen Zahl von großen Anbietern gegenüberstehen. Diese Anordnung wie einen »freien Markt« zu behandeln, führt zwangsläufig ins Desaster. Doch genau das geschah in der Welle der Deregulierung, die den amerikanischen Stromversorgungsmarkt in den 1990er-Jahren erfasste. Der verstärkte Wettbewerb unter den Elektrizitätswerken würde – so behauptete man damals – die Kosten senken und die Dienstleistungen verbessern. Wie die Katastrophe der Energiekrise in Kalifornien zeigte, war jedoch das Gegenteil der Fall: Die Strompreise konnten leicht manipuliert werden, indem in Zeiten hoher Nachfrage die Kapazität der kalifornischen Werke gedrosselt wurde, sodass der Staat Elektrizität aus anderen Bundesstaaten einkaufen musste. (Eine andere Möglichkeit der Marktmanipulation war, Strom zuerst aus Kalifornien zu schaffen und dann zu einem hohen Preis dorthin zurückzuverkaufen.) Die Verbraucher bezahlten nicht die durchschnittlichen Produktionskosten, sondern die Grenzkosten; sie bezahlten den Strom zum Kassapreis, was zur Folge hatte, dass ihre Rechnungen in die Höhe schossen. Doch aufgrund der Technologie (sowie der Zeit und Geduld), die ihnen zur Verfügung stand, konnten sie ihre Nachfrage nach Strom nicht den Preisschwankungen anpassen. Das Resultat war der Traum jedes räuberischen

Monopolisten: Preishoheit in einem Markt mit fast vollkommen inelastischer Nachfrage. Weil Stromanbieter mit relativ geringen Kosten ihre Preise nicht entsprechend senkten, konnten sie enorme Gewinne einfahren. Im Prinzip hätte sie dies dazu verleiten sollen, ihre Kapazität zu erhöhen, doch das taten sie aus einem einfachen Grund nicht: Es war gerade die Versorgungsknappheit, die ihnen die monopolistische Preishoheit überhaupt erst verschafft hatte.

Zurzeit wird das kalifornische Energiefiasko in Texas in einer Zeitlupenversion wiederholt. Die Verantwortlichen argumentieren, dass in einem großen Bundesstaat ein relativ unabhängiges Versorgungsnetz bessere Wettbewerbsbedingungen schaffe. Auch dies ist eine Farce. Wenn Deregulierung und Wettbewerb in Bereichen eingeführt werden, in denen für die Verbraucher keine wirklichen Möglichkeiten der Wahl bestehen, wird dies immer einen Missbrauch der Macht zur Folge haben. Es ist pures Wunschdenken, zu glauben, dass natürliche Monopole sich in perfekte Wettbewerbsteilnehmer verwandeln können; es lässt sich noch lange kein Markt schaffen, indem man einfach etwas als Markt bezeichnet.

Für die Zukunft unseres Planeten bedeutet es nichts Gutes, dass der Markt-Wahn auch die ökonomischen Debatten um den Klimawandel erfasst hat. Entwürfe zur Schaffung eines »Marktes« mit Treibhausgasen werden mittlerweile heiß diskutiert; Marktökonomen, die solche Pläne vorantreiben, haben sogar erreicht, dass ein derartiges System im Kyoto-Protokoll festgeschrieben wurde.[*] Ähnliche Pläne regte 2006 auch der Gouverneur von Kalifornien, Ar-

---

[*] In Artikel 17 des Kyoto-Protokolls heißt es: »Die Konferenz der Vertragsparteien legt die maßgeblichen Grundsätze, Modalitäten, Regeln und Leitlinien, insbesondere für die Kontrolle, die Berichterstattung und die Rechenschaftslegung beim Handel mit Emissionen, fest. Die in Anlage B aufgeführten Vertragsparteien können sich an dem Handel mit Emissionen beteiligen, um ihre Verpflichtungen aus Artikel 3 zu erfüllen.« (siehe www.bmu.de/klimaschutz/internationale_klimapolitik/kyoto_protokoll/doc/5802.php)

nold Schwarzenegger (ein Bewunderer Milton Friedmans), an. Der Emissionshandel bildet das Kernstück des Stern-Reports (»Stern Review Report on the Economics of Climate Change«), den Sir Nicholas Stern im Auftrag des damaligen britischen Schatzkanzlers Gordon Brown verfasste.[*] Sterns Bericht zeichnet ein äußerst eindrückliches und düsteres Bild der bevorstehenden Kosten des Klimawandels, und er rät dringend zu sofortigen Maßnahmen. Diese Dringlichkeit lässt Sterns Einsatz für eine »Marktlösung« in vielen Augen noch glaubwürdiger erscheinen.

Die ökonomische Logik des »Cap and Trade«-Systems (Emissionsrechtehandel) ist einfach: Die Regierung legt eine Obergrenze für gewisse Emissionen fest, und Verschmutzer können untereinander Zertifikate handeln, die sie zu einer bestimmten Emissionsmenge berechtigen. Die größten Verschmutzer können so weiterhin ihre Schadstoffe ausstoßen, während jene mit den geringsten Emissionen einfachen Gewinn erzielen. Das klingt logisch und hat auf regionaler Ebene offensichtlich auch schon zum Erfolg geführt, etwa im Becken von Los Angeles. Hier bewirkt der Emissionshandel, dass die Schadstofferzeuger sich genau überlegen müssen, was für eine Art Fabrikanlage sie betreiben wollen, welche Schadstoffe sie ausstoßen und zu welcher Tageszeit und unter welchen Wetterbedingungen sie dies tun. Nach Aussage von angesehenen Beobachtern[**] hat ein solches System dazu geführt, dass im regionalen Rahmen die Schwefelemissionen, die sauren Regen entscheidend mit verursachten, reduziert werden konnten; die Kosten waren dabei wesentlich geringer, als die Umweltschutzbehörde (Environmental Protection Agency) dies vorausgesagt hat. So weit, so gut. Aber ist dieses

---

[**] Nicholas Stern, *The Economics of Climate Change: The Stern Review*, Cambridge 2006.
[*] Eban Goodstein, *The Trade-Off Myth: Fact and Fiction About Jobs and the Environment*, Washington D.C. 1999.

System allein auch imstande, die globalen Kohlendioxidemissionen zu reduzieren? Das ist eine ganz andere Frage.

Wie alle anderen marktorientierten politischen Strategien beruht der Emissionshandel auf der Vorstellung, dass die Summe der dezentralen Entscheidungen von Tausenden Unternehmen und Millionen Individuen zum bestmöglichen Ergebnis führt. Nur schon die Tatsache, dass dabei gegenseitige Abhängigkeiten, Externalitäten, asymmetrische Information und Transaktionskosten entstehen, zeigt jedoch, wie unsinnig diese Annahme ist. Der Ökonom Joseph Schumpeter sagte über den technischen Fortschritt, man könne so viele Postkutschen aneinanderreihen, wie man wolle, es würde keine Eisenbahn entstehen; beim weltweiten Handel mit Emissionen verhält es sich ähnlich. Kohlendioxid ist ein globales Problem. Dass die Europäer ungefähr die gleiche Lebensqualität genießen wie die Amerikaner, pro Kopf jedoch nur etwa halb so viel CO_2 ausstoßen, ist keine Frage der freien »Marktentscheidung«. Diese Tatsache ist vielmehr auf die Art und Weise zurückzuführen, wie das tägliche Leben in Europa organisiert ist, wie man wohnt, wie das Verkehrsnetz aufgebaut ist und wie die Stromversorgungsnetze funktionieren. Um unsere Systeme dem europäischen Effizienzniveau anzunähern, reicht es nicht, Individuen in großer Zahl dazu zu bringen, ihre Autos zu Hause zu lassen. Soll diese Verhaltensänderung zudem allein durch den Preis herbeigeführt werden, würde sich unsere Wirtschaftsaktivität dadurch so stark verlangsamen, dass die Entwicklung energieeffizienterer Systeme vollends abgewürgt würde.

Der in Princeton lehrende Ethiker Peter Singer machte vor Kurzem einen Vorschlag zum Klimaproblem, der die Marktlösung in ihrer extremsten Form darstellt.[*] Niemand kann Singer vorwerfen,

---

[*] Peter Singer, »A Fair Deal on Climate Change«, in: *Policy Innovations*, 26. Juni 2007.

ein Marktfundamentalist zu sein; er ist lediglich ein Beispiel dafür, wie sehr der Markt zu einem festen Bestandteil des öffentlichen Diskurses von Individuen geworden ist, die sich kaum mit seiner wirklichen Funktionsweise beschäftigen. Singers Idee ist folgende: Das Recht zum Ausstoß von Kohlendioxid soll weltweit auf einer Pro-Kopf-Basis verteilt werden, und die einzelnen Länder sind dann berechtigt, untereinander Emissionsrechte zu handeln. In Indien lebt zum Beispiel rund ein Fünftel der Weltbevölkerung, und entsprechend erhielte Indien das Recht auf einen Fünftel der gesamten Emissionszertifikate, obwohl das Land nur einen Fünfzehntel der weltweiten Kohlendioxidemissionen verursacht. Zwei Drittel seiner Zertifikate könnte Indien also verkaufen, was einem Käufer wie den USA erlauben würde, Schadstoffe weit über ihrem Pro-Kopf-Anteil auszustoßen. Indien erhielte so Geldmittel für die Entwicklung seiner Wirtschaft und wäre nicht verpflichtet, seine Kohlenstoffemissionen zu reduzieren (solange es das heutige Niveau halten kann). Die Vereinigten Staaten würden ihre Emissionen zu dem Punkt drosseln, an dem die Grenzkosten des Emissionsabbaus gleich den Grenzkosten der Emissionszertifikate auf dem Weltmarkt wären. Singer behauptet, das Ganze sei überaus »fair und praktisch durchsetzbar«, und so hört es sich tatsächlich an.

Doch Singer ist ein Experte für Fairness, nicht für praktische Durchsetzbarkeit. Es ist offensichtlich (oder sollte zumindest offensichtlich sein), dass der globale Handel mit Emissionszertifikaten nur dann funktioniert, wenn Indien, China, die Vereinigten Staaten und andere Teilnehmer ihre Kohlendioxidemissionen auch tatsächlich regulieren und steuern können. Der Handel würde dann nur noch die Emissionsmenge koordinieren, zu der jedes Land berechtigt ist. Das System hätte jedoch innerhalb jedes Landes keinen Einfluss auf die Entscheidungen, welche Technologien gefördert und was für Kraftwerke gebaut werden oder wie energieeffiziente

Städte mit möglichst geringem Schadstoffausstoß entworfen werden. Diese Entscheidungen blieben voll und ganz den einzelnen Regierungen überlassen – die jedoch zumindest im Fall Indiens und Chinas nicht in der Lage sind, solche Entscheide auch tatsächlich umzusetzen. Die Vereinigten Staaten als Käufer von Emissionszertifikaten hielten deshalb einen nicht durchsetzbaren Vertrag in den Händen. Welche Möglichkeiten stünden ihnen etwa offen, wenn sich herausstellen sollte, dass sich Indien schneller als erwartet entwickelt und mehr Schadstoffe ausstößt, als der Vertrag dem Land zugesteht? Der Marktmechanismus stellt lediglich eine schicke und elegante Möglichkeit der Entscheidungsfindung dar, wo die Entscheidungen genauso gut einfach verhandelt werden können – und von denen viele Aspekte sowieso in direkten Verhandlungen zwischen Regierungen abgesprochen werden müssten.[*] Es ist also unumgänglich, dass sich eine effektive und sachkundige öffentliche Verwaltung an der Lösung des Klimaproblems beteiligt.

Es gibt in der Wirtschaft tatsächlich Bereiche, in denen vollständig deregulierte Märkte möglich sind. Dies trifft auf viele Bereiche des täglichen Lebens zu, in denen sowohl der Verkäufer als auch der Kunde genau wissen, über welches Produkt sie verhandeln. Ein gutes Beispiel sind Buchhandlungen und insbesondere Secondhand-Buchhandlungen, wo es keine versteckten Risiken gibt und die

---

[*] Ein anderer verwirrender Aspekt in Singers Vorschlag sind die darin enthaltenen Geldüberweisungen. Zurzeit hält China US-Staatsanleihen im Wert von über einer Billion Dollar, und auch Indien hält erhebliche Geldreserven in Form von amerikanischen Staatsanleihen. Wenn diese beiden Länder mehr Kaufkraft in der Weltwirtschaft benötigen sollten, könnten sie von diesen Reserven Gebrauch machen. Es ist deshalb höchst fraglich, ob sie für zusätzliche Geldtransfers überhaupt Verwendung hätten. In Afrika südlich der Sahara verhält es sich etwas anders: Hier sind viele Länder in Geldnot und könnten den Verkauf von Emissionszertifikaten darauf verwenden, ihre Entwicklungsziele zu finanzieren. Doch in vielen Fällen steht dem eine schlechte Regierungsführung im Weg. Als allgemeine Regel gilt: Länder, die entschlossen sind, Armut zu bekämpfen, tun dies ohne Hilfe von außen (China, Venezuela und Kuba sind namhafte Beispiele); von Hilfe abhängige Länder hingegen schaffen es nicht, Armut abzubauen.

Stückpreise im Verhältnis zu den Verbrauchereinkommen gering sind. Ähnlich verhält es sich bei Friseursalons, Landschaftsgärtnereien, Bowlingbahnen, Kinos und Open-Air-Konzerten: Die Kunden sehen, was sie kaufen, potenzielle Verluste sind klein und man braucht nicht unbedingt im Voraus zu prüfen, ob die versprochenen Leistungen auch tatsächlich erbracht werden. (Trotzdem regulieren reiche Länder auch diese Dienstleistungen, von der Hygiene zur Brandschutzordnung – was zu begrüßen ist.)

Zudem gibt es Wirtschaftsbereiche, in denen die staatliche Steuerung sanft, effizient und unauffällig erfolgen kann – wo sich Probleme mit Marktmechanismen einfach beseitigen lassen. So darf der Verbraucher im Allgemeinen davon ausgehen, dass ein Kleiderhersteller vorschriftsgemäß zuverlässige Angaben bezüglich der Stoffe in seinen Kleidern macht. Obwohl Missbrauch zum Teil noch immer verbreitet ist, fügen sich im Allgemeinen auch die Lebensmittelhändler seit geraumer Zeit den Normen, die ihnen das amerikanische Landwirtschaftsministerium und die Gesundheitsbehörde vorschreiben. Sogar im extrem vielfältigen und individualisierten Wohnungsmarkt können Banken aufgrund der weitgehenden Übereinstimmung von Eigenheim und Haushalt standardisierte Hypotheken ausgeben, die dann verbrieft und ohne Probleme an einen Sekundärmarkt verkauft werden – zumindest war dies möglich, bis bestimmte Banken anfingen, Subprime-Hypotheken auszugeben und damit den gesamten Immobilienmarkt zu vergiften. Die Kosten eines Eigenheims sind nicht trivial, aber sie sind auch nicht unerschwinglich, und so konnte sich ein robuster und weitgehend liquider Wohnungsmarkt entwickeln. Es gibt also tatsächlich richtig funktionierende Märkte, und politische Maßnahmen können (und konnten) diesen Märkten zu einem reibungslosen Ablauf verhelfen. Aber das ist nicht das Problem.

Es fragt sich vielmehr, ob es als politische Strategie genügt, »die Märkte funktionsfähig zu machen«. Die Frage ist, ob sich diese

Metapher dazu eignet, unsere gesamte Wirtschaft zu regulieren. Die Frage muss ganz klar verneint werden: Diese Strategie ist nicht imstande, die Möglichkeiten des Machtmissbrauchs einzuschränken. Genauso wenig hilft sie Privatakteuren, komplexe Entscheidungen bezüglich der technischen Herausforderungen und der Umweltpolitik zu treffen. In all diesen Bereichen haben sich die Märkte nicht spontan entwickelt, wo immer sich die Möglichkeit dazu ergab – und sie werden sich auch nicht voll entwickeln können, selbst wenn die Grundlagen einer echten Marktstruktur mittels Regulierung errichtet werden. Der Grund ist einfach: Wo die Metapher des Marktes nicht funktioniert, funktioniert sie einfach nicht. Wir brauchen also etwas radikal anderes – eine neue Metapher, oder zumindest eine Idee, die schon so lange verpönt ist, dass es mit ihr nur bergauf gehen kann.

12 Die Notwendigkeit wirtschaftlicher Planung

Die letzten drei Jahrzehnte verbrachten die Liberalen in einer Art defensiver Kauerstellung. Jetzt, da sie aus dieser Position ausbrechen, müssen sie sich eingestehen, dass ihre politische Vision zu schmalspurig (gewesen) ist. Bestimmt stecken gute Absichten hinter den mannigfaltigen liberalen Initiativen – dem Ausbau der Gesundheitsfürsorge, der allgemeinen Vorschulerziehung, der Berufsausbildung und dem Handel mit Emissionsrechten. Doch auch wenn all diese Programme realisiert werden sollten, hätten wir die Probleme noch immer nicht gelöst. Wir werden weiterhin enorme Gesundheitskosten haben; Arbeitsplätze werden in knapper Zahl vorhanden sein; der Bildungsvorsprung der Reichen gegenüber den Armen wird sich nicht verringert haben, und den Klimawandel werden wir noch immer nicht im Griff haben. Die »braven« Lösungsansätze haben einen Nachteil: Sie erreichen nicht viel. Um all diesen Problemen effektiv beizukommen – und um ihnen allen gleichzeitig beizukommen – bedarf es einer Strategie, die heute als Schimpfwort gebraucht wird: *Planung.*

Vom Zeitalter Reagans haben wir einen Diskurs geerbt, in dem Syphilis, Lepra und Planung ungefähr den gleichen Stellenwert einnehmen: Sie sind heilbare und mittlerweile harmlose, etwas lächerliche Krankheiten aus einer anderen Zeit. Joseph Schumpeter betrachtete die Planung als eine mühsame Notwendigkeit, Friedrich von Hayek brandmarkte sie als größte Gefahr für die Freiheit, und heute ist sie zu einem wirkungsvollen Schlagwort verkommen. Schließlich herrschte in der Sowjetunion ein planwirtschaftliches System, das am Ende zusammenbrach – was gibt es da noch zu diskutieren? (Um die Planung zu diskreditieren, wird dem Wort instinktiv der Zusatz *zentral* angefügt.) Mit Ausnahme der Preiskontrolle gibt es kein ökonomisches Konzept, das schneller vom Tisch ist; kein Gelöbnis ist so populär wie jenes, dass man für den Markt und gegen die Planung ist. Das muss sich ändern.

Wenn wir uns in der Welt umschauen, so finden wir kein allgemeingültiges Argument gegen wirtschaftliche Planung – nicht einmal in jenen Ländern, die von den Vereinigten Staaten zutiefst verachtet werden – und auch keines, das für den uneingeschränkten Markt als Ersatz für ein Planungssystem spricht. Im Gegenteil: Die Erfahrung zeigt, dass sich Planung und Markt in einem richtig konzipierten System nicht gegenseitig ausschließen müssen. Die Wahl des Markt- oder des Planungssystems für die Lösung eines bestimmten ökonomischen Problems hängt davon ab, was im jeweiligen Fall zweckdienlicher ist: Es ist eine Frage der sozialen und politischen Arbeitsteilung, eine Frage, welche Werkzeuge zu welchem Ziel eingesetzt werden.

Der Markt koordiniert die Verteilung der gegenwärtigen Produktion unter den Konsumenten, und diese Aufgabe erfüllt er ganz ordentlich: Um sicherzustellen, dass die Bevölkerung sich ernährt, sind Bargeld und Lebensmittelgutscheine (eine wirksame und marktfreundliche Lösung des Hungerproblems) weniger aufdringlich und effizienter als Rationierung, lange Schlangen vor der Suppenküche und das Verteilen von überschüssigem Käse. Wer jemals unter einem Rationierungssystem gelebt hat, wird ihm kaum nachtrauern. Im Normalfall können Entscheidungen bezüglich der Ernährung getrost

in den Händen von Individuen belassen werden.* Denn die Möglichkeit der Wahl dient nicht nur dazu, die unterschiedlichsten Vorlieben
zu befriedigen; sie ist auch an und für sich erstrebenswert, weil die
Möglichkeit der Entscheidung den Konsumenten die Befriedigung
gibt, ihre eigenen Urteile zu fällen und so in ihrem täglichen Leben
wirkliche persönliche Kontrolle auszuüben.

Der Planung hingegen kommt die Aufgabe zu, die gegenwärtigen Ressourcen so zu verwenden, dass die Bedürfnisse von morgen
befriedigt werden können. Sie befasst sich insbesondere mit Problemen, die Märkte nicht lösen können: Die Planung legt fest, wie viel
insgesamt investiert (und deshalb gespart) werden muss, in welche
Richtung sich die Technologie entwickeln soll, mit welcher Dringlichkeit wir uns um Umweltschutzprobleme kümmern müssen und
was für eine Rolle der Ausbildung, Wissenschaft und Kultur zukommt. Diese Entscheidungen müssen zukünftige Interessen berücksichtigen – Interessen, die vom Markt nur ungenügend wahr-
genommen werden. In unserer Wirtschaftsordnung spielt Planung
bereits jetzt eine wichtige Rolle: Konzerne existieren genau zu diesem Zweck. Die einzige Frage ist also, ob die Planung vollständig
Privatunternehmen überlassen werden soll – was bedeutet, dass die
Macht einer (amerikanischen oder ausländischen) Elite zukommt,
bestehend aus Vertretern der Geschäfts- und besonders der Ban-
kenwelt – oder ob der Staat und die breitere Öffentlichkeit auch ein
Wort mitzureden haben.

Planung kann in der Tat engstirnig sein. Manchmal ist sie auch
völlig korrupt oder unsinnig. In China etwa konzipierten Planer
den Drei-Schluchten-Staudamm, der die gesamte Stromerzeugungs-

---

* Leider sind auch hier oft Plünderer am Werk: Sie vermindern die Qualität von Fertigge-
richten, die armen Verbrauchern billig verkauft werden, und machen so eine gesunde
Ernährung für gering Verdienende immer schwieriger. Mit diesem Thema können wir
uns hier jedoch nicht im Detail befassen.

kapazität des Landes um 10 Prozent erhöhte; der Bau führte dazu, dass Millionen von Menschen umgesiedelt werden mussten. Zudem warnten Umweltschützer, dass der See innerhalb weniger Jahre versanden und sich in eine riesige Kloake verwandeln würde – sie sollten recht behalten. In einem Marktsystem wäre der Drei-Schluchten-Damm niemals gebaut worden, denn die Marktkräfte hätten es nicht zugelassen. Aber auf der anderen Seite wäre in einem Marktsystem auch der Hoover-Damm nicht gebaut worden, und dieses Projekt funktioniert ganz gut. Außerdem war es nicht der Markt, der in den Vereinigten Staaten die Entwicklung der zivilen Luftfahrt vorantrieb, während Europa seine Eisenbahnen baute: In beiden Fällen waren es Planungsentscheide, die zu diesen Transportsystemen führten – wie man sie auch immer bewerten will.

Tatsache ist, dass Planung nicht vermieden werden kann. Die entscheidenden Fragen lauten: Wer ist für die Planung verantwortlich, welchen Prinzipien folgt sie und was bewirkt sie? In den Vereinigten Staaten beschränkt sich die staatliche Planung weitgehend auf die abgeriegelten Sicherheitsbereiche des Verteidigungs- und des Energieministeriums. Auch hier ist die Bilanz durchmischt. In der leidigen Geschichte der Nuklearenergie in Nordamerika nehmen technologische Forcierung (technology forcing), lasche Standards und Umweltverschmutzung eine besonders prominente Stellung ein. Die kommerzielle Luftfahrt entstand aus Dual-Use-Technologien (Technologien, die militärischen wie zivilen Zwecken dienen) und staatlicher Unterstützung für einen militärisch wichtigen Konzern. Das Gleiche gilt auch für die Geschichte der Informationstechnologie; die Entwicklung des Internets, das ebenfalls zuerst im militärischen Bereich benutzt wurde, führt dies am eindrücklichsten vor Augen (im Prinzip ermöglicht uns das Internet schnelle Kommunikation zum Preis der globalen Überwachung). Die eklatanten Mängel der erzwungenen Planung können nicht verleugnet werden; Anhänger konservativer und libertärer Gesinnungen heben gerade diese Unzulänglichkeiten hervor, und es ist nichts gewonnen, wenn man die Kraft ihrer Argumente bestreitet. Doch daraus folgt nicht, dass die Planung insgesamt überflüssig ist oder dass wir ohne sie auskommen können.

Auch hier stellt sich die Frage: Was ist die Alternative? Wenn ein Staat auf Planung verzichtet, so übergibt er diese Funktion nicht automatisch dem Markt. Auch wenn der Markt völlig effizient arbeitet, so haften ihm noch immer zwei grundlegende und unabänderliche Mängel an. Der erste bezieht sich auf die Verteilung von Einkommen und Macht: Der Markt richtet sich nach der Kaufkraft der beteiligten Akteure; die wirtschaftlich Schwachen haben für ihn keine Bedeutung. Der zweite Mangel liegt in der Tatsache begründet, dass Leute, die noch nicht geboren sind, auch keine Marktteilnehmer sind – sie senden überhaupt keine Marktsignale.

Fürsprecher des Marktes verweisen jeweils auf zukünftige Märkte oder langfristige Verträge; diese Verträge, so argumentieren sie, entsprechen dem zukünftigen Bedarf und umgehen so die Notwendigkeit der Planung. Hier liegt jedoch ein Missverständnis vor, denn solche Märkte und Verträge dienen einzig und allein den Interessen der heutigen Wirtschaftssubjekte. Sie übertragen deren gegenwärtige Bedürfnisse und Interessen auf die Zukunft; sie sind dazu da, die Risiken der heutigen Marktteilnehmer zu minimieren. Mit der Aufgabe, die Wirtschaft auf zukünftigen Bedarf vorzubereiten oder diesen Bedarf zu schützen, haben sie nichts zu tun. (In ihren beliebten theoretischen Modellen umgehen akademische Ökonomen dieses Problem, indem sie davon ausgehen, dass ökonomische Akteure ewig leben und über die zukünftigen Entwicklungen der Wirtschaft bestens informiert sind.) In der Marktwirtschaft vertritt niemand die Interessen der zukünftigen Generationen. Diese Aufgabe muss eine externe Regulierungsmacht dem Markt aufzwingen, denn dazu bedarf es eines Akts der Vorstellungskraft. Der große Irrtum des Marktmythos besteht in dem durch keinerlei ökonomische Tatsachen erhärteten Glauben, dass der Markt »vorausdenken« kann – das kann er schlicht und einfach nicht. Es ist die Aufgabe der Planung, diese Funktion zu übernehmen, wenn nötig *gegen* die vereinten Kräfte und Interessen der heutigen Generation.

Ein Land, das über kein öffentliches Planungssystem verfügt, überträgt diese Aufgabe einfach einem Netz von (einheimischen oder ausländischen) Privatunternehmen, das in der Folge zum wahren ökonomischen Machtzentrum wird. Das ist der Grund, weshalb der Kampf um die Planung eine so heikle Angelegenheit ist: Er ist ein Machtkampf. Er ist kein Kampf zwischen Demokratie und Konzernen, sondern zwischen jenen Akteuren – Wissenschaftlern, Ingenieuren, einigen Ökonomen und öffentlichen Intellektuellen –, die versuchen, die gemeinsamen und langfristigen Interessen der Gesamtbevölkerung zu vertreten, und jenen – Banken, Unternehmen, Lobbyisten und den von ihnen beschäftigten Ökonomen –, die lediglich kurzfristige Gruppeninteressen im Auge haben. Es ist ein ungleicher Kampf. Außer in Kriegszeiten und im US-Verteidigungsministerium konnten die Planer nur selten die Oberhand gewinnen – die Große Depression war eine solche Periode. Doch der Kampf dauert an. Wenn wir für die Zukunft vorsorgen wollen, muss eine Gruppe von Planern diese Aufgabe übernehmen; es muss ein Weg gefunden werden, sie in ihrem Unterfangen zu unterstützen, ihnen die Möglichkeit zu geben, ihre Pläne zu entwickeln und ihre Differenzen zu bereinigen und ihnen Zugang zu den Hebeln der öffentlichen Macht zu verschaffen. Dieses Problem zu ignorieren und mit einem Schulterzucken auf den »Markt« zu verweisen bedeutet, den zukünftigen Generationen jegliches Mitspracherecht zu rauben. Die Möglichkeit der Planung allein garantiert zwar noch nichts. Doch »sich auf den Markt zu verlassen« garantiert ohne jeden Zweifel, dass sich niemand um die Interessen der Zukunft kümmern wird.

In den Vereinigten Staaten gilt im Moment, dass sich die öffentliche Planung auf Notsituationen beschränken soll – auf jenen geschützten Bereich der öffentlichen Politik, der unter der Rubrik »nationale Sicherheit« läuft. Hier wird die Planung geschätzt. Sie wird sogar gefordert – auch und vielleicht besonders von den Konservativen –, wenn eine eindeutige und unmittelbare Gefahr besteht. In dieser Hinsicht führte der Zweite Weltkrieg zum Kalten Krieg und danach zum globalen Krieg gegen den Terror: Jeder Krieg diente – mit abnehmender Glaubwürdigkeit – dazu, die Planung im Verteidigungssektor zu rechtfertigen. Doch all dies wird nun von einer globalen Notsituation abgelöst, die uns noch lange zu schaffen machen wird.

Als der Hurrikan Katrina am 29. August 2005 die Dämme vor New Orleans brechen ließ, führte dies der Welt drastisch vor Augen, was der Markt nicht kann: Die verheerende Wirkung des Sturms lenkte die Aufmerksamkeit – wenn auch nur für allzu kurze Zeit – auf das größte Versagen der amerikanischen Regierung im 21. Jahrhundert, nämlich ihr Unvermögen, sich wirkungsvoll auf große Gefahren dieser Art vorzubereiten oder ihnen in angemessener Weise zu begegnen. Die Katastrophe, die in den folgenden Tagen die Bevölkerung von New Orleans, des südlichen Louisiana und des Mündungsgebiets des Mississippi heimsuchte, war auf eine vorsätzliche Pflichtverletzung zurückzuführen: Wirkungsvolle staatliche Vorkehrungen gegen solche Ereignisse wurden im Vorfeld bewusst unterlassen, die öffentliche Vorsorge wurde vernachlässigt und brach schließlich vollends zusammen. Die politische Klasse, die für diese bewusste Politik der Unterlassung verantwortlich war, hatte die Metapher und den Mythos des Marktes dazu benutzt, sich der Verantwortung der vorausschauenden Planung zu entledigen.

Am 29. August 2005 lebten in New Orleans etwa 500 000 Menschen. Den zuständigen Verantwortungsträgern war bewusst, dass ein Hurrikan der Stärke 3 oder mehr auf der Saffir-Simpson-Skala katastrophale Folgen hätte: Würde er unterhalb von New Orleans auf die Küste treffen, so würde er das gesamte Dammsystem zerstören, das die Stadt bei einer Flut vor der kompletten Verwüstung bewahrte. Ebenso bekannt war die Tatsache, dass dieses Desaster früher oder später eintreffen musste. Drei Jahre zuvor hatte die *New Orleans Times-Picayune* einen Bericht veröffentlicht, der in detaillierter Weise beschrieb, wie sich das Desaster genau abspielen würde, wenn die Winde eines sich nordwärts bewegenden Hurrikans eine Sturmflut über die Dämme drücken würde, die die Stadt im Osten vom Lake Borgne trennten und im Norden von den Kanälen, die in den Lake Pontchartrain fließen.*

Angesichts dieser Faktenlage war offensichtlich, was für eine Pflicht der Staat hatte: Entweder hätten die Dämme so verstärkt werden müssen, dass sie einem starken Hurrikan standhalten konnten, oder man hätte die tief liegenden Gebiete der Stadt evakuieren müssen, um danach die Dämme um jene Gebiete aufzubauen, die wirksam geschützt werden können. Solche Pläne existierten tatsächlich; es handelte sich hier nicht um einen jener Fälle, in denen die erforderliche Technologie noch nicht entwickelt war: Das Army Corps of Engineers wusste genau, wie man die Dämme hätte verstärken müssen. Was jedoch fehlte, war der Wille, die Fähigkeit und die zuständige Autorität – in einem Wort, die öffentliche Macht –, diese Pläne umzusetzen. Darüber hinaus waren die Geldmittel zum Unterhalt der Dämme gekürzt worden, weil das Militärbudget aufgrund des Irakkrieges erhöht worden war. Wenn Dämme nicht in-

---

* Mark Schleifstein, John McQuaid, »The Big One«, in: *Times-Picayune*, 24. Juni 2002, S. 1.

stand gehalten werden, sacken sie in sich zusammen, und so war New Orleans zutiefst verwundbar, als »Katrina« zu ihrem zwar schwachen, aber dennoch tödlichen Schlag ansetzte.

New Orleans verfügte tatsächlich über einen »Evakuierungsplan« – oder zumindest über Elemente eines Plans. Er war einfach: Die Leute sollten sich in ihre Autos setzen und die Stadt verlassen; die Interstate Highways würden in Nur-Ausfallstraßen umgewandelt. Und dieser Plan (bekannt als »contraflow«) funktionierte tatsächlich. Aber nur für die Bewohner, für die er konzipiert worden war, nämlich jene, die ein Auto besaßen. In jeder großen Stadt leben viele Menschen, die kein Privatfahrzeug besitzen oder die ein solches ohnehin nicht benutzen könnten: Betagte, Invalide, Arme und Bürger, die – aus welchem Grund auch immer – auf die zusätzlichen Ausgaben und Umstände eines Autos verzichten wollen. In New Orleans belief sich die Zahl dieser Menschen (wie in jeder anderen größeren Stadt in den Vereinigten Staaten) auf mehrere Tausend. Für sie war keine Vorsorge getroffen worden; es gab weder Versammlungspunkte noch wurden Busse organisiert, um sie abzuholen – und selbst wenn Busse gekommen wären, hätten sie nirgendwohin fahren können. Für die Überlebenden der Katastrophe wurden diese Details im Nachhinein ausgearbeitet. Der Preis für das Fehlen einer angemessenen Planung war erstens, dass Menschen unnötigerweise ihren Tod fanden, und zweitens, dass im Nachhinein eine groß angelegte und kostspielige Improvisationsübung gestartet werden musste. Wie bei den Dämmen war auch hier das Problem nicht etwa, dass man sich nicht genügend intensiv mit den relevanten Fragen auseinandergesetzt hatte: Das Problem war vielmehr, dass sich keine öffentliche Instanz darum kümmerte, dass der Staat nicht den Willen hatte, die Pläne umzusetzen und das nötige Geld zur Verfügung zu stellen.

Auch in den Monaten nach dem Hurrikan verunmöglichte das Fehlen eines Plans – präziser formuliert: eines glaubwürdigen Planungsmechanismus mit einer zuständigen Behörde – den Wiederaufbau von New Orleans. Ein solcher Plan hätte exilierte und zurückkehrende Bewohner genau darüber informiert, was sie bezüglich Wiederaufbau, Dienstleistungen und Sicherheit zu erwarten hatten und wie der entsprechende Zeitrahmen aussah. So hätte sich das Problem, das sich in diesen Situationen immer stellt, vermeiden lassen: Niemand wird Geld in den Aufbau eines zerstörten Quartiers investieren, wenn er oder sie sich nicht sicher sein kann, dass die Nachbarn dasselbe tun. Ein richtiger Plan hätte Kredite zur Verfügung gestellt und mit der Räumung jener Quartiere begonnen, die sich nicht wieder aufbauen oder bewohnen ließen, entweder wegen der zu niedrigen Bevölkerungsdichte oder weil die langfristige Sicherheit nicht garantiert werden konnte. Nichts dergleichen ist geschehen; obwohl die meisten Dämme wiedererrichtet worden sind, bleibt die Stadt heute in weiten Teilen eine Ruine.

In New Orleans sehen wir, wie das Dilemma der Planung im kleinen Rahmen aussieht; der Klimawandel veranschaulicht das gleiche Problem im globalen Zusammenhang. Der *Vierte Sachstandsbericht* des Weltklimarats aus dem Jahr 2007 macht unmissverständlich klar, dass die Technologieplanung und der Katastrophenschutz sich schon bald in jedem Teil unseres Planeten zu den größten Sicherheitsproblemen entwickeln werden.[*] Als Antwort auf diese Probleme wird es sich nicht vermeiden lassen, einen zentralen Aspekt der Wirtschaft – die Kontrolle über die Quellen und die Verwendung von Energie – privaten Konzernen zu entziehen und einer öffentlichen Verwaltung zu übertragen – und zwar auf unbestimmte Zeit. Darauf werden wir nicht verzichten können, wenn wir den Klimawandel in den Griff bekommen wollen, anstatt ihm einfach

---

[*]   Intergovernmental Panel on Climate Change, *Fourth Assessment Report, Climate Change 2007: Synthesis Report*, 17. November 2007.

ausgeliefert zu sein. In ihren Grundsätzen stellt die bevorstehende Klimakatastrophe ein Phänomen dar, für das die Beweislage klar und für eine durchschnittlich gebildete Person durchaus verständlich ist. Die Beziehung zwischen der globalen Durchschnittstemperatur und der Konzentration von Kohlendioxid in der Atmosphäre ist allgemein bekannt; ebenso die Tatsache, dass die Zunahme der Verbrennung fossiler Rohstoffe zur höchsten CO_2-Konzentration in der Atmosphäre seit Menschengedenken geführt hat. Wir wissen auch, was infolge dieses Sachverhalts auf uns zukommt: Dürre, Überschwemmungen, abnehmende Produktivität der Landwirtschaft und Sturmschäden in weiten Teilen der Welt.

Wir wissen, dass die Erderwärmung letzten Endes – wenn wir sie nicht eindämmen – dazu führen wird, dass der Westantarktische Eisschild und Teile der Eisschilde Grönlands abschmelzen werden. Freilich wissen wir nicht, wann genau dies passiert, doch es ist durchaus möglich, dass die Generation, die jetzt zur Welt kommt (oder deren Kinder), davon betroffen sein wird. Es ist bekannt, dass der Meeresspiegel um 6 Meter ansteigt, wenn die Hälfte des Eises in diesen Gebieten geschmolzen ist. Die Folge wäre, dass jeder Strand, jede tief liegende Insel, jedes küstennahe Sumpfgebiet und fast jede Küstenstadt der Welt unbewohnbar würde – und mit ihnen alle Häfen, Flughäfen, Kraftwerke, Raffinerien und andere küstennahe Einrichtungen, die in den letzten dreihundert Jahren aufgebaut worden sind. Wir wissen, dass eine Kohlendioxid-Konzentration, die einen unumkehrbaren Prozess der Eisschmelze in Gang setzen wird, in diesem Jahrhundert erreicht werden kann. Und wir wissen, dass wir sehr bald damit anfangen müssen, diesem Prozess entgegenzuwirken, sollten wir dies vermeiden wollen.

Nehmen wir einmal an, wir unternehmen nichts. In den Vereinigten Staaten würden New York, Boston, das südliche Florida, Houston und weite Landstriche rund um die Bucht von San Francisco unbewohnbar. In Großbritannien wäre London vom gleichen Schicksal betroffen. Die Niederlande würden weitgehend verschwinden, genauso wie Teile Bangladeschs und Shanghais. In den wärmeren Gebieten der Erde würde die Artenvielfalt um die Hälfte reduziert. Die Konsequenzen für die Landwirtschaft, die Industrie und den Handel mit diesen Produkten müssen erst noch untersucht werden. Soweit wir wissen, wird die Menschheit letzten Endes überleben; doch es werden weit weniger Menschen auf der Erde leben, und die Funktionsweise der Industriegesellschaft wird schwer geschädigt sein, möglicherweise sogar zum Erliegen kommen. All dies wird tatsächlich geschehen, wenn wir nicht innerhalb einiger Jahrzehnte den Ausstoß von Treibhausgasen um mindestens die Hälfte reduzieren können, vielleicht um weit mehr – auf jenes Niveau, das unsere Biosphäre verkraftet.

Was können wir tun? Was sollten wir tun? Im Detail wissen wir das im Moment noch nicht. Der Weltklimarat stellt die vertrauenswürdigste Informationsquelle bezüglich der wissenschaftlichen Sachverhalte dar, die wir bis anhin kennen. Doch in politischer Hinsicht stecken wir noch immer in jener Phase, in der wir weitgefasste Ziele und Zeitpläne zum Abbau der CO_2-Emissionen formulieren – und nicht einmal diese Ziele erreichen.

Legen wir zum Zweck unserer Argumentation einmal ein konkretes technisches Ziel fest: Angenommen, wir wollten in dreißig Jahren nur noch benzinfreie Autos und kohlefreie Kraftwerke bauen, so benötigen wir dafür einen konkreten Plan, ausgearbeitet von einer Institution mit der Glaubwürdigkeit des IPCC, aber mit weit größeren Machtbefugnissen. Die Macht dieser Institution muss so groß sein, dass sie sowohl die Automobilkonzerne zur Entwicklung der notwendigen Spitzentechnologie bewegen kann als auch den unvermeidlichen Widerstand der Ölkonzerne zu brechen vermag. Gleichermaßen muss sie imstande sein, internationale Standards umzusetzen, um zu verhindern, dass das Erdöl und die Kohle, die nun nicht mehr in den Vereinigten Staaten verbrannt werden, irgendwo im Ausland zur Energiegewinnung verwendet werden. Die Institution muss also über eine nationale wie auch eine internationale Dimension verfügen: Innerhalb der Vereinigten Staaten muss sie sich um Umweltschutz und die technische Transformation kümmern, in globaler Hinsicht obliegt es ihr, den Abbau des weltweiten Ausstoßes von Treibhausgasen durchzusetzen. Die erste Aufgabe – die dringlichste – ist die Gründung einer solchen Institution. Ein wirtschaftliches Planungsunterfangen dieses Ausmaßes – im Grunde ist es ein globaler Versuch, den Zusammenbruch unserer jetzigen Form der Zivilisation abzuwenden – gerät in einen direkten Konflikt mit gewissen ökonomischen Freiheiten und bestimmten Arten der individuellen Wahl, die wir heute genießen. Einerseits müssen sich die Verbrauchsgewohnheiten der reichen Länder ändern, und andererseits dürfen sich die Entwicklungsländer nicht die heutigen Verbrauchsgewohnheiten der Industrieländer zu eigen machen.

Würden die Formen des wirtschaftlichen Zwanges, die diese Veränderungen erfordern, alle auf einmal umgesetzt, wären sie vermutlich inakzeptabel, solange der Notstand nicht eingetroffen ist; versucht man, sie dennoch durchzusetzen, riskiert man den politischen Zusammenbruch des gesamten Unterfangens. Wenn jedoch nichts unternommen und zugelassen wird, dass die Notsituation tatsächlich eintrifft, dann werden wir nicht mehr die Fähigkeit haben, angemessen zu reagieren – New Orleans hat uns dies klar vor Augen geführt. Das Schicksal dieser Stadt würde zum Schicksal des ganzen Landes und der ganzen Welt. Um den Fortbestand unserer heutigen Lebensweise zu garantieren, müssen wir jetzt handeln, und zwar so, dass das politische System dabei nicht zusammenbricht. Nur so können wir innerhalb von dreißig oder vierzig Jahren jene Ziele erreichen, die verhindern, dass wir uns in geschätzten sechzig bis zweihundert Jahren einer globalen Katastrophe gegenübersehen. So etwas ist bisher noch nie versucht worden.

Nur durch Zwang können wir dieses Ziel nicht erreichen. Es bedarf der Zustimmung und der Kooperation einer mobilisierten Bevölkerung. Sie muss nicht nur bereit sein, ihre ökonomischen Verhaltensmuster zu ändern, sondern muss gleichzeitig fordern, dass die Alternativen, die das Planungssystem bereitstellt, in erster Linie mit dem Ziel vereinbar sind, die Emissionen von Treibhausgasen zu verringern. Anders ausgedrückt: Die Bevölkerung muss sich der Gefahr sowie der Notwendigkeit des Handelns bewusst sein und so mobilisiert werden, dass sie sich für das Ziel aktiv einsetzt, anstatt sich ihm in den Weg zu stellen.

Was sind die Elemente eines solchen Plans? Eine grobe Vorlage liefert das einzige größere Beispiel für erfolgreiche Planung in der Geschichte der Vereinigten Staaten: die wirtschaftliche Mobilisierung des Zweiten Weltkriegs. Die Mobilmachung schaffte es, das BIP innerhalb von vier Jahren zu verdoppeln, die Arbeitslosenquote auf null herunterzufahren, eine Armee von 11 Millionen Soldaten in den Einsatz zu schicken, die Inflation zu kontrollieren und den technischen und finanziellen Grundstein für eine lange Periode des stabilen Wirtschaftswachstums und sozialen Fortschritts zu legen – wenn auch auf der Grundlage einer immer intensiveren Nutzung von fossilen Brennstoffen. Jetzt müssen wir unsere Wirtschaft, die fünfzig Jahre lang auf die Verbrennung solcher Rohstoffe angewiesen war, von dieser Abhängigkeit lösen – eine Transformation, die mindestens so durchgreifend sein wird wie die Mobilmachung des Zweiten Weltkriegs; sie soll mit der gleichen Intensität in Angriff genommen werden, muss jedoch über eine viel längere Zeitspanne aufrechterhalten werden. Dies zu bewerkstelligen, wird um einiges schwieriger sein, doch die grundlegenden Elemente sind die gleichen wie vor sechzig Jahren.

Das erste Element ist die Bildung. Die Aufgabe, die breite Öffentlichkeit in den USA und im Rest der Welt über die Konsequenzen des Klimawandels zu informieren und ihr aufzuzeigen, was für Handlungsmöglichkeiten uns offenstehen, kann nicht der Initiative Hollywoods und Al Gores überlassen werden. Sie muss zu einem festen Bestandteil der öffentlichen Schulbildung in den USA werden, genau wie Kunst, Musik, Mathematik, Staatskunde, Evolution und ethnische Toleranz. Ebenso muss sich die akademische Bildung mit dem Thema befassen; nicht nur spezielle Programme in den Naturwissenschaften sollten sich damit intensiv auseinandersetzen, sondern auch die Hochschulausbildung für Ingenieure, Betriebs- und Volkswirte sowie Politologen. Im Moment gibt es in diesem Bereich kaum Kurse, Lehrpläne oder Lehrer. Diese sollten jedoch allgemein verfügbar sein und zu einem gewöhnlichen Teil der Bildung auf allen Stufen werden – und zwar rechtzeitig, damit die jetzt heranwachsende Generation von amerikanischen Kindern sich ihrer eigenen Verantwortung bewusst wird.

Das zweite Element ist die Wissenschaft. Die Vereinigten Staaten sind weltweit führend in der Förderung von wissenschaftlicher Forschung an Universitäten und staatlichen Forschungseinrichtungen – man denke an die Kernforschungszentren in Los Alamos, Livermore und Sandia; medizinische Einrichtungen wie die National Institutes of Health und die Centres for Disease Control and Prevention; und die NASA. Wo bleibt das Center for Climate Change and Energy Transformation? Noch existiert es nicht. Es ließe sich jedoch innerhalb weniger Monate aufbauen, sofern der Wille vorhanden ist und das Geld zur Verfügung gestellt wird.

Das dritte Element ist die technische Planung. Der Zweite Weltkrieg stellte die Vereinigten Staaten vor bestimmte Probleme der industriellen Mobilmachung: Für die riesige Produktion von Flugzeugen, Panzern und Schiffen mussten innerhalb kürzester Zeit entsprechende Kapitalquellen und Arbeitskräfte gefunden werden. Zum Teil waren hier technische Entscheide gefordert, die auf wissenschaftlichen Einschätzungen beruhten – als etwa entschieden wurde, wie das Manhattan Project am schnellsten den Bau einer Atombombe bewerkstelligen kann. Doch zu einem erheblichen Teil wurde das Problem gelöst, indem man im zivilen Bereich der Wirtschaft nach Ressourcen suchte, die am effizientesten zu militärischen Zwecken umfunktioniert werden konnten. Der große Simon Kuznets spielte hier eine entscheidende Rolle. Er zeigte, wie die Auslastung der Arbeitskräfte erhöht werden konnte – sie wurde mindestens verdoppelt –, ohne dass dabei die Arbeitskosten anstiegen; dies war möglich, indem längere Arbeitsschichten mit dem Verzicht auf höhere Löhne bei Überstunden kombiniert wurden. Außerdem musste die zivile Produktion in relevanten Bereichen – Autoreifen und Privatfahrzeuge – zurückgefahren werden, um wichtige Ressourcen für den schnellen Ausbau der Rüstungsproduktion verfügbar zu machen. Um den technischen Übergang von Benzinmotoren und Kohlekraftwerken zu den Nachfolgetechnologien zu bewerkstelligen (die zumindest teilweise auf speicherbarer Elektrizität und Sonnenenergie basieren), werden wir eine ähnliche Wirtschaftspolitik benötigen. Den Ökonomen kommt die Aufgabe zu, die Auswirkungen dieses Übergangs auf Preise und Einkommen zu bewältigen. Sie müssen die Inflation unter Kontrolle halten und gleichzeitig dafür sorgen, dass die richtigen Preise jene Entscheidungen steuern, die weiterhin in privaten Händen verbleiben werden, denn schließlich werden Benzin und Heizöl nicht einfach verschwinden. Aber wie viel sollten Benzin und Heizöl kosten? Dies ist eine komplexe Frage, auf die uns der Markt keine angemessene Antwort geben kann, denn sie hängt nicht nur von Angebot und Nachfrage ab, sondern auch von den Kosten, die in Marktberechnungen nie berücksichtigt werden: die Kosten der weltweiten Verknappung von Erdöl und der Umweltschäden, die ihre übermäßige Verbrennung verursacht. Der Preis von fossilen Rohstoffen muss sowohl die Konsequenzen ihrer Verwendung reflektieren als auch die Interessen der zukünftigen Generationen, denen ein kleiner Vorrat an diesen Energiequellen zur Verfügung stehen sollte, weil sie nicht überall so leicht ersetzt werden können.

Doch auch wenn die Werte festgelegt sind, die von einer umweltfreundlichen Wirtschaft diktiert werden, können wir beispielsweise den Benzinpreis nicht einfach auf 10 Dollar pro Gallone festlegen und dann erwarten, dass sich die Gesamtwirtschaft anpasst. Fragen der Fairness müssen berücksichtigt werden: Verbraucher, die sich den Übergang von Benzin zu einer umweltfreundlicheren Transporttechnologie nicht leisten können, sind klar benachteiligt und verdienen zu einem gewissen Grad eine Kompensation für ihren Verlust – die sie zweifellos einfordern werden. Um hier Abhilfe zu schaffen, ist es erstens wichtig, den Verlust und die enstprechende Kompensation möglichst gering zu halten, indem man dafür sorgt, dass die geeigneten technischen Alternativen (für Transport, Heizung und andere grundlegende Bedürfnisse) dann verfügbar sind, wenn sie gebraucht werden. Das ist eine Frage der technischen Planung, für die ein Investitionsplan ausgearbeitet werden muss. Zweitens kann die Kompensation aufgeschoben werden – im Prinzip als eine illiquide Anleihe, die nicht heute Kaufkraft generiert, wenn die verfügbaren Technologien der Umwelt schaden, sondern in der Zukunft, wenn sie nachhaltiger geworden sind. Diese Aufgabe – die zeitliche Anpassung der Kaufkraft an die technische Entwicklung neuer Energiequellen – kommt den Ökonomen zu. Es wird sich nicht vermeiden lassen, dass die gegenwärtige Wirtschaft schrumpft, während wir alle an der Schaffung eines nachhaltigeren Wirtschaftssystems arbeiten. Ob das Projekt erfolgreich ist oder nicht, wird wohl hauptsächlich vom zeitlichen Ablauf abhängen.

Die Leute müssen nicht nur von der Notwendigkeit des Handelns überzeugt werden, sondern auch von der Möglichkeit, dass dadurch eine bessere Welt entsteht. Und sie müssen verstehen, dass diese große Umgestaltung nicht zum Preis des persönlichen Unglücks kommt, sondern dass sie selbst – und ihre Erben – nach der Krise den Umständen entsprechend gut dastehen werden.

Die letzte Aufgabe des Planers ist die Regulierung des Marktes, der den reibungslosen Übergang zur neuen Wirtschaft erleichtern soll. Märkte werden zweifellos eine Rolle spielen. Zum Beispiel kann ein richtig gestalteter und konsequent umgesetzter Handel mit Emissionszertifikaten tatsächlich funktionieren: Er bewirkt, dass Privatunternehmen, die hohe Treibhausgasemissionen verursachen (Kraftwerke, Viehzuchten oder Mülldeponien), sich um die billigste Variante zur Reduktion ihres Ausstoßes bemühen. So kann die Energieeffizienz, die allein durch den Abbau von Abfallprodukten gewonnen wird, am wirksamsten ausgenutzt werden. Auch eine einfache Erhöhung der Treibstoffpreise kann viel erreichen: Wird der Benzinpreis mittels einer Benzin- oder CO_2-Steuer heraufgesetzt, wird das Transportwesen insgesamt sparsamer. In einer Gesellschaft wie den Vereinigten Staaten, die auf einer gigantischen Verschwendung von Energie basiert, kann dies allein eine beträchtliche Wirkung erzielen. Staatliche Unterstützung, etwa beim Bau von energieeffizienten Häusern oder beim Kauf von Hybridautos, kann den Effekt verstärken und den Übergang zu effizienterer Technologie beschleunigen. All dies sind Markt- beziehungsweise Preismechanismen, die sich die Vorteile von Dezentralisierung und freier Wahl in zweifacher Hinsicht zunutze machen: Erstens ermöglichen sie es den einzelnen Verbrauchern, die Alternativen zu schadstofffreien Produkten und Prozessen selbst auszuwählen (was wohl die beste Möglichkeit ist, der Unzufriedenheit der Konsumenten vorzubeugen); und zweitens können die Hersteller selbst die kostengünstigste Möglichkeit zum Abbau von Emissionen wählen. Wenn man sich seiner Grenzen bewusst ist, kann der Markt also durchaus hilfreich sein.

Doch diese Grenzen sind eng, und deshalb vermag der Markt das Planungssystem nicht zu ersetzen. Daraus folgt: Entweder gibt es eine öffentliche Instanz, ausgestattet mit öffentlicher Macht, die eine Lösung des Klimawandels plant, oder man überlässt das Problem den privaten Konzernen – was bedeutet, dass es keine Lösung geben wird, denn deren primäres Ziel ist der Verkauf von Kohle, Öl und benzinbetriebenen Fahrzeugen. In diesem Fall ist die Wahrscheinlichkeit groß, dass die industrialisierte Welt, wie wir sie heute kennen, in ein- oder zweihundert Jahren nicht mehr existiert (wie auch viele Menschen, deren Existenz diese Welt eigentlich sicherstellen könnte). Ein solcher Übergang wird zweifellos schlimm sein.

Der Klimawandel ist jedoch nicht der einzige Bereich der öffentlichen Politik, der einen Planungsprozess erfordert; er stellt lediglich das umfassendste und dringendste Problem in einer ganzen Reihe von Problemen dieser Art dar. In den Vereinigten Staaten gibt es eine Vielzahl von Bereichen, deren öffentliche Investitionen in den vergangenen dreißig Jahren schwer vernachlässigt worden sind – Transportinfrastruktur, Umweltsysteme, der Umgang mit Wasserressourcen. Ebenso wichtig ist die Energiesicherheit. Die Komplexität des fiskalen Föderalismus, die zur Folge hat, dass die Stillung von Grundbedürfnissen der Bevölkerung von den Haushaltsschwankungen der Bundesstaaten und der Kommunalverwaltungen abhängen, stellt ein beträchtliches Hindernis für eine rationale Planung dar. Wenn der Klimawandel angepackt werden soll, müssen wir uns auch mit diesen Problemen befassen – auch hier müssen wir für die Zukunft planen.

Die Repräsentanten des Räuberstaats haben sehr wohl verstanden, was für sie auf dem Spiel steht. Das ist der Grund, weshalb heute die Ideologie des freien Marktes und die Behauptung, dass gar kein Klimawandel stattfindet, so eng miteinander verflochten sind. Der rechte politische Flügel hat erkannt: Eine Lösung des Klimawandels setzt voraus, dass die Wissenschaften, die Bildungsinstitutionen und der Staat mehr Macht erhalten, dass die Bevölkerung mobilisiert wird und dass große Konzerne Verhaltensstandards und Richtlinien bezüglich ihrer Leistung akzeptieren müssen, die die Unternehmensführung möglichst vermeiden will. Diese Einschätzung trifft voll und ganz zu. Wer die Herausforderung des Klimawandels ernst nimmt, kann nicht so tun, als könne man diesen Themen aus dem Weg gehen.

13 Die Notwendigkeit von Standards

An seinem ersten Amtstag schaffte Ronald Reagan den Rat für Lohn- und Preisstabilität (Council on Wage and Price Stability) ab. Niemand protestierte, niemand sah darin einen großen Verlust. Der Rat hatte ausgedient, und sogar die Demokraten waren nicht unglücklich über sein Ende. Doch in gewisser Hinsicht war dies eine Art Wasserscheide, das Ende einer Ära. Reagan warf auch noch das letzte Mittel der staatlichen Intervention in Lohn- und Preisangelegenheiten über Bord, das zum Zweck der Inflationskontrolle eingeführt worden war. Seither leben die Amerikaner in einer Wirtschaft, in der vor allem ein Prinzip gilt: Der Markt allein legt Preise und Löhne fest. Diese Auffassung setzte sich nach und nach durch. Die Deregulierungen im Transportsystem, in der Telekommunikation, im Bankenwesen, in der Energieversorgung und sonstwo verstärkten den Trend; wo die Preise zuvor vom Staat oder in Tarifverhandlungen festgelegt worden waren (oder zumindest einer öffentlichen Überprüfung standhalten mussten), galt jetzt die neue Ordnung der flexiblen Preise.

Nachdem sich Liberale wie Konservative diesem Prinzip angeschlossen hatten, triumphierte das Marktprinzip. Flexible Preise und Löhne wurden automatisch mit Effizienz gleichgesetzt, solange sich das durchschnittliche Preisniveau nicht erhöhte. In den Industrieländern setzte sich die Überzeugung durch, dass die wichtigste

Aufgabe der öffentlichen Politik darin besteht, für »den richtigen Preis« zu sorgen (die Losung lautete »getting prices right«) – womit (wie wir bereits gesehen haben) lediglich die zunehmende Ungleichheit der Löhne gerechtfertigt wurde. Auch in jenem Bereich der Wirtschaftswissenschaft, die sich mit der Entwicklung ärmerer Länder befasst, hatte die Idee der flexiblen Preise einen maßgeblichen Einfluss: Hier diente sie als Grundlage für den allgemeinen Angriff auf Subventionen, etwa für Landwirtschaftsgüter oder bei der Lebensmittelverteilung. Sie war ein zentrales Element der radikalen Reformbewegung im nachkommunistischen Russland, an deren Anfang die komplette Abschaffung der Preiskontrolle stand. Wenig überraschend wurde diese Politik damals als »Befreiung der Preise« bezeichnet.

Seither werden »freie« und »flexible« Preise nicht nur als ideal angesehen, sondern auch als historischer Normalzustand – was sie definitiv nicht sind. Wir haben heute weitgehend vergessen, wie viel Preiskontrolle wir früher tatsächlich hatten, und niemand macht sich Gedanken darüber, was der Grund für solche Standards war. Sowohl die mittelalterliche Vorstellung des »gerechten Preises« als auch die Tatsache, dass die amerikanischen Kolonien Preiskontrolle ausübten oder dass die Preise in der Transport- und Versorgungsindustrie im öffentlichen Interesse reguliert wurden (und zu einem gewissen Grad noch immer reguliert werden), gelten heute als vormodern. Die Mietpreisbindung hat bloß noch als Relikt aus einer anderen Zeit überlebt – ein Anliegen der Mittelschicht, das sich der Lehrbuchmeinung widersetzt. Die Perioden umfassender Lohn- und Preiskontrolle – während des Zweiten Weltkriegs, des Koreakriegs und Richard Nixons Präsidentschaft – werden entweder als Anomalien oder als Fehler abgetan. Dass sogar unter George W. Bush Preisobergrenzen eingeführt werden mussten, um die kalifornische Energiekrise in den Griff zu bekommen, wird geflissentlich übergangen. Wenn Ökonomen überhaupt von diesen Tatsachen sprechen, dann nur mit einer tiefen Abneigung.*

Genauso wenig Beachtung finden Preisbindungen, die anderswo in der Welt gelten (oder bis in die jüngste Vergangenheit noch galten) – sei es der Preis von Naturgas in Russland, Benzin im Iran oder in Venezuela, Tortillas in Mexiko, Reis und Bohnen in Kuba oder Mietpreise in weiten Teilen Chinas. Wenn solche Bestimmungen überhaupt Erwähnung finden, dann gehen Ökonomen und Wirtschaftsberater davon aus, dass sie vorübergehender Natur sind, dass sie zu Ineffizienz führen und deshalb abgeschafft werden müssen, sobald die Entscheidungsträger zur Vernunft kommen oder die Umstände es erlauben. In der akademischen Wirtschaftswissenschaft gibt es sogar einen Begriff für einen Preis, der nicht vom Markt festgesetzt wird: Verzerrung. »Allgemeine Gleichgewichtsmodelle« (im Englischen als »computable general equilibrium models« bezeichnet) berechnen die Effizienz, die angeblich gewonnen wird, wenn Verzerrungen beseitigt werden und sich die Preise entsprechend anpassen können (vermutlich an das Niveau in bereits existierenden Marktwirtschaften). Stürzt ein Land in eine Wirtschaftskrise, bestehen internationale Berater darauf, dass Subventionen und jegliche Kontrollen aufgehoben werden, bevor finanzielle Hilfe gewährt wird. So zwingen die Gläubigerstaaten den Hilfeempfängern »Reformen« auf, auch wenn die Schuldner dies gar nicht wünschen; Widerstand wird entweder als Ignoranz oder als ein Zeichen von Korruption gewertet.

Doch ist diese Auffassung korrekt? Ist die offenkundige Popularität von selektiver Preiskontrolle (und die Tatsache, dass sie früher

---

* Der letzte Versuch, die Preiskontrolle *als Prinzip* vor einer Leserschaft von Ökonomen zu verteidigen, war wohl das Buch meines Vaters, *The Theory of Price Control,* aus dem Jahr 1952.

weit verbreitet war) wirklich nur ein Beweis für unsere tiefen Illusionen und die Irrtümer früherer Wirtschaftspolitik? Oder ist Preiskontrolle in gewisser Hinsicht und unter bestimmten Voraussetzungen eine rationale Alternative zum »freien Markt«, beziehungsweise zum Regime jener Mächte, die sich hinter dieser Floskel verstecken?

Was war (und ist) die Funktion jener Form von Regulierung, die als selektive Preiskontrolle bezeichnet wird? Die erste Antwort ist einfach und einleuchtend: In den meisten Fällen dient sie dazu, wirtschaftliche Ungleichheit zu verkleinern – das heißt die Unterschiede im realen Lebensstandard. Preiskontrolle ist bei Weitem der einfachste, direkteste und wirksamste Weg zu diesem Ziel. Das gilt für Subventionen von Tortillas in Mexiko oder Düngemitteln in Malawi genauso wie für die staatliche Subventionierung von Milchprodukten in den Vereinigten Staaten. Das Gleiche trifft auf die gebührenfreie staatliche Universitätsausbildung zu, die in den USA vor nicht allzu langer Zeit noch möglich war, und auf die (noch immer geltende) freie öffentliche Schulausbildung. Ein weiteres Beispiel ist die kostenlose medizinische Versorgung in Ländern, die über einen stärkeren Sozialstaat als die USA verfügen. Und schließlich sind noch die zahlreichen Gesetze zur Regulierung der Zinssätze zu erwähnen, die dem gleichen Zweck dienen. In jedem dieser Fälle lag (oder liegt) der Nutzen der Kontrolle darin, wichtige Bestandteile unseres modernen Lebens – Elektrizität, Kommunikation, Energie, Bankgeschäfte, Ausbildung und Gesundheitsfürsorge – der gesamten Bevölkerung zugutekommen zu lassen, unabhängig vom Einkommen des Einzelnen. Hinsichtlich der grundlegenden Verbrauchsgüter legte die Preiskontrolle eine Untergrenze für die Realeinkommen von Erwerbstätigen, Rentnern und Erwerbsunfähigen fest. Gleichermaßen führte sie eine Obergrenze für Profite ein, die in bestimmten Branchen mittels Monopolmacht erzielt werden können. Es ist deshalb kein Zufall, dass eine Deregulierung von

Löhnen, Mieten und der öffentlichen Versorgung zu einer wachsenden Ungleichheit führt.

Die von Konservativen wie Liberalen vorgebrachte Kritik an der Regulierung und der Preiskontrolle basiert auf einem Vergleich zwischen kontrollierten Preisen und der angeblichen Alternative des freien Marktsystems. Dabei wird jeweils eine von drei (sich widersprechenden) Möglichkeiten gewählt. Die erste ist, dass Preiskontrollen zwar funktionieren, aber zu einem übermäßigen Verbrauch des kontrollierten Produkts führen. Ein tiefer Benzinpreis verleitet etwa zum Gebrauch von benzinfressenden Autos und bewirkt so, dass weniger Benzin für den Export zur Verfügung steht. Die zweite Möglichkeit ist, dass Monopolisten die Kontrolle über die Regulierung übernehmen und so bestehende Unternehmen in der Branche schützen sowie neuen Firmen den Einstieg erschweren können. (Wenn dies zutrifft, müssen die Preise folglich zu hoch gesetzt sein und den betreffenden Unternehmen einen ansehnlichen Gewinn und ein angenehmes Leben bescheren. In diesem Fall bewirkt die Einführung des Wettbewerbs – in dem deregulierte Preise herrschen und neue Unternehmen entstehen können –, dass Preise und Gewinne abnehmen, während die Entwicklung beziehungsweise Einführung neuer Technologien zunimmt. Die Liberalisierung der Preise und die Einführung des Marktprinzips müsste deshalb insgesamt zu weniger Ungleichheit führen.) Auch die dritte Möglichkeit widerspricht den ersten zwei zu einem gewissen Grad: Regulierung und Kontrolle sind mühsam und altmodisch, und immer raffiniertere Gechäftsstrategien haben sie weitgehend überflüssig gemacht. Das bedeutet, dass die Abschaffung von Kontrollen zwar nicht viel bewirkt, aber die dafür aufgewandten Kosten und Ressourcen eingespart werden können.

So unterschiedlich diese Kritikansätze auch sind, sie gehen von der gleichen Grundannahme aus: Für jedes Gut gibt es im Prinzip einen Marktpreis, den der Wettbewerb festlegt. Der regulierte Preis kann über oder unter dem Marktpreis liegen oder sich in seltenen Fällen mit ihm decken. Aber weshalb sollen wir etwas regulieren, wenn uns doch der Wettbewerb das richtige Resultat liefert?

Die Schwierigkeit dieser Argumentation liegt darin, dass sie die Existenz eines vollständig wettbewerbsgesteuerten Marktpreises voraussetzt. Der Volkswirt weiß jedoch, dass so etwas in der wirklichen Welt gar nicht möglich ist. Wenn es auf dem »Gesamtmarkt« auch nur einen einzigen gesteuerten, kontrollierten oder monopolistischen Preis gibt – etwa einen Ölpreis oder einen Zinssatz –, dann werden alle Märkte durch diesen einen monopolistischen Preis »verzerrt«, auch wenn sie sonst vollständig wettbewerbsgesteuert sind. Da hilft es auch nicht, wenn alle anderen Märkte dereguliert werden. Die Idee, dass die Deregulierung ehemals kontrollierter oder monopolistischer Märkte zu einer gerechteren Gesellschaft führt, ist schlicht falsch; wenn diese Theorie funktionieren soll, muss die Strategie zur letzten Konsequenz durchgezogen werden: Alle Märkte müssen sowohl wettbewerbsgesteuert als auch frei von Externalitäten und öffentlichen Gütern sein.

Wie wir jedoch gesehen haben, ist dies in der wirklichen Welt, in der komplexe Organisationen und hochmoderne Technologien dominieren, niemals der Fall. Tatsache ist, dass Monopole und Marktmacht nicht nur weitverbreitete Phänomene sind, sondern im Zentrum unseres Wirtschaftssystems stehen. Der Zweck jeder technischen Neuerung ist schließlich, ein Monopol zu schaffen, wo bisland keines existierte. Wenn ein neues Produkt auf den Markt kommt, dann ist es – zumindest eine gewisse Zeit lang – definitionsgemäß monopolistisch. Und wenn ein gefragtes Produkt bereits seit einiger Zeit existiert, dann wird es meist (aber nicht unbedingt in jedem Fall) von einer begrenzten Zahl von großen Unternehmen hergestellt, die sich untereinander auf verschiedene Weise koordinieren: Sie imitieren ihre Produkte gegenseitig, planen ihre Investitionen mit Blick auf die Investitionsentscheide der anderen Firmen, sie ahmen ihre Werbungen nach, und so weiter. In einer solchen Wirtschaftsordnung gibt es keinen wettbewerbsgesteuerten Preis, weil es kein System von »perfekt konkurrierenden« Firmen gibt, welche die gleichen oder zumindest ähnliche Produkte herstellen könnten.

Aufgrund dieser Tatsache kommt den Preisen und Löhnen in der wirklichen Welt eine andere Funktion zu als jene, die das Marktmodell für sie vorsieht. Ihr Zweck besteht nicht darin, die Effizienz der Produktion zu maximieren; im Wesentlichen werden sie von den sozialen Beziehungen zwischen Gruppen von Beschäftigten bestimmt und von jenen Preisen, die explizit kontrolliert werden. Anders formuliert: Sie sind Ausdruck einer bereits vorher bestehenden Struktur von Relativlöhnen, Material-, Kapital- und Technologiekosten, für die ein Unternehmen aufkommen muss, wenn es einen Prozess der Produktion oder des Vertriebs beginnt. Firmen versuchen von Zeit zu Zeit, die Struktur dieser Preise in einem Land direkt zu ändern – etwa indem sie einen Tarifvertrag mit der Arbeiterschaft angreifen. Doch dies ist immer mit schweren Konflikten verbunden und kann der organisatorischen Effizienz der Firma erheblichen Schaden zufügen (sofern ihnen die Möglichkeit dazu offensteht, verlassen Arbeiter bei einer drohenden Lohnkürzung den Betrieb eher, als dass sie sich mit einem tieferen Lohn zufriedengeben). Es ist normalerweise viel einfacher, die gegebene Struktur der Lohntarife und Preise zu akzeptieren und die Kosten anderweitig zu senken – etwa indem das Unternehmen die Technologie verbessert oder die Produktion in ein anderes Land auslagert.

So betrachtet ist eine Deregulierung von Löhnen und Preisen als vermeintlich großer Schritt zu wettbewerbsgesteuerten Marktpreisen nichts weiter als eine Neuordnung der gesellschaftlichen Machtverhältnisse. Ihre Konsequenzen haben wenig oder gar nichts am Hut mit der Effizienz eines Produktions- oder Dienstleistungsprozesses. Sie haben vielmehr damit zu tun, ob die Regulierung sich unterstützend auf bestimmte Unternehmen auswirkt oder ob es Elemente von Monopolmacht gibt, die durch die Kontrollen und Regulierungen im Zaum gehalten werden.

Was geschah in der großen Welle der Deregulierung? Es gab tatsächlich Fälle, in denen der Regulierungsapparat die Löhne in wettbewerbsgesteuerten Industriesektoren geschützt hatte. In diesen Fällen hatte die Deregulierung den Effekt, dass sie diese Löhne herabsetzte.

Doch in den meisten Fällen war die Regulierung eingeführt worden, um die Möglichkeiten monopolistischer Preishoheit zu begrenzen. Überall, wo dies der Fall war, musste die Deregulierung negative Folgen haben. Wie sie sich in den einzelnen Fällen genau auswirkte, hing davon ab, wie groß das Potenzial für eine der folgenden drei Möglichkeiten war: Mehr Wettbewerb und neue Unternehmen in der Branche bewirken, dass Löhne und Gewinnmargen sinken; schnellerer technologischer Wandel führt zu höheren Gewinnen; Deregulierung führt zu Monopolbildung und zu monopolistischer Preishoheit.

Die Deregulierung im Gütertransport, die der Kongress 1979 beschloss, ist ein sehr untypisches Beispiel für den ersten Fall: In der Speditionsindustrie besaßen die Arbeiter tatsächlich einen Grad an Marktmacht, den sie vor allem ihrer starken Gewerkschaft verdankten sowie den Regulierungsbestimmungen, die den Einstieg in die Branche erschwerten und so wiederum die Gewerkschaft stärkten. Die Entstehung von mehr Wettbewerb war deshalb viel wichtiger als der technische Wandel oder die Möglichkeit zur Monopolbildung. Die Deregulierung entmachtete vor allem die Gewerkschaft und drückte die Löhne der Lastwagenfahrer nach unten. Als durch den Wettbewerb ihre relativen Löhne sanken, büßten die Lastwagenfahrer ihren Status als Elite der Arbeiterschaft ein, den sie in den 1950er- und 1960er-Jahren erreicht hatten. Obwohl die Befürworter der Deregulierung beteuert hatten, neue Unternehmen und mehr Wettbewerb würden zu einem effizienteren Speditionswesen führen, blieb diese Wirkung weitgehend aus.

Auch die Deregulierung des Luftverkehrs führte zum Aufstieg von billigen Fluggesellschaften ohne gewerkschaftliche Repräsentation – hier fand ebenfalls ein direkter Angriff auf die Gewerkschaften statt, und die Macht ging von den Beschäftigten auf die Verbraucher über. Doch in diesem Sektor war das Potenzial für technischen Wandel größer. Tiefere Preise trugen erheblich zum Anstieg des Luftverkehrs bei, was die technische Entwicklung in der Luftfahrtindustrie beschleunigte (unter anderem entstand so das »Hub and Spoke«-Verfahren) und den Kauf von leistungsfähigeren Flugzeugen ankurbelte. Gleichzeitig verbesserten die Fluggesellschaften stetig ihre Fähigkeit, die unterschiedlichen Bedürfnisse ihrer Kunden auszunutzen, etwa durch Vielfliegerprogramme oder komplexe Preisschemen, was einer Ausübung von Monopolmacht gleichkommt. Doch dieser dritte Effekt war relativ gering, verglichen mit den anderen zwei; insgesamt nahmen die Kosten von Flugreisen stark ab, während das Volumen dramatisch zunahm.

In der Telekommunikation, einer kapital- und technologieintensiven Branche, war das Potenzial zu Einsparungen auf Kosten der Beschäftigten relativ klein. Die Deregulierung führte deshalb hauptsächlich sowohl zu Kosteneinsparungen mittels technischer Neuerung als auch zur gewinnsteigernden Monopolbildung. Beides fand statt – die Zahl von größeren Medienunternehmen fiel dramatisch: von etwa 50 im Jahr 1983 auf lediglich 6 im Jahr 2005; die Industrie entwickelte sich weiter (und tut dies noch immer), als vormals getrennte Branchen (Fernsehen, Telefon, Internet) miteinander verschmolzen. Diese Verquickung hat bewirkt, dass die Kosten von Dienstleistungen im Informationssektor trotz der Tendenz zu Monopolbildung im Allgemeinen stark gefallen sind.

Und schließlich gibt es noch Sektoren wie das Bankenwesen oder die Stromversorgung, in denen die möglichen Gewinne durch Kostenreduktion oder technische Innovation relativ klein sind. Hier förderte und schützte die Regulierung eine große Zahl von konkurrierenden Unternehmen, wodurch die Gewinnaussichten der einzelnen Firmen unter Kontrolle gehalten wurden. Die Deregulierung bewirkte hauptsächlich, dass Firmen fusionierten und sich quasimonopolistische Taktiken der Produktdifferenzierung, Marktsegmentierung und Preisdiskriminierung verbreiteten. Dies waren (und sind) Methoden, um vermögenden Leuten noch mehr Geld abzuknöpfen – und manchmal auch jenen, die es sich nicht leisten können. Früher galten relativ einfache Preiskriterien für relativ einfache Produkte; jetzt wurden sie innert kürzester Zeit von überaus komplexen Preisschemen ersetzt. Dies galt auch für Produkte (etwa Elektrizität oder Telefondienste), die für den Verbraucher weiterhin recht einfach und einheitlich waren. Für die Verbraucher auf den unteren Stufen der Einkommensleiter erhöhten sich so insgesamt die Kosten für die grundlegenden Dienstleistungen. Wer die (angeblich) technisch ausgereifteren Dienste in Anspruch nehmen wollte, musste ebenfalls mit höheren Kosten rechnen.

Wie immer in solchen Fällen ist die Informationsverteilung asymmetrisch. Wenn neue komplexe Produkte oder Dienstleistungen auf den Markt kommen, dann haben immer jene Teilnehmer einen Vorteil, die sich besser damit auskennen. Verbraucher, die entweder bereit sind (und die Fähigkeit haben), aus einem komplexen Spektrum von meist schlechten Deals den besten herauszupflücken, deren Bedürfnisse flexibel und anpassbar sind oder die über genügend Marktmacht verfügen, haben einen enormen Vorteil; für sie kann sich die Produktevielfalt infolge einer Deregulierung als wirklicher Segen erweisen. Doch gering Verdienende befinden sich nur selten in dieser Position, und sie sind die hauptsächlichen Opfer neuer Formen von Preisdiskriminierung, die eine Deregulierung möglich macht. Teilweise wurden technische Neuentwicklungen schneller dereguliert, als dies sonst der Fall gewesen wäre (aber nicht immer). Und in allen Fällen öffneten die neuen und komplexen Marktstrukturen düsteren Mächten die Tür: unsauberen Geschäften, Preismanipulationen und Betrug.

Besonders im Bankenwesen und in der Stromversorgung wurde die Deregulierung von Kräften innerhalb des Räuberstaats vorangetrieben. Die Deregulierung der Spar- und Leihkassen war zu einem wichtigen Teil das Werk einer Task-Force, die in den frühen 1980er-Jahren unter Vizepräsident George H. W. Bush arbeitete. Zu den Nutznießern gehörten Leute wie Charles Keating, Vorsitzender der Lincoln Savings and Loan Association, der größten der betrügerischen Spar- und Leihkassen; er engagierte Alan Greenspan, damals noch privater Unternehmensberater, um für eine schwächere Regulierung des Sektors zu plädieren. Ähnliches lief bei der Energiekrise in Kalifornien ab: Die Deregulierung der Stromversorgung, von der vor allem Enron profitierte (der Vorsitzende von Enron war der wichtigste Geldgeber in George W. Bushs Wahlkampagne), wurde durch eine Energie-Arbeitsgruppe in den frühen 2000er-Jahren vorbereitet, als deren Vorsitzender Vizepräsident Richard Cheney fungierte. Die Vorgehensweise und die Folgen waren in beiden Fällen genau die gleichen.

Die Wirtschaftsordnung der »flexiblen« Löhne und Preise ist eine Welt, in der eine künstlich hergestellte Form der Komplexität dem Zweck der privaten Machtausübung dient. Ob die Verbraucher in dieser Welt erfolgreich sind, hängt zu einem guten Teil davon ab, ob sie über die Fähigkeit und den Willen verfügen, die Nadel im

Heuhaufen zu finden: Ein gutes Geschäft oder ein guter Preis liegt versteckt in einem riesigen Haufen von Betrug, Schmeichelei und Müll. Der Markt braucht verlässliche Standards und Richtlinien, die aufzeigen, was sinnvoll ist oder die Sicherheit der Verbraucher nicht gefährdet. Bestehen keine solchen Standards, nimmt die Effizienz des Marktes insgesamt ab, weil die Transaktionskosten unverhältnismäßig groß sind; der Effizienz des Marktes wird durch die Angst vor Betrug Grenzen gesetzt. Einkaufen kommt demnach keiner Ausübung der Marktfreiheit gleich, wie allenthalben behauptet wird: Einkaufen bedeutet, dass der Verbraucher ständig auf der Hut sein muss (und darauf viel Zeit investiert), um nicht übers Ohr gehauen zu werden – das gilt für Kleider genauso wie für Elektronikgeräte, Mobiltelefonverträge, Hypotheken oder Flugbuchungen von New York nach Pittsburgh.

Will ein Unternehmen in dieser Welt erfolgreich sein, muss es manipulieren können und anpassungsfähig sein, es muss Innovationen vorantreiben können sowie über die Fähigkeit verfügen, zu differenzieren, diskriminieren und auszubeuten. Und selbstverständlich stehen jene Unternehmen am besten da, die diese Strategien am aggressivsten verfolgen. Es wäre eine Untertreibung zu sagen, ein Unternehmen, das aufrichtig seiner Aufgabe nachkommt, die Bedürfnisse der Konsumenten zu befriedigen, sei nur einen kleinen Schritt enfernt von der Strategie, die Konsumenten mit komplexen Entscheidungsmöglichkeiten zu konfrontieren, um sie besser ausnehmen zu können; es ist überhaupt kein Schritt notwendig: Das eine vermischt sich automatisch mit dem anderen. Hat ein Unternehmen Erfolg, so ist nicht leicht ersichtlich, ob es erfolgreich Konsumentenbedürfnisse deckt oder ob es die Konsumenten erfolgreich ausnimmt – später kann vielleicht der Staatsanwalt den Unterschied ausmachen. So wird ein CEO, der früher für seine brillanten Innovationen gefeiert wurde, heute als Betrüger überführt.

Das Zusammenspiel von Komplexität und Deregulierung kriminalisiert den Markt, und wo ein System Kriminalität hervorbringt, lässt sich die Verbrechensrate nicht allein durch Strafverfolgung senken.

Das Problem liegt also im System begründet. Doch die Liberalen, die sich bezüglich ihres Ideals der flexiblen Löhne und Preise höchst unflexibel zeigen, bieten keinen entsprechenden Lösungsansatz an. Dies trifft insbesondere auf die Anreize von überhöhten Managerlöhnen zu, oder auf die Einkommen der Reichen im Allgemeinen. Es gibt nur wenige Liberale, die unverblümt sagen, dass diese Titanen der Unternehmenswelt schlicht mehr verdienen, als für ihre Firma gut ist. Die Liberalen bemerken und diskutieren zwar die Missbräuche, nicht aber das zugrundeliegende Ordnungsprinzip, das sie alle miteinander verbindet; genauso ignorieren sie die Rolle des Staates, der eigentlich das Problem der ungleichen Informationsverteilung lösen sollte. Wenn wieder einmal eine Krise ausbricht – was mit verstörender Regelmäßigkeit passiert –, dann vernimmt man die immergleiche Geschichte von Gier und Selbstüberschätzung. Sie läuft darauf hinaus, dass große Konzerne bisweilen Opfer von bösen Managern werden und dass böse Leute natürlich bestraft werden müssen. Das ganze Problem wird dem Justizsystem übergeben und kann sich so wirkungsvoller sozialer Reform entziehen.

Am anderen Ende der Einkommensleiter trifft eine ältere, moralische Betrachtungsweise auf mehr Verständnis. In der Bevölkerung haben sich Vorstellungen davon, was einen fairen Lohn ausmacht, während der gesamten Ära des Marktfundamentalismus gehalten. Vorschläge zur Erhöhung des Mindestlohns sind durchwegs beliebt, und die weiter reichenden Standards bezüglich existenzsichernder Löhne müssen von den großen Unternehmen regelmäßig mittels kostspieliger Schmutzkampagnen und Desinformation verhindert werden. Ökonomen, die den Mindestlohn mit der Begründung ablehnen, er führe zu Arbeitslosigkeit, gelten selbst unter ihren Berufskollegen als Puristen. Und sogar unter Reagan fand die bereits erwähnte Lohnauffüllung (Earned Income Tax Credit) allgemeine Anerkennung als angemessene staatliche Intervention zugunsten von gering Verdienenden (der ursprüngliche Zweck der Lohnauffüllung war, die Auswirkungen der Sozialversicherungssteuer abzuschwächen). Selbst marktliberale Ökonomen haben sich für Programme zur Lohnsubvention ausgesprochen, etwa der Nobelpreisträger Edmund Phelps. Wir sehen: Es herrscht allgemeines Einvernehmen, dass für Arbeit in den Vereinigten Staaten ein akzeptabler Mindestlohn bezahlt werden soll. Es findet hier keine Grundsatzdiskussion statt; die Debatte dreht sich lediglich darum, wie hoch der Standard sein soll und wer dafür bezahlt.

Zwischen den beiden Extremen des Mindestlohns (bei dem prinzipiell Einigkeit herrscht) und der Managerlöhne (wo keine organisierte Kampagne stattfindet) sollte es einen Bereich geben, in dem das Lohnniveau Gegenstand politischer Debatten ist: Wie hoch soll der Lohn für diesen oder jenen Beruf sein? Wir begegnen solchen Diskussionen vor allem im Zusammenhang mit dem Freihandel, denn der weit verbreitete Widerstand gegen die Doktrin des Freihandels basiert auf Bedenken bezüglich seiner Auswirkung auf faire Löhne (und die Konkurrenz durch Arbeiter mit tieferen Löhnen). Dieser Widerstand hat so gut wie nichts zu tun mit der fragwürdigen Doktrin des komparativen Vorteils.

Der Freihandel wird deshalb so vehement abgelehnt, weil er im Zusammenhang mit der Erosion von Lohnstandards steht. In einer Zeit der tiefen Arbeitslosigkeit war der Freihandel in jüngster Vergangenheit vielleicht das einzige wirtschaftliche Thema, das in umkämpften Bundesstaaten Wahlen entscheiden konnte. Zum Beispiel Ohio im Jahr 2006: Der Bundesstaat, der 2000 und 2004 aufgrund von nicht ökonomischen Themen an George W. Bush gegangen war, wählte klar für die Demokraten, insbesondere im Senat, wo die Demokraten gegen die verheerende Deindustrialisierung infolge des Freihandels mobilisiert hatten.

Es lohnt sich deshalb, die Ideen hinter dieser Position genauer unter die Lupe zu nehmen. Kurz nach den Wahlen veröffentlichte der neu gewählte Senator von Ohio, Sherrod Brown, gemeinsam mit Byron Dorgan, einem Senator aus North Dakota, in der *Washington Post* einen Artikel zum Thema Freihandel. Sie brachten darin genau jene Wut zum Ausdruck, die zu Browns Wahl und zur Übernahme des Senats durch die Demokraten geführt hatte. Unter dem Titel »How Free Trade Hurts« (»Weshalb der Freihandel schadet«), schrieben sie:

»Die Handelspolitik unserer Regierung findet in der Bevölkerung immer weniger Rückhalt. Die Amerikaner haben erkannt, dass diese Politik zu einer Aushöhlung der Mittelschicht führt, zu Arbeitsplatzverlusten und zu einem explodierenden Handelsdefizit. Doch die Befürworter des Freihandels wollen diese Politik weiter vorantreiben – das heißt: noch mehr arbeitsplatzvernichtende Handelsabkommen, noch mehr Steuererleichterungen für die großen Konzerne, die ihre Arbeitsplätze exportieren, und noch mehr Anreize, die Produktion ins Ausland zu verlagern.«[*]

Die beiden Senatoren sagen klar und deutlich: Der Handel zerstört die Mittelschicht. Das Problem, so Dorgan und Brown, sind die Freihandelsabkommen, der Export von Arbeitsplätzen durch Outsourcing und die Weigerung großer amerikanischer Konzerne, ihre Fab-

---

[*] Sherrod Brown, Byron Dorgan, »How Free Trade Hurts«, in: *Washington Post,* 23. Dezember 2006, S. A21.

riken in den Vereinigten Staaten zu renovieren und auf Vordermann zu bringen. Ein weiteres Problem der Freihandelsabkommen bestehe darin, dass sie keine wirksamen Standards umfassen – also Normen und Regulierungen für faire Löhne, angemessene Arbeitsbedingungen und Umweltschutz in jenen Ländern, mit denen die USA Handel treiben. Gerade weil effektive Standards fehlen, seien diese Länder so attraktiv für große Konzerne, und deshalb sei es wichtig, entsprechende Normen einzuführen. Dies ist das zentrale Anliegen der Liberalen hinsichtlich der amerikanischen Freihandelspolitik.

Über solche »Kernarbeitsnormen« (International Labor Standards) herrscht tatsächlich weitgehend Einigkeit – es existiert ein entsprechender internationaler Kodex: Die Internationale Arbeitsorganisation (International Labor Organization, ILO) hat diese Standards aufgrund von universellen gesellschaftlichen Prinzipien ausgearbeitet, etwa das Verbot für den Handel mit Produkten, die durch Kinderarbeit oder in Gefängnissen hergestellt worden sind. Diese Richtlinien werden von niemandem infrage gestellt, zumindest nicht als Prinzip: Niemand befürwortet Kinder- oder Sklavenarbeit, außer die Unternehmen, die damit Geld verdienen, und die hüllen sich in der Öffentlichkeit meist in Schweigen. Solche Standards sind keineswegs nutzlos: Sie konnten in der Vergangenheit schon krassen Missbrauch verhindern oder stoppen. Insbesondere ist dies in jenen Fällen möglich, in denen der Täter ein bekannter multinationaler Konzern ist, der einen Ruf zu verlieren hat.

Dennoch gibt es ein Problem bei dieser ganzen Sache. Als Handelsstrategie ist das Potenzial der ILO-Standards gering. Denn die verbotenen oder geächteten Produkte sind keine bedeutenden Handelsgüter und konkurrieren demnach kaum mit amerikanischen Produkten. Obwohl Kinderarbeit in vielen Entwicklungsländern verbreitet ist, werden Kinder kaum irgendwo dazu missbraucht, Konsumgüter für den Exportmarkt herzustellen, außer in der Kleiderindustrie (aus der wir gelegentlich schockierende Nachrichten vernehmen). Auch Gefängnisinsaßen sind für diese Aufgabe nicht geeignet, aus einem einfachen Grund: Sie sind der Arbeit nicht gewachsen. Bereits 1993 erklärte sich China ohne Weiteres dazu bereit, Gefängnisarbeit für Exportprodukte zu verbieten, und es gibt keinen Grund anzunehmen, dass die Chinesen es nicht ernst meinten; einzig die Größe der chinesischen Wirtschaft und die begrenzte Überwachungskapazität der Regierung verhindern eine effektive Umsetzung des Verbots.

Auch Umweltauflagen werden die amerikanischen Löhne aus zwei wesentlichen Gründen nicht schützen können. Erstens machen strengere Richtlinien bei der Herstellung von Konsumgütern einen geringen Unterschied in Bezug auf die Umwelt. Wenn Unternehmen neue Betriebsanlagen errichten, in der Produkte für entwickelte Märkte hergestellt werden, dann setzen sie üblicherweise – auch in Niedriglohnländern – die modernste Technologie ein. Sie tun dies nicht, weil sie unbedingt etwas Neues machen wollen oder weil sie einen so ausgeprägten Sinn für Tugend besitzen, sondern weil sie mit der neusten Technologie in der Regel am billigsten produzieren können. Doch neue Technologien sind normalerweise auch umweltfreundlicher als alte. Aus diesem Grund ist es gut möglich, dass eine Firma amerikanische Arbeitsplätze abbaut und gleichzeitig umweltfreundlicher produziert – wenn sie etwa eine alte und schmutzige amerikanische Fabrik durch eine saubere asiatische ersetzt. Das kommt in der Tat nicht selten vor.

Um keine Missverständnisse aufkommen zu lassen: China beispielsweise ist notorisch für seine zahlreichen schmutzigen und gefährlichen Fabriken, aber diese Anlagen produzieren im Allgemeinen nicht für den Exportmarkt. Würden sie geschlossen, hätte dies eine geringe oder gar keine Auswirkung auf die amerikanische Einfuhr von chinesischen Handelsgütern. Und sowieso findet die größte Umweltverschmutzung in der Dritten Welt nicht in der verarbeitenden Industrie statt, sondern im Bergbau, in der Ölförderung, der Entwaldung und in Plantagen von landwirtschaftlichen Rohstoffen. Diese Umweltverschmutzung kann nicht unterbunden werden, indem man am amerikanischen Einfuhrhafen bestimmte Richtlinien einführt: Öl ist leicht austauschbar, und wenn sich die Vereinigten Staaten etwa weigerten, Erdöl aus dem ecuadorianischen Amazonasgebiet zu importieren, würde einfach ein anderes Land davon Gebrauch machen. Das einzige Land, das dieses Problem lösen kann, ist Ecuador.

Das zweite Problem mit Umweltauflagen als Handelsstrategie besteht darin, dass die Vereingten Staaten selbst vorbelastet sind. Genetisch veränderte Organismen – oft als »Frankenfood« bezeichnet – sind in Europa heftig umstritten, und viele Europäer sehen darin ein erhebliches Umweltproblem. Sollten die Vereinigten Staaten Umweltauflagen für Importe einführen, dann könnten sie auch keinen Anstoß an ähnlichen Richtlinien für ihre Exporte nehmen. Und wenn sich die Idee durchsetzen sollte, dass Kohlendioxidemissionen als Grundlage von Umweltstandards dienen sollen, dann fragt sich, was die Vereinigten Staaten überhaupt noch exportieren könnten. Düsenflugzeuge, industrielle Landwirtschaftsgüter und die Ausrüstung zur Ölförderung sind alles große Schadstoffsünder. Aus Sicht der Erderwärmung ist die Idee, dass amerikanische Arbeiter von einer Einschränkung des Handels aus Umweltgründen profitieren könnten, offenkundig absurd.

Befürworter von strengen Umwelt- oder Menschenrechtsvorschriften für den internationalen Handel (und viele ihrer Gegner) glauben oft, dass diese Maßnahmen ein verdecktes Mittel sein können, den unerwünschten Strom von Importen aus Niedriglohnländern einzudämmen. Für einige Befürworter und viele Gegner sind sie ein Instrument, heimlich und indirekt jenes Ziel zu erreichen, das aufgrund der Verpflichtung gegenüber dem Freihandel nicht direkt durchzusetzen ist. Und jetzt kommt die schwierige Frage: Wenn wir einmal außer Acht lassen, ob die Standards tatsächlich die Wirkung erzielen, die ihnen zugeschrieben wird, und wenn wir die Diskussion um Lohnniveau, Arbeitsbedingungen und Umwelt ebenfalls beiseite lassen, wäre es eine gute Idee, (beispielsweise) chinesische Exporte in die Vereinigten Staaten einzuschränken oder zu blockieren? Eine kurze Betrachtung genügt, um zu verdeutlichen, weshalb diese Idee untauglich ist.

Erstens würde eine Unterbindung des Handels mit China keinen einzigen Arbeitsplatz in die Vereinigten Staaten zurückbringen. Solch ein Schritt würde lediglich bewirken, dass japanische, taiwanesische, koreanische oder amerikanische multinationale Konzerne ihre Produktion in ein anderes Niedriglohnland verlagern würden, etwa nach Vietnam, Malaysia oder Indonesien. Es würden weder neue amerikanische Jobs geschaffen, noch würden Arbeitsplätze in die USA zurückkehren.

Zweitens: Wenn sich durch eine Blockade chinesischer Exporte tatsächlich das Volumen unserer Importe verringern würde, so würde dies das allgemeine Preisniveau in die Höhe treiben und die Reallöhne nach unten drücken. Besonders hart würde dies jene Amerikaner treffen, die am wenigsten verdienen und auf billige Importe angewiesen sind, damit sie ihr Budget nicht überziehen. Die höheren Preise würden sich in Inflation niederschlagen, was die Federal Reserve wiederum dazu veranlassen würde, den Leitzins zu erhöhen. Anders formuliert bedeutet dies, dass eine Einschränkung von Importen aus Niedriglohnländern eine Umverteilung von gering verdienenden Amerikanern zu Bankern und Anlegern bewirkt – eine Umverteilung, die nicht wirklich als progressiv bezeichnet werden kann.

Drittens müssten wir mit Vergeltung rechnen. China ist ein großer Absatzmarkt, besonders für hochmoderne amerikanische

Produkte wie zum Beispiel Flugzeuge. Es wäre sehr wahrscheinlich, dass sich die Chinesen für den Erwerb solcher Produkte an Europa wenden würden; als Verlierer stünden gut bezahlte amerikanische Arbeiter in Firmen wie Boeing da, deren Arbeitsplätze zugunsten des europäischen Airbus-Konzerns abgebaut werden müssten. Dies ist ein Wirtschaftsbereich, in dem die Vereinigten Staaten einen beträchtlichen Wettbewerbsvorsprung genießen, den sie so unnötigerweise aufs Spiel setzen würden, und zwar auf längere Zeit. Ein Wettbewerbsvorteil in Hochtechnologiesektoren ist ein kumulativer Vorgang, und wer einmal den Anschluss verloren hat, kann den Vorteil nur schwer wieder zurückgewinnen.

Um eines klarzustellen: Dass China auf dem Markt für Billigexporte aus Niedriglohnländern eine zunehmend beherrschende Stellung einnimmt, ist tatsächlich ein Problem. Doch es ist ein Problem für Malaysia, Thailand, die Philippinen und andere Niedriglohnländer – sogar für Indien, dessen Kunsthandwerker von der Fülle an billigen chinesischen Ersatzprodukten überwältigt werden. Es gibt Argumente, die für eine Aufteilung unseres Importmarktes im Stil des Multifaserabkommens sprechen (dieses von 1974 bis 2004 geltende Abkommen regelte den Handel mit Textilien zwischen Industrie- und Entwicklungsländern) – damit die wirtschaftliche Entwicklung auf verschiedene Länder aufgeteilt wird. Doch dass bestimmte Sektoren der Fertigungsindustrie in China konzentriert sind, stellt für amerikanische Arbeiter kein Problem dar. Den Problemen, die die chinesische Konkurrenz verursacht, können wir nicht mit Handelsnormen beikommen. Und natürlich sind solche Richtlinien auch keine Lösung für unsere Probleme beim Handel mit Europa, Kanada und Japan – dort herrschen höhere Arbeitsnormen als in den Vereinigten Staaten, und der Umweltschutz ist mindestens so gut.

Fragen wir deshalb nochmals: Woher kommt die nationalistisch-populistische Forderung, Handelsabkommen mit bestimmten

Normen und Richtlinien zu versehen? Die Antwort: Sie stammt aus der von 1992 bis 1994 geführten Debatte um das NAFTA-Abkommen. Während dieser Diskussionen bestanden einige Demokraten auf Nebenabkommen zu Umwelt- und Arbeitsstandards, bevor sie der NAFTA ihre Stimme geben würden. Diese Abkommen zeitigten freilich wenig Wirkung, und viele Leute glauben, dass sie von Anfang an nichts als Augenwischerei waren. Doch jene Politiker, die sich 1994 dafür einsetzten, investierten damals viel politisches Kapital in die Standards. Sie behaupteten (und tun dies noch immer), dass sie die Unzulänglichkeiten des Handelsregimes kompensieren könnten. Doch die Resultate waren dürftig, denn das Ganze war weitgehend eine symbolische Angelegenheit.

Sowohl in der Theorie als auch in der Praxis konnte das NAFTA-Abkommen die amerikanischen Arbeitsplätze und Löhne in der verarbeitenden Industrie nur in geringem Maß beeinflussen, aus einem einfachen Grund: In Bezug auf die Zölle, die in den Vereinigten Staaten auf mexikanische Waren erhoben werden, änderte das Abkommen praktisch nichts. Bereits seit 1965, als das alte Maquiladora-System eingeführt wurde, können viele mexikanische Güter die Grenze zu den Vereinigten Staaten zollfrei passieren. Wanderten einige amerikanische Arbeitsplätze nach Mexiko ab, um von den tieferen Löhnen zu profitieren? Selbstverständlich. Mussten amerikanische Arbeiter wegen der mexikanischen Konkurrenz Lohnkürzungen hinnehmen? Zweifellos. Doch der Grund dafür war Mexiko und nicht die NAFTA. Beides hatte bereits vor dem Abkommen stattgefunden und hätte ohne die NAFTA nicht einfach aufgehört. Mexiko würde nicht verschwinden, wenn die NAFTA abgeschafft würde. Aus Sicht der amerikanischen Arbeiter sind die NAFTA und ihre Nachfolger lediglich Sündenböcke. Zudem stellt China seit Langem eine weit größere Gefahr für amerikanische Arbeitsplätze dar als Mexiko: Die Auslagerung der Produktion nach

China kommt häufiger vor, obwohl wir mit China kein Freihandelsabkommen unterzeichnet haben.

Das CAFTA-Abkommen (Central American Free Trade Agreement) enthält zahlreiche einfallsreiche Regulierungen, die für die Plünderer ein gefundenes Fressen sind: Gewissen nordamerikanischen Monopolen (insbesondere Arzneimittelkonzernen) ermöglicht der Vertrag etwa, ihren Patentschutz auf die kleinen und einkommensschwachen mittelamerikanischen Märkte auszudehnen – ein grober Machtmissbrauch. Ebenso enthält es die gleichen destruktiven Bestimmungen für die Landwirtschaft wie die NAFTA; auch diese werden dazu führen, dass Exporte aus den Vereinigten Staaten nach Mittelamerika fließen und Menschen aus dieser Region nach Norden wandern. Aber die Normen in der verarbeitenden Industrie sind nebensächlich; dies trifft ebenfalls auf die Freihandelsabkommen zu, die die Vereinigten Staaten mit Singapur, Bahrain, Jordanien, Peru und Kolumbien geschlossen haben, und im Prinzip auf alle (tatsächlichen oder denkbaren) Verträge dieser Art. Unsere politischen Entscheidungsträger täten gut daran, in Zukunft auf solche Abkommen zu verzichten; sie sind zu einem Spielplatz für Lobbyisten geworden, die danach streben, ihre Monopolgewalt auf einige der ärmsten Länder und Menschen auszudehnen. Aber mit dem zukünftigen Beschäftigungsgrad und den Löhnen in den Vereinigten Staaten haben sie wenig bis gar nichts zu tun. Kurzum, die Debatten über die NAFTA, genauso wie die internationalen Arbeitsnormen der ILO und die neuen »Handelsabkommen« mit einzelnen Entwicklungsländern, sind kein Vorbild für einen wirksamen Kampf für gerechte Standards.

Auf der anderen Seite sind Standards an und für sich eine sehr gute Idee. Das Problem der populistischen Mobilisierung für Handelsnormen liegt nicht bei den Standards an sich, sondern bei ihrer Anwendung auf den Handel. Dies trifft insbesondere auf jene Norm zu, die im Prinzip allseits Unterstützung findet, die jedoch in der Handelspolitik nicht wirksam umgesetzt werden kann: Die Norm für das Lohnniveau. Wir können China oder Vietnam keine Lohnnorm aufzwingen. Wie uns jedoch die lange Erfahrung mit Mindestlöhnen und Lohntarifen in unserem eigenen Land und anderswo klar gezeigt hat, lassen sich Lohnstandards für Arbeiter in den Vereinigten Staaten sehr wohl durchsetzen. Und sollte jemand Maximallöhne für Manager einführen wollen, weil er oder sie sich davon eine bessere Unternehmensführung verspricht, dann lassen sich auch solche Standards durchsetzen.

Anstatt uns von den angeblichen Auswirkungen des Handels auf das Lohnniveau in die Irre führen zu lassen, sollten wir uns die Beziehung in umgekehrter Richtung anschauen: Was hat der Lohn für eine Auswirkung auf den Handel? Nehmen wir an, statt einer Handelspolitik, die uns bei den Löhnen helfen soll, verfolgen wir eine Lohnpolitik, die uns beim Handel hilft. Das mag sich anhören, als sei es bei den Haaren herbeigezogen, ist es jedoch nicht. Denn diese Wirtschaftspolitik ist in der wirklichen Welt schon ausprobiert worden: Unter Ökonomen ist sie als Skandinavisches Modell bekannt.[*]

In keiner kapitalistischen Volkswirtschaft ist der Reichtum so gleichmäßig verteilt wie in den skandinavischen Ländern. Fast alle Sektoren verfügen über gewerkschaftliche Vertretung, es herrschen hohe Mindestlöhne und ein starker Wohlfahrtsstaat. Was jedoch selten erwähnt wird: Diese Länder betreiben auch eine sehr offene Handelspolitik, einen wirklichen Freihandel. Unternehmen können ohne Einschränkung importieren, exportieren und ihre Produktion ins Ausland verlagern. Sie können ohne Einschränkung Arbeitskräfte einstellen und sie entlassen, sie können neue Geschäftszweige

---

[*] Das Modell wurde von den beiden Gewerkschaftsökonomen Gösta Rehn und Rudolf Meidner in den 1950er-Jahren entwickelt.

erschließen und sich auch sonst so benehmen, wie sie es für richtig halten. Und dennoch haben die skandinavischen Länder (zumindest die meiste Zeit) die niedrigste Arbeitslosenquote in Europa.

Wie ist das möglich, wenn doch der Markt einen stetigen Druck ausübt, die Löhne zu kürzen? Das Geheimnis der skandinavischen Strategie liegt nicht, wie vielfach angenommen wird, in der Industriepolitik oder in der Berufsausbildung, obwohl beide eine gewisse Rolle spielen. Das Geheimnis liegt in der straffen Regulierung der Löhne. Wie gesagt, einem Unternehmen in Schweden oder Norwegen steht es frei, zu importieren, zu exportieren oder die Produktion ins Ausland zu verlagern. Eines jedoch darf es nicht: Die Löhne kürzen. Eine Firma darf sich keinen Wettbewerbsvorteil verschaffen, indem sie billige Arbeitskräfte einstellt, seien es Einheimische oder Immigranten. Sie darf den Tariflohn nicht unterschreiten. Wenn ein Unternehmen nicht imstande ist, seine Belegschaft gemäß dem geltenden Tarifvertrag zu bezahlen und gleichzeitig einen Gewinn zu machen, dann hat es eben Pech gehabt.

Die Wirkung auf die Unternehmensdisziplin ist fabelhaft. Um erfolgreich zu sein, müssen Firmen einen Weg finden, wettbewerbsfähig zu bleiben, ohne dabei die Löhne ihrer Angestellten herabzusetzen. Sie bewerkstelligen dies durch eine hohe Produktivität und indem sie Geld in die technische Entwicklung investieren. Dies führt dazu, dass hochtechnologische Industriezweige in Skandinavien prosperieren, während rückständige allmählich verschwinden. (Anders formuliert: Fortschrittliche Unternehmer sind erfolgreich, reaktionäre hingegen sterben aus.) So bleibt die Wirtschaft als Ganzes wettbewerbsfähig: Zu Beginn des 20. Jahrhunderts waren die skandinavischen Länder noch arm, hundert Jahre später befanden sie sich bezüglich Einkommen und Reichtum an der Weltspitze. Das Steuer- und Sozialsystem sorgt seinerseits dafür, dass sich die Ressourcen gerecht verteilen.

Nun sind die Vereinigten Staaten weder Schweden noch Norwegen. Vor allem sind sie viel größer und können eine solche Politik deshalb nicht so schnell oder so umfassend umsetzen wie kleinere Länder. Doch die grundlegenden ökonomischen Prinzipien sind diesseits und jenseits des Atlantiks genau dieselben. In der Vergangenheit haben wir sie sogar selbst angewandt. Die Senatoren Dorgan und Brown stellen in ihrem Aufsatz korrekterweise fest, dass sich die Entstehung unserer Mittelschicht genau dieser Wirtschaftspolitik verdankt. Dafür war nicht der »freie Markt« verantwortlich, sondern Gewerkschaften, Gesetze, Regulierungen und Normen. Diese Normen wurden nicht anderen Ländern aufgezwungen. Sie wurden bei uns zu Hause durchgesetzt – wo dies tatsächlich möglich ist – und der Rest der Welt hat sich danach gerichtet. Kurzum, das Problem sind weder die Ausländer noch der Handel. Das wirkliche Problem ist, dass die Konservativen in den Vereinigten Staaten unsere Gewerkschaften, Gesetze, Regulierungen und Standards ausgehöhlt haben. Hinter dieser Politik steckt die Auffassung, dass der Markt Löhne und Preise festlegt und dass sich die Politik aus dieser Angelegenheit heraushalten soll.

Es gibt jedoch bis heute Wirtschaftssektoren, die davon verschont geblieben sind. In gewissen Industrien, die mit moderner Technologie arbeiten und in denen die Gewerkschaften nach wie vor eine starke Stellung innehaben (etwa die Flugzeug- und Informationstechnologie oder die Ölbranche), hat sich das hohe Lohnniveau bis heute gehalten. Und dennoch bleiben diese Sektoren wettbewerbsfähig. Wie ist das möglich? Weil das Modell nun mal funktioniert! Hohe Löhne, die von den Gewerkschaften durchgesetzt werden, tragen wesentlich dazu bei, dass die Unternehmen sich weiterentwickeln müssen, um konkurrenzfähig zu bleiben. Insbesondere in der Informationstechnologie müssen Firmen die besten Fachkräfte zu hohen Löhnen einstellen, weil sie sonst im

Wettbewerb mit anderen Unternehmen nicht bestehen können. Sollte der Boeing-Konzern seine hohen Löhne abschaffen, würde er letzten Endes technisch ins Hintertreffen geraten.

Wenn wir uns darauf konzentrieren, hier in den Vereinigten Staaten bessere Normen durchzusetzen, werden wir zweifellos einige Jobs verlieren, weil die Löhne im Ausland tiefer liegen. Doch im Unterschied zu den skandinavischen Ländern sind wir nicht gezwungen, unsere Leistungsbilanz auszugleichen. Das haben wir seit über dreißig Jahren nicht mehr getan. Solange der Dollar stark bleibt, können wir unsere Lebensstandards, unsere Produktivität und unsere Wettbewerbsfähigkeit erhöhen, ohne dass wir unser Handelsdefizit massiv reduzieren müssen. Etwas weniger optimistisch formuliert: Bis jetzt konnten wir dies tun. Die große Frage ist, wie lange diese Situation noch aufrechterhalten werden kann.

Dies ist eine finanzielle Frage. Hier geht es nicht um den Handel, und Handelspolitik hat damit praktisch nichts zu tun. Die Senatoren Brown und Dorgan – und viele andere – sehen eine enge Verbindung zwischen der Handelspolitik und dem Außenhandelsdefizit:

»Solche Handelsabkommen führen zu einem riesigen Handelsdefizit – allein in diesem Jahr waren es 800 Milliarden Dollar – und bewirken, dass die Einkommen der amerikanischen Arbeiter und die Leistungen, die ihnen zustehen, nach unten gedrückt werden. Warum? Weil Länder ihre mit billigen Arbeitskräften produzierten Güter in die Vereinigten Staaten exportieren und gleichzeitig die Einfuhr von amerikanischen Waren blockieren.«[*]

[*] Sherrod Brown, Byron Dorgan, »How Free Trade Hurts«, in: *Washington Post,* 23. Dezember 2006, S. A21.

Auch mit viel gutem Willen kann man aus dieser Aussage nicht richtig schlau werden. Wie genau sollen Handelsabkommen das Handelsdefizit beeinflussen? Die große Neuerung der NAFTA bestand im Abbau der mexikanischen Zölle in der Fertigungsindustrie und in der Landwirtschaft. Mexikanische Waren hingegen konnten bereits vor dem Abkommen praktisch zollfrei in die Vereinigten Staaten eingeführt werden. Es fragt sich, ob es auch nur ein einziges amerikanisches Produkt gibt, das aufgrund des NAFTA-Abkommens nicht mehr nach Mexiko exportiert werden darf. Überhaupt ist die Vorstellung, dass viel kleinere, ärmere und schwächere Länder die Vereinigten Staaten in diesen Verhandlungen ausmanövrieren, geradezu absurd.

Die Vereinigten Staaten weisen gegenüber Mexiko ein Handelsdefizit auf, aber es beläuft sich auf lediglich einen Zehntel des gesamten Defizits. Unsere Defizite mit Kanada und Japan sind viel größer, und keines dieser Länder ist ein Niedriglohnland. Das US-Handelsbilanzdefizit gegenüber China, mit dem wir kein Freihandelsabkommen unterzeichnet haben, ist etwa viermal so groß. Mit Handelsabkommen hat unser Defizit fast nichts zu tun und mit Niedriglohnländern im Allgemeinen recht wenig.

Ist das System, das uns ein jährliches Handelsdefizit von rund 800 Milliarden Dollar ermöglicht, riskant? Ja, das ist es. Könnten die Inhaber unserer Staatsanleihen, insbesondere China, kalte Füße bekommen? Könnten sie ihre Anleihen aus politischen Gründen verkaufen, etwa wegen eines Streits um Taiwan? Oder sogar Iran? Ja, das könnten sie. Könnte unsere Währung zusammenbrechen? Ja, all diese Dinge sind möglich. Das gegenwärtige System steht auf einem schwachen Fundament und birgt große Risiken.

Doch diese Risiken sind finanzieller Natur. Handelsabkommen haben darauf keinerlei Einfluss. Keine Handelspolitik, die unsere Beziehungen zu einzelnen Ländern regelt, vermag das finanzielle

Risiko zu mindern. Sollte sich unsere Handelspolitik gegen China richten, könnte sich das Risiko sogar erhöhen. Wenn wir chinesische Importe blockieren, kann China schnell und einfach reagieren, indem es ihre US-Anleihen abstößt und stattdessen Euros kauft.

Kurz, die gegenseitige Abhängigkeit zwischen den Vereinigten Staaten und seinen Gläubigern (insbesondere China) mag vielleicht Unbehagen auslösen, doch für eine Umkehr ist es zu spät: So sieht die globale Wirtschaftsordnung heute nun mal aus. Der Nahe Osten produziert Öl für die Weltwirtschaft, weil sich die Ressourcen in dieser Region befinden. Die Chinesen produzieren arbeitsintensive Konsumgüter, weil sie über die notwendigen Arbeitskräfte verfügen und wissen, wie sie produktiv eingesetzt werden können. Wir werden Anleihen ausgeben, solange eine Nachfrage besteht. Die Frage ist also nicht, ob diese Verhältnisse umgekehrt werden können, sondern wie wir uns am besten damit abfinden – wie wir sie aufrechterhalten können – und wie wir uns auf einen möglichen Zusammenbruch des Systems vorbereiten sollen. Dieses Thema wird im nächsten Kapitel behandelt.

Wie würden sich Lohnnormen auf die Position der amerikanischen Unternehmen im internationalen Wettbewerb auswirken? Die Marktökonomen gehen davon aus, das eine Verbindung zwischen dem Lohn eines Arbeiters und seiner Grenzproduktivität besteht. Andernfalls wäre ein Arbeiter für ein Unternehmen nicht profitabel und würde nicht eingestellt. Der logische Fehlschluss dieser Argumentation liegt darin, dass sie die Produktivität als ein Konzept betrachtet, das einer Firma von außen vorgeschrieben wird, das sich durch Technologie und andere objektive Faktoren definiert, auf die das Unternehmen keinen Einfluss hat. In der Realität ist es jedoch im Allgemeinen die Gesellschaft, welche die Lohnstruktur festlegt: Die Unternehmen sehen sich mit einer bestimmten Lohnstruktur konfrontiert und richten sich entsprechend ein. Sie erfinden und entwickeln neue Technologien und Geschäftsmethoden, um sich den Lohnstrukturen anzupassen, die ihnen die Gesellschaft diktiert. Egalitäre Strukturen sind anspruchsvoller und deshalb – in der Regel und zu einem gewissen Grad – auch produktiver.

Dieses sehr allgemeine Prinzip ist eng verknüpft mit den politischen Voraussetzungen für eine wirksame Regulierung, die in Kapitel 10 behandelt wurden. Obwohl Aktivisten wie Ralph Nader und Rachel Carson für den Umwelt- und Verbraucherschutz eine wichtige Rolle spielten, hätten sie die National Highway Traffic Safety Administration, die Occupational Safety and Health Administration oder die Environmental Protection Agency nicht allein auf die Beine stellen können. Hierzu bedurfte es einer Koalition von (relativ) progressiven Kräften, etwa Gewerkschaften und einzelnen Unternehmen, die sich gegen die Macht der reaktionären Unternehmen stellten; in einer Demokratie, die zu einem guten Teil von den Interessen großer Konzerne beherrscht wird, ist dies der einzige Weg zum Erfolg. Wenn wir wirksame Normen wollen, dann müssen wir Unternehmen finden, die solche Standards umsetzen können. Sie müssen die Normen akzeptieren und mit den Gewerkschaften und Umwelt- oder Verbraucherverbänden, die entsprechende Ideen und Ziele entwerfen und forcieren, mehr oder weniger kooperieren. Für solche Firmen bieten die Standards einen enormen Wettbewerbsvorteil. Ein Unternehmen, das die Standards einhält, kann seinen Marktanteil vergrößern, was sich zum Nachteil jener Unternehmen auswirkt, die das entweder nicht können oder nicht wollen. So werden sich die Normen nach und nach durchsetzen, die rückständigen und reaktionären Firmen müssen sich anpassen oder scheiden aus dem Geschäft aus, und die gute Unternehmensführung wird sich letztendlich behaupten. Lohnnormen, welche die gesamte Industrie zu einer guten Unternehmensführung zwingen, stellen lediglich die allgemeine Version jener Strategie dar, die auch beim Umweltschutz und bei Gesundheits-, Arbeits- und Verbraucherschutznormen angewandt werden kann.

Dies ist also die politische Antwort auf den Räuberstaat: die Forcierung von Normen. Denn der Räuberstaat ist nichts anderes als eine Koalition der reaktionären Kräfte in der Geschäftswelt. Diese Kräfte wollen ihre Wettbewerbsfähigkeit aufrechterhalten und weiterhin Gewinne einfahren, ohne sich technisch weiterzuentwickeln, ohne Umweltauflagen einhalten zu müssen oder sich um Verbraucher- oder Arbeitssicherheit zu kümmern. Dies sind die Kräfte hinter der Deregulierung, hinter den Attacken gegen Gewerkschaften und hinter der sogenannten Tort Reform, durch die Unternehmen verhindern wollen, dass Individuen Konzerne verklagen. Wenn sich die Plünderer nicht anpassen wollen – und die Erfahrung der vergangenen dreißig Jahre hat gezeigt, dass viele mächtige amerikanische Konzerne dies keineswegs beabsichtigen –, dann müssen sie eben politisch besiegt werden. Und wenn sie erst einmal geschlagen sind, dann müssen neue Normen resolut durchgesetzt und die betreffenden Konzerne zur Einhaltung gezwungen werden. Wo Reformen dringend nötig sind und die erforderlichen Technologien bereits existieren, sollten Unternehmen, die sich nicht anpassen können, kaltgestellt werden. An ihre Stelle müssen neue und bessere Firmen treten.

Die Tatsache, dass andere Industrieländer sich einen Wettkampf um die Führungsrolle in der Weltwirtschaft liefern, eröffnet diesbezüglich neue Möglichkeiten. Denn strikte Normen werden sich auch auf jene ausländischen Firmen auswirken, die sich auf dem amerikanischen Markt betätigen wollen; die politischen Argumente gegen Standards seitens einheimischer Firmen verlieren so an Schlagkraft. Wenn japanische Autohersteller besser in der Lage sind, die Autoindustrie insgesamt zu mehr Sparsamkeit zu bewegen als etwa General Motors oder Ford, wieso sollten wir diese Fähigkeiten nicht ausnützen? Wenn die Japaner Hybrid- und Elektroautos entwickeln und sie in den Vereinigten Staaten verkaufen wollen, ist das zu begrüßen. Das Gleiche gilt für französische Hochgeschwindigkeitszüge oder dänische Windmühlen. Wenn allfällige Hindernisse aus dem Weg geräumt werden, dann wird sich zumindest ein Teil der Produktion in die USA verlagern, wie die japanischen Automobilhersteller bereits vor langer Zeit bewiesen. Wie sähe die amerikanische Autoindustrie aus, wenn nicht Toyota, Nissan und Honda vor Jahren hier zu produzieren begonnen hätten? Rückblickend wird niemand etwas auszusetzen haben an den besseren Autos und tieferen Preisen, die die Japaner dem amerikanischen Markt beschert haben.

Auch auf einem anderen Gebiet würden Lohnstandards eine große Wirkung erzielen: Einwanderung. Der landläufigen Behauptung zufolge »drücken« undokumentierte Migranten die Löhne nach unten und nehmen so den einheimischen beziehungsweise legalen Arbeitern die Jobs weg, weil sie »bereit sind, für weniger Geld zu arbeiten«. Die Verantwortung liege bei den Immigranten, die nicht hierher gehörten, und die richtige Lösung sei deshalb, potenzielle Immigranten an der Einwanderung zu hindern. Diese Logik steckt hinter der Politik der immer strikteren Visabeschränkungen, schärferen Grenzkontrollen, hohen Registrierungsanforderungen – und den Mauern, die entlang der mexikanischen Grenze errichtet werden.

Doch in vielen Fällen ist diese Darstellung irreführend. Oft geht der Impuls zur Migration gar nicht von den Einwanderern aus, sondern von den Arbeitgebern: Sie bevorzugen Migranten als Arbeitskräfte, weil sie ihnen weniger Lohn zahlen müssen und die Risiken abbauen können, die von Gewerkschaften oder anderen Arbeiterbewegungen ausgehen. Zu diesem Zweck engagieren Arbeitgeber oft Personalvermittler und beauftragen sie, in Mexiko, El Salvador und

Guatemala nach Arbeitskräften zu suchen. Solange sie damit durchkommen, ziehen die Arbeitgeber undokumentierte Migranten den einheimischen Arbeitskräften vor und werden auch weiterhin Einwanderer zu minimalen Löhnen einstellen. Selbstverständlich können undokumentierte Migranten nicht lautstark gegen die schlechte Bezahlung protestieren.

Was würde jedoch passieren, wenn jeder Arbeiterin und jedem Arbeiter genau erklärt wird, auf welche Löhne und Arbeitsbedingungen sie Anspruch haben – egal, ob sie über eine gültige Arbeitsgenehmigung verfügen oder nicht? Offensichtlich würde der Vorteil, der sich aus undokumentierten Arbeitskräften ergibt (der im Prinzip auf einer Mischung aus tieferen Lohnkosten und Einschüchterung basiert), verschwinden. Migranten würden noch immer eingestellt, wo sie benötigt werden, doch ihre Zahl wäre signifikant kleiner, sie würden weniger einheimische Arbeiter verdrängen, und beide Gruppen würden sehr viel fairer behandelt. Aus ökonomischer Sicht sind faire Arbeitsnormen eine einfache Möglichkeit, unsere Probleme mit der Einwanderung zu lösen. Weshalb hören wir dies so selten? Weil es den räuberischen Geschäftsinteressen gegen den Strich geht und weil Immigranten nicht zur Wahl gehen.

Fassen wir zusammen: Das Ziel sollte sein, die amerikanischen Löhne heraufzusetzen, amerikanische Jobs zu schaffen und die Fairness und Sicherheit unseres Wirtschaftssystems zu erhöhen, sowohl für Amerikaner und registrierte Migranten als auch für alle anderen, die in den Vereinigten Staaten arbeiten möchten. Können wir dies erreichen, ohne das Handelssystem zu manipulieren? Natürlich können wir das – indem wir es direkt tun. Wenn wir höhere Löhne wollen, dann erhöhen wir sie. Wenn wir mehr und bessere Arbeitsplätze brauchen, dann schaffen wir sie. Wenn wir Lebensmittelstandards, saubere Luft und weniger Ausstoß von Kohlendioxid wollen, dann beschließen wir entsprechende Gesetze und schaffen Behörden, die dies durchsetzen können. Wir besetzen die Behörden mit den richtigen Mitarbeitern und geben ihnen die Mandate und erforderlichen Mittel, damit sie die nötigen Veränderungen umsetzen können. Die Politik mag dem im Weg stehen, nicht aber die Ökonomie. Das Einzige, was wir zu verlieren haben, sind die Illusionen des »freien Marktes«.

14 Die Frage der Finanzierung

Wenden wir uns nun der abschließenden Frage zu: Wie bezahlen wir das Ganze?

Gibt es finanzielle Gründe, weshalb den Vereinigten Staaten bei der Verwirklichung der oben diskutierten Pläne Grenzen gesetzt sein könnten? Können wir es uns überhaupt leisten, die Infrastruktur zu verbessern, eine gerechtere Gesellschaft zu schaffen und unsere Umwelt besser zu schützen? Können Standards umgesetzt werden, um den Mindestlohn zu erhöhen und die Maximaleinkommen zu beschränken? Können die USA – sollten sie dies beabsichtigen – den Räuberstaat durch diese und andere Mittel in die Knie zwingen? Oder besitzt der Markt eine Art kosmische Macht, die diese Pläne verunmöglicht? Wenn uns der Markt befiehlt, die Rentenversicherung zu privatisieren, die Leistungen von Medicare zu kürzen, das Bankenwesen zu deregulieren (und dann den Plünderern nach jeder Spekulationsblase, die sich dadurch bildet, aus der Patsche zu helfen) oder jegliche Handelsabkommen zu akzeptieren, die er uns vorschreibt, müssen wir das dann wirklich tun? Stimmt es, dass die Welt und die Vereinigten Staaten, wie Präsident William Jefferson Clinton 1993 frustriert feststellte, vom »beschissenen Anleihemarkt« regiert werden? Auf einer grundsätzlicheren Ebene stellt sich die Frage: Ist die Regierung der Vereinigten Staaten »bankrott«, weil sie ihre Wirtschaftspolitik aus technischen Gründen nicht mehr selbst kontrollieren kann?

Diese letzte Frage ist analytischer Natur. Behandeln wir sie in zwei Teilen: Schauen wir uns zuerst eine geschlossene Volkswirtschaft an, die sich weder am internationalen Handel noch am grenzüberschreitenden Kapitalmarkt beteiligt, und danach eine offene Volkswirtschaft, die ihre Grenzen offenhält sowohl für Güter als auch für Kapital.

Eine geschlossene Volkswirtschaft kann im Prinzip nicht bankrott gehen (in dem Sinn, dass sie die Souveränität über die nationale Wirtschaftspolitik verliert, dass sie also unter Umständen von ausländischen Geldgebern abhängig wird). Der internationale Handel eines solchen Landes (zum Beispiel China bis 1979) erfolgt hauptsächlich über direkte Geldüberweisungen, und der Staat unterhält demnach keine finanziellen Beziehungen mit dem Rest der Welt. Eine solche Volkswirtschaft wird nur von Kräften innerhalb des Landes beeinflusst. Sie mag zwar arm sein, aber sie unterliegt keinerlei Einschränkungen durch den Markt. Das Land kann die Ressourcen (die innerhalb der Volkswirtschaft produziert werden) so verteilen, wie es ihm beliebt. Was eine geschlossene Volkswirtschaft leisten kann, hängt von dem verfügbaren Wissen ab, von der Produktivität und von Fragen der Organisation und der politischen Möglichkeiten. Das Finanzwesen dient hier lediglich dazu, die Ressourcen so einzusetzen, dass sie bestimmte Ziele erreichen oder einer bestimmten Gruppe von Leuten Macht verschaffen. Sollten finanzielle Probleme entstehen – Inflation, Deflation, Bankenkrisen und Schulden –, dann sind sie lediglich ein Ausdruck der Schwäche des Staates. Der Staat mag ineffektiv, inkompetent oder instabil sein; die Mächtigen im Staat können Tyrannen oder Kleptokraten sein, oder auch Marionetten gewisser Oligarchen, deren Macht auf der Kontrolle von Land, Bergbau oder Öl basiert. Aber wenn keine finanziellen Abmachungen mit dem Ausland bestehen, keine Kreditverträge, die eingehalten werden müssen, keine international gehandelte Währung, deren

Wert von Bedeutung ist, dann gibt es auch keine äußeren Einschränkungen dessen, was der Staat tun kann.

In einer offenen Volkswirtschaft ist das Gegenteil der Fall. Der Handel ist nicht ausgeglichen – in manchen Jahren besteht ein Handelsüberschuss und in anderen ein Handelsdefizit – und aus diesem Grund beteiligt sich der Staat am internationalen Kreditgeschäft. Will ein Land auf dem internationalen Markt Kredite aufnehmen, muss es sich den Regeln, Normen und Erwartungen dieses Marktes unterwerfen. Tut es dies, dann fließt Kapital zu angemessenen Zinssätzen ins Land, die Geschäfte laufen und der Staat nimmt genügend Steuern ein, um die Infrastruktur zu erweitern und öffentliche Dienstleistungen zu verbessern. Tut er dies hingegen nicht, dann stößt der Markt seine Währung ab, die Zinsen steigen, die Steuereinnahmen sinken, Kapital fließt aus dem Land ab und die Regierung wird sich bald nicht einmal mehr genügend Mittel für den alltäglichen Gebrauch beschaffen können, geschweige denn für größere Neuinvestitionen. So weit die Theorie.

Betrachten wir jetzt die tatsächliche Situation in den Vereinigten Staaten. Haben wir eine offene Volkswirtschaft? Natürlich: Die Vereinigten Staaten sind offen für Handel und Kapital, unsere Handelsbilanz ist höchst unausgeglichen und der Staat borgt sich deshalb Geld im großen Stil. Doch gerade weil die Vereinigten Staaten auf den globalen Kapitalmärkten eine besondere Rolle einnehmen, weil sie Möglichkeiten haben, die anderen Ländern nicht offenstehen, gelten für sie andere Regeln. Salopp formuliert: Die Vereinigten Staaten müssen nicht den üblichen Gesetzen des Weltwirtschaftssystems folgen. Die Vorgaben und die Disziplin der Kapitalmärkte haben für sie keine Bedeutung. Sie befinden sich vielmehr in der privilegierten Position, Regeln festlegen und anderen aufzwingen zu können, sich selbst jedoch nicht um eine allzu strikte Einhaltung derselben kümmern zu müssen. Fair ist das kaum, aber so funktioniert das System.

Wie sind die Vereinigten Staaten zu dieser privilegierten Stellung gekommen?

Ihr Ursprung liegt darin begründet, dass die USA sowohl während der beiden Weltkriege als auch in der Nachkriegsepoche und im Kalten Krieg eine maßgebliche Rolle in der Finanzwirtschaft spielten. Im Ersten und Zweiten Weltkrieg waren die Vereinigten Staaten weit mehr als ein militärischer Verbündeter: Sie dienten ebenso als »Arsenal der Demokratie« wie als ihr Banker. Die beiden Weltkriege hatten zur Folge, dass sich die weltweiten Goldreserven in den Vereinigten Staaten ansammelten und die finanzielle Stellung der USA massiv stärkten. So waren wir schließlich in einer Position, dem Rest der Welt das Währungssystem der Nachkriegszeit zu diktieren. Im Abkommen von Bretton Woods 1944 wurde der Dollar zur Leitwährung erhoben, an deren Wert sich alle anderen orientierten.

Diesem Vertrag lag eine stillschweigende Abmachung zwischen den Vereinigten Staaten und den antikommunistischen, demokratischen Regierungen Europas und (schließlich) Japans zugrunde. Die USA würden die militärische Sicherheit dieser Länder garantieren, unter anderem durch den amerikanischen Nuklearschirm. (Zu Beginn stellten wir auch Stahl, Maschinen und Geld zur Verfügung, um der europäischen und japanischen Wirtschaft auf die Beine zu helfen.) Im Gegenzug akzeptierten diese Länder eine untergeordnete Rolle sowohl in der Politik als auch in der Geldwirtschaft. Sie respektierten diese sekundäre Rolle weiterhin, als ihre Wirtschaft sich vom Krieg vollständig erholt hatte, und auch noch später, als sie sich schon lange industrielle und technische Wettbewerbsvorteile verschafft hatten – teilweise sogar den Weltmarkt dominierten – und ihre Währungen (insbesondere der Yen und die Deutsche Mark) in den 1970er-Jahren auf dem Weltmarkt eine steigende Nachfrage verzeichneten. In vielen Entwicklungsländern, insbesondere in Lateinamerika, Afrika und Südostasien, suchten befreundete Regierungen (die antikommunistisch, aber nicht immer demokratisch waren) den Schutz der USA. Und die Vereinigten Staaten unterstützen sie dabei, äußere Bedrohungen einzudämmen und innere Opposition zu unterdrücken, ob sie nun erfunden waren oder echt, legitim oder nicht. Diese Abmachung – Sicherheit gegen Unterordnung, Verteidigung gegen Dollars – bestimmte die Wirtschaftsordnung des Kalten Krieges.

So standen die Vereinigten Staaten ein halbes Jahrhundert lang an der Spitze einer Weltgemeinschaft, deren Ziel die Aufrechterhaltung eines gelenkten Kapitalismus war. Weniger bedeutende Mitglieder der Allianz, etwa Guatemala oder Italien, konnten in diesem System nur so weit autonom handeln, als ihre Politik den amerikanischen Interessen nicht zuwiderlief. Unsere wichtigsten Verbündeten berieten uns und trugen unsere Politik mit; zuweilen widersprachen sie uns (zum Beispiel im Vietnamkrieg), und manchmal waren unsere Beziehungen von Meinungsverschiedenheiten geprägt (zum Beispiel in Bezug auf Kuba). Aber letzten Endes musste die amerikanische Vorrangstellung anerkannt werden. Margaret Thatchers Slogan »Es gibt keine Alternative« entstand zwar nicht in diesem Zusammenhang, doch er trifft den Nagel auf den Kopf.

Das amerikanische Handelsdefizit ist nicht weniger und nicht mehr als die logische Konsequenz aus diesem System; insbesondere trifft das auf jene Entwicklung zu, die begann, *nachdem* die formellen Mechanismen zur Steuerung der internationalen Finanzpolitik und der Stabilisierung der Wechselkurse zwischen 1971 und 1973 aufgegeben wurden.

Im Vertrag von Bretton Woods widerspiegelte sich noch immer die traditionelle, auf alter Gewohnheit und Volksweisheit beruhende Auffassung, dass jedes Land seine Leistungsbilanz langfristig augleichen muss – dass es also so viel exportieren soll wie es importiert. Unter dem Regime des klassischen Goldstandards erfolgte der Ausgleich des Außendefizits bis 1913 durch die Ausfuhr von Edelmetall. Leistete sich ein Land über lange Zeit eine negative Handelsbilanz, flossen seine Goldreserven langsam ab, was schließlich dazu führte, dass entweder die Binnenpreise zusammenbrachen (weil das System nicht über genügend Goldreserven verfügte, um die Volkswirtschaft zu den geltenden Preisen aufrechtzuerhalten), die Produktion ins Stocken geriet (weil die Unternehmen an keine billigen Kredite mehr kamen) oder das Land seine Schulden nicht mehr bezahlen konnte (wenn ein kleineres Land bei einem größeren verschuldet war, führte dies vielfach zum Krieg). Bretton Woods schuf ein friedliches und geordnetes System, um die Ungleichgewichte im Handel auszugleichen; aber die Notwendigkeit allfälliger Anpassungen bestand weiterhin, denn Bretton Woods hielt an der ausgeglichenen Handelsbilanz fest. Verzeichnete ein Land ein Defizit, konnte es sich zuerst Geld vom IWF borgen. War das Ungleichgewicht dadurch nicht in den Griff zu bekommen, wertete es seine Währung ab und passte so die Wechselkursverhältnisse des Weltwährungssystems an. Schließlich – so die Theorie – würde die Balance in der Handelsbilanz wiederhergestellt.

Indem es jedoch den Dollar zur Leitwährung erhob und damit ins Zentrum des Systems stellte, verhinderte Bretton Woods die Möglichkeit, den Dollar abzuwerten; gleichzeitig machte das System die Vereinigten Staaten zum einzigen Land, das seine Handelsbilanz nicht auszugleichen brauchte – mit einer Ausnahme: Wie wir bereits gesehen haben, behielten sich die Zentralbanken anderer Länder das Recht vor, einen Ausgleich in Gold zu fordern. Und als die Spannungen innerhalb des westlichen kapitalistischen Systems während der 1960er-Jahre zunahmen (hauptsächlich wegen des Vietnamkriegs), machten ausländische Zentralbanken von diesem Recht vermehrt Gebrauch.

Die Vereinigten Staaten sahen sich jetzt einem Widerspruch gegenüber: Im Unterschied zu den anderen Ländern konnten sie ihr Handelsdefizit nicht durch Abwertung des Dollars ausgleichen; denn eine Abwertung jener Währung, an die alle anderen gebunden waren, würde einen Zusammenbruch des Systems nach sich ziehen. Wenn also andere Länder sich nicht mit dem großen amerikanischen Defizit abfinden wollten, das für die hohe Beschäftigungsquote in den Vereinigten Staaten sorgte, gab es zwei Möglichkeiten: Entweder die USA gaben die Vollbeschäftigung auf, oder sie sprengten das System. 1969/1970 wählte Richard Nixon die erste Variante, was beinahe ins politische Desaster geführt hätte. 1971/1972 entschied er sich für den zweiten Kurs: Um seine Wiederwahl zu sichern, stürzte er die Weltwirtschaft ins Chaos. Es folgte eine Periode großer Unsicherheit im Weltfinanzsystem; viele Leute erwarteten, dass eine Kombination von Währungen (unter anderem die Deutsche Mark, der Japanische Yen, das Britische Pfund und der Schweizer Franken) den Dollar als Leitwährung ablösen würde. Die darauffolgenden zehn Jahre waren von finanzieller Unsicherheit geprägt, und die Vereinigten Staaten zahlten den Preis in Form von Inflation und regelmäßig wiederkehrenden Rezessionen.

Reagans makroökonomische Wirtschaftspolitik vermochte dieser Unsicherheit ein Ende zu setzen – und den Widerspruch aufzulösen. Obwohl Monetarismus und angebotsorientierte Wirtschaftslehre wichtige Sektoren der amerikanischen Industrie zerstörten, zu hoher Arbeitslosigkeit führten und die soziale Ungleichheit im Land massiv verstärkten, konnten sie die finanzielle Macht der Vereinigten Staaten wiederherstellen. Die gleichen hohen Zinssätze, die in Ohio und Michigan so viel Schaden anrichteten, wirkten sich im Ausland noch viel verheerender aus. Die finanziellen Beziehungen zwischen den Vereinigten Staaten und dem Rest der Welt veränderten sich: Reagans Wirtschaftspolitik schuf ein neues, auf dem

Dollar basierendes System, das zur Grundlage der Weltwirtschaft wurde. Dies sollte den Vereinigten Staaten einen riesigen Vorteil verschaffen, auf Kosten aller anderen Volkswirtschaften. Denn jetzt begannen die meisten Länder, sich gegen die weltweite finanzielle Unsicherheit (deren Ursprung nicht selten in den Vereinigten Staaten lag) abzusichern, indem sie Geldreserven anlegten, die zur Hauptsache aus amerikanischen Staatsanleihen bestanden.

Jetzt waren jegliche Einschränkungen aufgehoben; sogar die weitgehend von den USA selbst auferlegte makroökonomische Disziplin und die Handelsdisziplin der Bretton-Woods-Ära wurden fallengelassen. Der zentrale Stellenwert, der dem Dollar nach 1981 zukam, bedeutete nicht nur, dass die amerikanische Wirtschaft viel mehr importieren konnte (und kann) als sie exportierte (und exportiert); er bedeutete vielmehr, dass sie mehr importieren *muss*. Die Differenz wird dadurch wettgemacht, dass wir einfach einen Zettel schreiben, auf dem wir uns zu einer späteren Rückzahlung inklusive Zinsen verpflichten. Das Ausmaß, in dem wir uns Geld leihen können – müssen – wird einzig und allein dadurch bestimmt, wie viel amerikanische Staatsanleihen andere Länder kaufen wollen. Als die Weltwirtschaft expandierte und insbesondere als China zu einem Global Player heranwuchs und amerikanische Schuldverschreibungen kaufte (wofür es natürlich seine eigenen Gründe hatte), schien es, als ob dieses Ausmaß praktisch keine Grenzen kenne.

Die Folge ist, dass die Vereinigten Staaten seit Jahren eine negative Handelsbilanz aufweisen. Und mit dem Wachstum der Weltwirtschaft wächst auch das Defizit. Zum Zeitpunkt der Abfassung dieses Buches beträgt es mehr als 6 Prozent des jährlichen BIP, also über 800 Milliarden Dollar. Sagen wir es noch einmal: Der wichtigste Grund für dieses Ungleichgewicht ist, dass andere Länder aus ihren eigenen Gründen ihr Geld als US-Staatsanleihen anlegen wollen. Anders wäre das nicht möglich, und solange andere Länder dies wollen, können wir es auch nicht vermeiden.

US-Staatsanleihen zu halten ist nicht ganz billig. Die Ressourcen, die so eingesetzt werden, könnten andernfalls etwa darauf verwendet werden, Importe zu kaufen und so zum Wachstum ärmerer Volkswirtschaften beizutragen. Doch diese Entscheidung liegt bei anderen Ländern, nicht bei uns; wir können die Entscheidung höchstens beeinflussen, indem wir unsere kurzfristigen Zinssätze anpassen.

Weshalb sind US-Staatsanleihen so beliebt? Aus drei Gründen – alle haben« in irgendeiner Weise mit »Sicherheit« zu tun. Erstens: Kein Anleihemarkt ist so liquid wie der amerikanische. Es besteht keine Gefahr, dass die amerikanische Regierung ein Darlehen nicht zurückzahlen kann, das auf diesem Markt ausgegeben wurde, oder dass ihre Schulden nicht refinanziert werden; genauso wenig müssen Gläubiger befürchten, dass eine Anleihe zu einem tiefen Dollarpreis verschleudert werden muss. (Beim Euro ist dies noch immer nicht der Fall, und zwar aus folgendem Grund: Es gibt keine »europäische« Anleihe, die von der gleichen Instanz ausgegeben und abgesichert wird, welche auch den Euro ausgibt. Vielmehr hält der Besitzer eine in Euro gerechnete Anleihe eines bestimmten Staates, etwa Italien – und obwohl bei italienischen Staatsanleihen ein geringes Ausfallrisiko besteht, ist das Risiko nicht gleich null.)

Zweitens: Solange der Rest der Welt seine Währungsreserven in Dollar hält, sind die Währungs- oder Wechselkursrisiken für die einzelnen Länder sehr gering. Die große Zahl von Gläubigern verschafft Sicherheit, denn es ist sehr unwahrscheinlich, dass jene Währung zusammenbricht, die alle als Reserve halten. Dieses Herdenverhalten reproduziert sich sozusagen selbst: Wenn niemand erwartet, dass der Dollar einbricht, weil alle Anleihen in Dollar halten, dann wird er auch nicht einbrechen, egal, wie viele Dollars auf den Weltmarkt kommen.

Drittens: Die anderen Länder spüren zu Recht, dass die Vereinigten Staaten auch weiterhin eine wichtige Rolle als stetig wachsender Absatzmarkt für ihre Güter spielen werden – aus dem einfachen Grund, weil die innenpolitischen Kosten für die USA zu hoch wären, sollte die Regierung auf weniger Importe umstellen wollen. Deshalb werden diese Länder mit ihren Exporten auch weiterhin Dollars verdienen, und diese Dollars werden dem amerikanischen Markt zur Verfügung stehen. Es wäre eine höchst unvernünftige Politik, dieses System aus dem Gleichgewicht zu bringen, denn solch ein Schritt würde Inflation nach sich ziehen und möglicherweise eine unvorhersehbare und defensive Wirtschaftspolitik der Vereinigten Staaten provozieren – und das nur, damit ein Land seine Währungsreserven gleichmäßiger verteilen kann, was ohnehin mehr einen theoretischen als praktischen Nutzen hätte.

Wiederholen wir: Reagan und seine Mitstreiter führten zwar eine ganze Reihe von konservativen ökonomischen Theorien an, auf der ihre Wirtschaftspolitik basierte; doch ihren wesentlichen und langfristigen Beitrag leistete ihre Revolution ganz woanders – ein Beitrag, der in den Vereinigten Staaten kaum bemerkt und nur wenig verstanden wurde. Wie wir im ersten Teil dieses Buches gesehen haben, war Reagans Wirtschaftspolitik hauptsächlich darauf ausgerichtet, die Binnenwirtschaft umzugestalten: Inflation einzudämmen, Wachstum anzukurbeln und dem vermeintlich effizienten Markt freien Lauf zu lassen. Wie wir ebenfalls gesehen haben, gab die Regierung die entsprechenden wirtschaftspoltischen Strategien (Monetarismus, angebotsorientierte Steuersenkungen, Deregulierung) wegen der hohen Kosten schnell wieder auf. Der Monetarismus wurde begraben, als er zur Rezession von 1982 führte; die Steuersenkungen mussten in verschiedenen Steuerreformen und Steuererhöhungen von 1982 bis 1993 wieder wettgemacht werden, und die Deregulierung des heikelsten Sektors – des Bankenwesens –

wurde rückgängig gemacht, nachdem sie dem Spar- und Leihfiasko der späten 1980er-Jahre den Weg bereitet hatte.

Doch der eine Aspekt seiner Wirtschaftspolitik, den Reagans Ökonomen nie an die große Glocke hängten oder zu rechtfertigen suchten, erfüllte seinen Zweck; hier konnte sich Reagans Revolution bis heute halten: im internationalen Finanzwesen. Die radikale Geldpolitik der frühen 1980er-Jahre brachte ein neues internationales Finanzsystem hervor. Doch gab es einen Unterschied zur Situation zehn Jahre zuvor, als Bretton Woods zusammengebrochen war: Während das System von 1973 die Möglichkeit gestattete, dass der Yen oder die Deutsche Mark zu Stützen des Währungssystems avancierten, machte die Federal Reserve unter Paul Volcker (1979 bis 1982) unmissverständlich klar, dass die Vereinigten Staaten keine Konkurrenz zum Dollar tolerieren würden. Bis zur Einführung des Euro im Jahr 2001 hatte der Dollar zwei Jahrzehnte lang beinahe uneingeschränkte Macht inne. So konnte das amerikanische Handelsdefizit praktisch grenzenlos anwachsen – die Nachfrage der Weltwirtschaft bestimmte das Ausmaß. Der größte Triumph dieser Ära erfolgte gegen Ende der 1990er-Jahre: Der Boom im Informationstechnologiesektor bescherte uns Vollbeschäftigung und gleichzeitig tiefe Zinssätze und einen felsenfesten Dollar. In diesem Sinn war die damalige Behauptung der Konservativen zwar irritierend, aber zutreffend: Indem Reagan die Hegemonie des Dollars wiederherstellte, ermöglichte er den Boom unter Clinton.

Dann folgten zwei Entwicklungen, die grundlegende Veränderungen nach sich zogen: das Ende des Kalten Krieges 1989 und die fortschreitende wirtschaftliche Integration Europas, die schließlich zur Einheitswährung führte.

Als der Kalte Krieg zu Ende ging, erlitt die Sonderstellung des Dollars einen Rückschlag, denn der Nutzen eines amerikanischen Sicherheitsschilds wurde nun zunehmend hinterfragt. Die Terroranschläge vom 11. September 2001 ließen den Glauben daran kurzzeitig wieder aufleben, doch die Invasion im Irak höhlte das Vertrauen in die amerikanische Außenpolitik weiter aus, und ebenso das Vertrauen in den Dollar.* Einerseits hat dies damit zu tun, dass viele Menschen den wahren Beweggründen der Amerikaner misstrauen, und andererseits ist die Überzeugung weit verbreitet, dass der globale Krieg gegen den Terror ein Etikettenschwindel ist. In der ganzen Welt – mit Ausnahme der Vereinigten Staaten – hat sich die Erkenntis durchgesetzt, dass der Gefahr durch Terrorismus mit Politik und Diplomatie begegnet werden muss – und dass sie in den Aufgabenbereich der Polizei fällt. Militärische Mittel können zur Lösung dieses Problems nicht viel beitragen.

Hinzu kommt, dass die militärische Stärke der Amerikaner – und militärische Macht im Allgemeinen – im Irak an ihre Grenzen gestoßen ist. Von den 1950er- bis zu den 1980er-Jahren konnten die Vereinigten Staaten die westliche Welt weitgehend allein gegen die Sowjetunion verteidigen – schließlich bedurfte es dazu in den meisten Fällen keiner tatsächlichen Kampfhandlungen. Doch die Vereinigten Staaten sind nicht imstande, in einem eroberten Gebiet wie dem Irak (auch wenn es ein kleines Gebiet ist) für Sicherheit zu sorgen, wenn ihr die dortige Opposition einen entschlossenen Widerstand entgegensetzt. Hier geht es nicht etwa um die begrenzten Fähigkeiten der amerikanischen Streitkräfte, sondern um eine grundsätzliche Tatsache bezüglich der Grenzen militärischer Macht in der heutigen Welt.

Wie konnte der Dollar seine Stärke behaupten, nachdem es dafür keine sicherheitspolitische Rechtfertigung mehr gab? In den späten 1990er-Jahren erlebte der amerikanische Aktienmarkt, ins-

---

* Zum jetzigen Zeitpunkt hat er gegenüber dem Euro einen Drittel seines Werts verloren.

besondere der NASDAQ, einen außergewöhlichen Boom, und zur gleichen Zeit hatten Russland und Asien mit schweren Finanzkrisen zu kämpfen; dies hatte zur Folge, dass die amerikanische Wirtschaft erneut zur Lieblingsdestination für gewinnsuchendes Kapital aufstieg. Unter diesen Umständen konnte ein wachsendes Handelsdefizit und ein starker Dollar ohne Schwierigkeiten aufrechterhalten werden. Doch als der Technologieboom einbrach, stand auch die zweite Säule des Dollars zunehmend auf unsicherem Boden: Es war höchst ungewiss, ob die amerikanische Wirtschaft weiter wachsen würde. Und doch wurde das Vertrauen auch hier wiederhergestellt, denn 2003 setzte die wirtschaftliche Erholung in den Vereinigten Staaten wieder ein; Grund hierfür war eine Kombination von erhöhten Staatsausgaben, unter anderem für den Irakkrieg, und der scheinbaren Stärke des Immobiliensektors.

Wie wir heute wissen, basierte die Stärke des Wohnungssektors nach 2003 auf Subprime-Hypotheken. Es handelte sich also um einen weiteren Fall von spekulativer Überhitzung, die sich mittlerweile in eine Immobilienkrise gewandelt hat. Es stellt sich die Frage: Was wird als Nächstes passieren?

In den Vereinigten Staaten sind die Folgen der Immobilienkrise gravierend: Hunderttausende Menschen mussten ihre Häuser bereits verlassen und befinden sich in einer äußersten Notlage – die meisten von ihnen sind arm und viele bereits im fortgeschrittenen Alter. Hinzu kommen die Auswirkungen auf Wohnquartiere: Anwohner, deren Häuser nicht zwangsenteignet wurden, finden sich inmitten verbarrikadierter Häuser und verfallener Sackgassen. Das Bankenwesen wird ebenso in Mitleidenschaft gezogen: Der Kreditfluss, der den Markt angeheizt hatte, ist mittlerweile eingefroren. Und schließlich sind da noch die Auswirkungen auf die Wirtschaftsaktivität, denn diese wird weitgehend durch das Auf und Ab der Investitionen im Wohnungswesen bestimmt. Diese Folgen können sich noch lange hinziehen und den wirtschaftlichen Aufschwung über Jahre hinweg lähmen.

Auf der internationalen Bühne könnte sich eine Krise im amerikanischen Kreditwesen unter diesen Umständen sogar noch weit gravierender auswirken. Es ist zu erwarten, dass ausländische Investoren und Zentralbanken sich nach anderen Möglichkeiten umsehen, um ihre finanzielle Stabilität zu garantieren. Einige Anleger werden sich sicherlich auf den Euro verlagern oder zumindest ihre Wertpapierbestände gleichmäßiger auf Dollar, Euro, Pfund und Yen verteilen. So könnten die Tage des hegemonialen Dollarsystems gezählt sein.

Wohlgemerkt: Dies ist nur eine Möglichkeit, es muss nicht so kommen. Das System der Dollarreserven ist noch nicht am Ende, und es ist auch nicht gezwungenermaßen dem Untergang geweiht. Die Entwicklung könnte ähnlich verlaufen wie beim Osmanischen Reich: Das System wird fortdauern – vielleicht noch für viele Jahre – weil es einfach zu kostspielig und gefährlich wäre, es aufzugeben. Eine Zeit lang könnte der Wert des Dollars sinken, bis er das Niveau erreicht hat, auf dem die Anleiheninhaber keine weiteren Wertverluste mehr erwarten, und sich dort einpendeln. Eine andere Möglichkeit ist, dass eine weitere Runde der globalen geldpolitischen Schocktherapie im Stil Reagans und Volckers dem Dollar zu neuer Kraft verhilft – obwohl die Folgen für den Rest der Welt katastrophal wären. Als Alternative dazu könnten wir uns auf Veränderungen vorbereiten – auf ein neues System, das globale geldpolitische Anpassungen ohne verheerende Folgen für die Weltwirtschaft in Gang zu setzen vermag. Jede dieser Alternativen ist möglich. So sieht die Situation zum jetzigen Zeitpunkt aus: Wir können schlicht nicht wissen, was passieren wird.

Für die politischen Entscheidungsträger stellt sich die folgende Frage: Wenn wir nicht wissen, was passiert, wie sollten wir dann handeln? Wenn die voranstehende Analyse korrekt ist, sollten wir daraus drei grundsätzliche Lektionen lernen.

Erstens: Solange das System der Dollarreserven besteht, gelten für die Vereinigten Staaten andere Regeln. Die USA sind nicht mit Argentinien zu vergleichen, denn ihre Stellung in der Weltwirtschaft ist grundsätzlich eine andere. Wenn also jemand behauptet, die Vereinigten Staaten können – dürfen – keine neuen Investitionen tätigen oder neue Normen und Richtlinien einführen, dann muss der oder die Betreffende genau erklären, weshalb dies das Reservesystem aushöhlen würde. Denn wenn das nicht der Fall ist, gibt es kein finanzpolitisches Argument, das gegen solche Maßnahmen spricht. Die Behauptung, die Finanzmärkte würden die Vereinigten Staaten gleich behandeln wie Argentinien, entbehrt jeglicher Grundlage: Die USA waren nie in dem Maß von den internationalen Finanzmärkten abhängig wie Argentinien, dessen Währung an die eines anderen Landes gekoppelt war.

Zweitens: Wenn tatsächlich eine so enge Beziehung besteht zwischen finanzieller und militärischer Sicherheit, wie ich sie oben skizziert habe, dann sollten sich die Vereinigten Staaten genau überlegen, wie sie einen globalen Rahmen für kollektive Sicherheit schaffen können, um das Vertrauen anderer Länder zurückzugewinnen. Denn ein System, das in erster Linie auf militärischer Stärke basiert und über das Dollarreservesystem finanziert wird, bietet weder umfassende Sicherheit noch stellt es ein zwingendes Argument für die Aufrechterhaltung des Reservesystems dar. Insbesondere gilt das für Gläubigerstaaten wie China: ein unabhängiges Land ohne starke geopolitische Affiliationen, das sich außerhalb des amerikanischen Sicherheitsbereichs befindet und das die Militärmacht der USA nicht unbedingt als einen Schutz für seine außenwirtschaftlichen Beziehungen betrachtet, sondern genauso gut als Bedrohung wahrnehmen kann. Ein Ordnungsprinzip, das auf amerikanischen Investitionen und einer amerikanischen Führungsrolle in einem kollektiven Sicherheitssystem basiert, könnte – ich wähle das Wort *könnte* sorgfältig – ein überzeugenderes Argument für eine zukünftige finanzielle Unterstützung für die USA darstellen.

Drittens: Wie der Boom der späten 1990er-Jahre verdeutlicht hat, muss es nicht riskant sein, die Wirtschaftsaktivität durch Investitionen zu beleben. Denn der Kapitalfluss hängt von den potenziellen Gewinnen ab; die boomenden Kapitalmärkte, die durch den Aufschwung in der Technologiebranche angeheizt wurden, schafften Geld ins Land und konnten so den Dollar stützen, obwohl das Handelsdefizit weiter anwuchs. Anders ausgedrückt: Anleger im Ausland werden in den Vereinigten Staaten investieren, wenn sie einen guten Grund dazu haben.

Wieso geben wir der Welt nicht einfach diesen Grund? Wenn meine Argumentation korrekt ist, dann folgt daraus, dass wir das Dollarreservesystem gerade *nicht* dadurch stabilisieren können, dass wir allzu vorsichtig sind und »fiskalisch verantwortungsvolles Handeln« zur ersten Priorität erheben. Wir müssen uns vielmehr auf die Dynamik der zugrundeliegenden Wirtschaft konzentrieren. Ein Programm, das die Wirtschaft vorausschauend plant und die nötigen Normen umsetzt, könnte die Welt zurück zu einem vom Dollar gestützten Wirtschaftssystem führen und so die wirtschaftliche Vorrangstellung der Vereinigten Staaten (sowie ihre Fähigkeit, dieser Aufgabe angemessen nachzukommen) aufrechterhalten – besonders wenn dieses Programm der Weltwirtschaft eine neue Generation von Investitionsgütern zur Verfügung stellt und wenn diese innovativen Güter zur Lösung des Klimawandels beitragen.

Die entscheidende Frage lautet: Wenn wir unsere Wirtschaft grundlegend erneuern würden, wie würde sich dies auf den Dollar auswirken? Wenn wir uns vom Räuberstaat verabschiedeten und uns um ein kollektives internationales Sicherheitssystem bemühten?

Wenn wir uns wieder auf Vollbeschäftigung und die Erneuerung unserer Infrastruktur konzentrierten und uns in jenen Bereichen, in denen am meisten Bedarf besteht – etwa beim Klimawandel – wieder an die Spitze der technischen Entwicklung stellen würden? Könnte und würde die Welt darauf reagieren, indem sie uns die finanzielle Unterstützung gewährt, die für diese Veränderungen notwendig sind?

Wir wissen es nicht. Die Welt könnte sich gegen uns wenden; vielleicht hat sie dies bereits getan. In diesem Fall müsste die Option in Betracht gezogen werden (vielleicht wäre es unter diesen Umständen die einzige Option), die amerikanische Wirtschaft abzuschotten, bis sie in technologischer Hinsicht wieder wettbewerbsfähig ist. Es ist jedoch ebenso denkbar (und vielleicht auch wahrscheinlicher), dass sich die Welt noch nicht gegen uns gewendet hat. In diesem Fall steht uns ein weit einfacherer und vielversprechenderer Weg offen: Wir bitten die Welt erneut, unsere Anleihen zu kaufen, während wir uns daran machen, unsere Wirtschaft auf Vordermann zu bringen.

Und dies bringt uns zur letzten, entscheidenden Frage: Wie würde sich eine solche Initiative auf die politische Grundhaltung Europas, Chinas, Japans und anderer finanzstarker Regionen auswirken? Wie würden sie darüber denken, wie würden sie reagieren?

Die Ausgangslage wäre grundsätzlich eine völlig andere: Nicht mehr Furcht würde die Welt regieren, sondern Hoffnung. Unser System wurde bis heute von militärischer Macht und einer gemeinsam wahrgenommenen Bedrohung zusammengehalten. Die Grundlage dieses Systems ist mittlerweile verschwunden, und der zynische Versuch, sie durch den globalen Krieg gegen den Terror zu ersetzen, ist gescheitert. Unterdessen fürchtet (oder respektiert) die Welt auch die militärische Macht der Vereinigten Staaten nicht mehr im gleichen Maß wie früher, weil die Grenzen dieser Macht immer augenfälliger werden. So wird ein globales Finanzsystem, das auf der *Wahrnehmung* amerikanischer Macht basiert, früher oder später zu Ende gehen.

Aus diesem Grund müssen wir andere Möglichkeiten finden, das Einverständnis der Welt zur geltenden finanziellen Ordnung zu gewinnen. Und im Prinzip gibt es diese Möglichkeiten. Die Weltwirtschaft braucht einen finanziellen Fixpunkt: Die Vereinigten Staaten können diese Rolle übernehmen. Die Welt braucht ein Land, das an der Spitze der wissenschaftlichen und technologischen Entwicklung steht: In der Vergangenheit waren dies die Vereinigten Staaten, sie sind es noch heute, und sie können es auch in Zukunft sein. Die Welt braucht ein Land, das die Fähigkeit hat, in der Wirtschaft Innovationen und Veränderungen voranzutreiben und die Richtung der ökonomischen Entwicklung vorzugeben. Dies war bis heute die Rolle der Vereinigten Staaten.

Obwohl die konservative Wirtschaftslehre großen Schaden angerichtet hat und der Räuberstaat sich immer weiter ausbreiten konnte, sind diese Stärken noch immer vorhanden. Als die Konservativen an der Macht waren, konnten sie ihr Werk nicht vollenden. Die Ideologie des freien Marktes, hinter der sie sich versteckten, ist zwar pleite, nicht aber das Land. Wir können noch immer auf die Stabilität und Anpassungsfähigkeit unserer halböffentlichen Institutionen zählen. Unsere Universitäten und Forschungszentren sind noch immer weltweit führend. Unsere Regierung kann wiederaufgebaut werden. Es gibt Mechanismen, wie wir neue Institutionen gründen und bereits existierende umfunktionieren können. Von diesen Mechanismen sollten wir Gebrauch machen. Zur gleichen Zeit benötigen wir eine effektive Regulierung, und wir müssen die Macht der räuberischen Elemente unserer Gesellschaft – die Kultur der Plünderung –, die sie über unsere Regierung und die großen Konzerne ausüben, brechen.

Sollten die Vereinigten Staaten dieses Ziel in Angriff nehmen, mit Hingabe, Energie, Kompetenz und viel gutem Willen, dann gibt es keinen Grund, weshalb die Welt uns nicht entgegenkommen soll, um uns den erforderlichen finanziellen Spielraum zur Verfügung zu stellen. Denn diesen Spielraum benötigen wir, um die Werkzeuge zu entwickeln und die Investitionen zu tätigen, die wir brauchen, um die Umweltkrise in den Griff zu bekommen, um den Übergang zu einer energiesparenden Wirtschaft zu bewerkstelligen und das Überleben der menschlichen Zivilisation zu sichern. Es mag andere Wege zu diesem Ziel geben, und vielleicht werden wir sie früher oder später beschreiten müssen. Doch so können wir die Erneuerung jetzt gleich verwirklichen – oder es zumindest versuchen. Dazu bedarf es weder großer weltpolitischer Veränderungen noch einer Neuordnung des geltenden Finanzsystems; und die notwendigen Veränderungen können schnell genug umgesetzt werden, sodass wir innerhalb kurzer Zeit wirkliche Resultate erzielen. Es ist der Weg des geringsten Widerstands, und deshalb sollten wir hier ansetzen.

Haben wir, solange diese Möglichkeit besteht (um nochmals Margaret Thatcher zu zitieren), überhaupt eine Alternative?

Danksagung

Am 26. April 2006 besuchte ich meinen Vater im Mount Auburn Hospital in Cambridge – ein Besuch, der sich als mein letzter herausstellen sollte. Nachdem ich ihm ein wenig von meiner Arbeit erzählt hatte, sagte er zu mir: »Du solltest ein kleines Buch über die räuberischen *Unternehmen* schreiben. Das könnte dich zum führenden Ökonomen deiner Generation machen.« Er legte eine Pause ein und fügte dann mit seiner üblichen Bescheidenheit hinzu: »Wenn ich es noch tun könnte, würde ich dich in den Schatten stellen.«

Ich erzählte diese Geschichte einen Monat später an seiner Gedenkfeier, die am traditionellen Memorial Day in der Memorial Church der Universität Harvard abgehalten wurde. Kurz darauf erhielt ich eine Nachricht von Bruce Nichols, der bei Free Press bereits mein Buch *Created Unequal* herausgegeben hatte; er machte mir den Vorschlag, das Buch tatsächlich zu schreiben. Obwohl ich mich damals noch nicht festlegen konnte, rettete Bruce das Projekt einige Monate später, als sich die Beziehungen zu einem anderen Herausgeber abgekühlt hatten. Mein erster Dank gilt deshalb ihm. Ich möchte auch meiner äußest talentierten Agentin, Wendy Strothman, meinen Dank aussprechen sowie Martin Beiser, Bruce' Nachfolger bei Free Press, der das Projekt zu einem späten Zeitpunkt übernahm und das Manuskript zu Ende brachte.

Meiner Assistentin an der LBJ School of Public Affairs, Paula Bickham, bin ich ewig dankbar dafür, dass sie in den letzten zehn

Jahren für Stabilität und Ordnung bei meiner Arbeit gesorgt hat. Ich danke meinem Dekan, Jim Steinberg, dass er mir Ende 2006 kurzfristig Urlaub gewährte; der erste Entwurf dieses Buches entstand Ende dieses Jahres in einer Wohnung in Fuzhou im südlichen China. Meinen jungen Mitarbeitern beim University of Texas Inequality Project verdanke ich einen Großteil der aufwendigen technischen Arbeit, die hinter den Argumenten in diesem Buch steckt, obwohl diese Aspekte nur in groben Zügen besprochen werden. Jedes einzelne Mitglied im UTIP-Team hat in irgendeiner Form dazu beigetragen, aber ich habe mich hier vor allem auf die Arbeit von Enrique Garcilazo, Olivier Giovannoni und Travis Hale gestützt. Auch Dimitri Papadimitriou und dem Levy Economics Institute, die mich über Jahre hinweg bei meiner Arbeit zur Makroökonomie unterstützt haben, bin ich zu Dank verpflichtet. Zu guter Letzt habe ich von den Diskussionen mit meinen Freunden und Kollegen bei Economists for Peace and Security profitiert, einer Organisation zur Analyse von Kriegskosten und des Nutzens eines stabilen kollektiven Sicherheitssystems. Mein Jahr als Carnegie Scholar rechtfertigte sich ursprünglich nicht aus diesem Projekt, aber es hat mir dabei geholfen, und deshalb bin ich auch der Carnegie Corporation dankbar.

Einige Teile dieses Buches entstanden aus Aufsätzen in anderen Publikationen, die für dieses Projekt stark erweitert worden sind. Kapitel 4 skizzierte ich erstmals im *Journal of Post Keynesian Economics*; Kapitel 7 basiert in groben Zügen auf einem Aufsatz, der in *Social Policy and Philosophy* erschien; die grundlegenden Argumente in Kapitel 8 erschienen in *Industrial and Corporate Change,* und Kapitel 9 baut auf einer Argumentation auf, die ich in meinem Vorwort zur Neuerscheinung des Klassikers meines Vaters, *The New Industrial State* (Princeton University Press) darlegte. Kapitel 13 hat seine Wurzeln in einer Debatte mit Jeff Faux in der Onlineausgabe von *The American Prospect.* Die Ausführungen in Kapitel 10 versuchte ich in verschiedenen Vorlesungen an der New School University, der University of Southern Maine und der European Association for Evolutionary Political Economy zu entwickeln, die ich in den vergangenen paar Jahren hielt – vielleicht mit mehr Flair als zwingender Logik. In allen Fällen habe ich von meiner Zuhörerschaft viel gelernt.

Leider konnte ich dieses Buch nicht so oft gegenlesen lassen oder mit Kollegen besprechen, wie ich mir dies gern gewünscht hätte. Trotzdem möchte ich den folgenden Leuten für allgemeine oder spezifische Denkanstöße danken, die sie mir bei verschiedenen Gelegenheiten gegeben haben: Bob Auerbach, Bruce Bartlett, Norman Birnbaum, Bill Black, Jack Blum, Ping Chen, Sandy Darity, Susan Feiner, Tom Ferguson, Wynne Godley, Michael Lind, Douglas Massey, Stanislav Menshikov, Warren Mosler, Alain Parguez, Luigi Pasinetti, Erik Reinert, meiner lieben und kürzlich verstorbenen Freundin Elspeth Rostow, Ajit Singh, Bat Sparrow, Pan Yotopoulos und Janine Wedel. Ein besonderer Platz in dieser Liste gebührt Karel van Wolferen, der mit mir in Amsterdam während mehrerer Tage die wesentlichen Ideen des Buches diskutierte. Ich danke auch Wiliam Forbath und den Teilnehmern eines Kolloquiums über Neoliberalismus an der University of Texas Law School, während dem wir das Manuskript einen Nachmittag lang ausgiebig diskutierten.

Schließlich möchte ich meinen älteren Kindern Doug und Eliza danken, dass sie mich streckenweise begleitet haben, sowie meinen jüngeren Töchtern, Eve und Emma, die für gute Stimmung sorgten, und meiner Frau, Ying, für alles andere: Liebe, Unterstützung, Geduld. Vor allem Geduld.

Für allfällige Irrtümer trage ich freilich selbst die Verantwortung.

Personenverzeichnis

André Gorz

**Auswege aus dem
Kapitalismus**

Beiträge zur politischen
Ökologie

Aus dem Französischen
von Eva Moldenhauer

128 Seiten, Broschur, 2009
ISBN 978-3-85869-391-4
Fr. 24.–/Euro 16,–

Umweltaktivist avant la lettre

Zu den Texten in diesem Buch schrieb André Gorz 2007: »Dass
bei der Arbeit Herrschaft über uns ausgeübt wird, wissen wir seit
etwa 170 Jahren. Nicht aber dass das Gleiche für unsere Bedürfnisse und Wünsche, unsere Gedanken und unser Selbstbild genauso gilt. Durch die Kritik des Modells unserer Konsumgesell-
schaft bin ich zum Ökologen avant la lettre geworden.«
Kapitalismuskritik und politisch-ökologisches Denken bedingen
sich gegenseitig, so André Gorz. Und ein wirksamer Schutz der
Umwelt ist ohne radikale Kritik des Kapitalismus nicht zu haben.

»Eine Einführung ins Gorz'sche Denken im Originalton.«
WOLFGANG VÖLKER, EXPRESS

Rotpunktverlag.

**Kleine Geschichte
des Neoliberalismus**

Aus dem Englischen
von Niels Kadritzke

280 Seiten, Broschur, 2007
ISBN 978-3-85869-343-3
Fr. 38.–/Euro 24,–

Scharfsichtige Analyse des Neoliberalismus

David Harvey provoziert in diesem Buch mit der These, Ziel und
Zweck des Neoliberalismus sei von Anfang an die Wiederherstel-
lung der alten Klassenmacht gewesen. Demnach könne die wachsende soziale Ungleichheit auch nicht einfach als unerwünschtes
Nebenprodukt abgetan werden. Das Buch ist eine Geschichte des
Neoliberalismus, seiner Theorie und Praxis. Nicht nur die allgemein bekannten »Pioniere« Thatcher und Reagan, sondern auch
das neoliberale Modellland Chile (unter Diktator Pinochet) und
das China von Deng Xiaoping und seinen Nachfolgern kommen zu
Ehren. Eine äußerst scharfsichtige Analyse.

*»Das lebendigste, lesenswerteste, verständlichste und
kritischste Handbuch über den Neoliberalismus,
das es derzeit gibt.«*
Leo Panitch, Professor für vergleichende politische Ökonomie

Rotpunktverlag.

Alexander B. Voegele
Das Elend der Ökonomie
Von einer Wissenschaft, die
keine ist

180 Seiten, Broschur, 2007
ISBN 978-3-85869-357-0
Fr. 27.–/Euro 16,50

Alternativen zum Neoliberalimus

Neoliberalismus ist eine Sackgasse, Alternativen sind nötig.
Dieses Buch erklärt, weshalb eine ökonomische Analyse dieser
Alternativen zwingend ist.
In den täglichen Auseinandersetzungen um den richtigen wirtschaftspolitischen Kurs gibt es Begrifflichkeiten – wie »Lohnne-
benkosten« oder »Managementfehler« –, die als der Weisheit
letzter Schluss gelten. Sie werden hier als das vorgestellt, was
sie sind: Kampfbegriffe, deren Klarstellung notwendig ist für die
Eröffnung alternativer Perspektiven. Das Buch bietet Argumenta-
tionshilfen für den politischen Alltagsgebrauch.

> *»Die Lektüre dieser bissig-amüsanten Aufklärungsschrift ist*
> *unbedingt zu empfehlen.«* MICHAEL SPRINGER, DER FREITAG

Rotpunktverlag.

Christoph Fleischmann
Gewinn in alle Ewigkeit
Kapitalismus als Religion

ca. 250 Seiten, Broschur
ISBN 978-3-85869-416-4
Fr. 34.–/Euro 21,50

erscheint im April 2010

Glauben und Investieren

Der Journalist Christoph Fleischmann blickt zurück auf die Anfänge des Kapitalismus an der Schwelle zur Neuzeit. Dabei nimmt er den Faden von Walter Benjamin auf, der im Kapitalismus eine Religion sah, die das Christentum abgelöst hat.
Anschaulich legt Fleischmann dar, wie die kapitalgetriebene Wirtschaft die Wahrnehmung der Welt veränderte: Die Habgier, einst als eine Todsünde verschrien, machte Karriere als Wirtschaftstugend Nummer eins.
Eine andere Geschichte des Kapitalismus, luzide und unterhaltsam geschrieben, die die Selbstverständlichkeiten dieses Wirtschafts- und Gesellschaftssystems hinterfragt.

Rotpunktverlag.